둘이서 바꿔봅시다!

둘이서 바꿔봅시다!

염동연이 말하는
노무현 신화의 탄생

염동연 지음

폴리티쿠스

나는 왜 노무현을 선택했나

나는 1946년 해방된 조국, 전남 보성군 벌교읍 홍교 근처에서 태어났다. 아버지는 보성에서 소주와 정종, 막걸리를 만드는 양조장과 수산물 가공공장, 냉동 창고 등을 운영했다. 우리 집에서 함께 밥을 먹는 종업원만 해도 1백여 명가량 됐다. 본적지는 문중과 선산이 있는 보성군 문덕면이다. 문덕 태생의 유명인으로는 독립운동가 서재필 박사가 있다.

하지만 할아버지는 서 박사보다 그의 친동생 서재창이 더 훌륭한 사람이라고 내게 가르쳤다. 서 박사는 조선의 근대화를 위해 갑신정변(1884년)을 일으켰다가 실패하자 일본을 거쳐 미국으로 망명했다. 조정에서는 서재창에게 형 서재필을 반역자라고 규탄하는 상소를 고종 임금에게 올릴 것을 강요했다. 만일 상소를 올리면 가족 모두를 살려주겠지만, 올리지 않으면 전 가족을 처형하겠다고 했다. 하지만 서재창은 이를 의연히 거부하고서 참형되었다. 그의 나이 불과 열아홉이었다. 역적으로 몰린 아버지와 어머니, 형수와 누이들은 관노가 되기 직전에 음독자살했다. 할아버지는 끝까지 불의에 굴하지 않은 서재창을 서 박사보다 훌륭하다고 평가하셨는데, 이런 역사를 아는 사람이 없다고 안타까워하시면서 어린 내 귀에 못이 박히도록 말씀하셨다.

중학교 때 서울로 전학을 가서 중동고에 진학했다. 맏이인 나는 상경한 동생들과 함께 경기고 근처 안국동에 살았다. 당시 서민호 전 국회부의장께서 집에 자주 오셨다. 고故 서민호 부의장은 해방 이후 전라남도지사, 제2·5·6·7대 국회의원(4선), 5대 국회부의장 등을 역임했다. 1919년 3·1운동 때 '반도 목탁지사건'으로 징역 6개월형, 1942년 '조선어학회사건'으로 징역 1년형을 선고받고 두 차례 옥고를 치른 애국지사이다. 이승만 정권 때도 징역 8년형을 선고받고 복역했다. 진보진영의 거두로 한국 정치사에 큰 족적을 남긴 정치인이다. 서 부의장이 일제치하였던 1935년 벌교에 '송명학교'라는 야학당을 세웠는데 일본 유학을 다녀온 아버지가 참여하면서 함께 후학을 길러낸 인연이 있다.

서 부의장은 새벽 5시쯤 되면 어김없이 안국동 우리 집 문을 두드렸고, 나는 그를 따라 삼청공원에 가서 아침 운동을 했다. 오가는 길에 서 부의장은 이런저런 얘기를 들려주셨다. 해방된 조국은 민주주의 세상이 돼야 하는데 이승만이 독재 권력을 휘둘러 나라를 엉망으로 만들었다고 개탄했다. 국민이 독재자 이승만을 다스려야 한다는 뜻을 담아서 손주들 이름을 치리治李, 치승治承, 치만治晩으로 지었다고 했다. 그의 소망대로 이승만을 끌어내리고 나니 이제는 국민의 생명과 재산을 지켜야 할 군인들이 나라를 분탕질하고 있다고 울분을 쏟아냈다. 당시는 박정희가 쿠데타를 일으켜 집권한 때였다. 서 부의장은 내게 국가와 사회를 올바르게 바라보는 시각을 심어주려고 하신 것 같다.

외대 독어과에 진학했는데 대학교 1학년 때 운동권 선배를 만나 인왕산 자락에서 의식화 교육을 받게 되었다. 당시 인왕산 자락에 즐비한 천막집에는 수백 가구가 살고 있어서 악취가 나는 오수가 골짜기로 흘러내렸다. '서울에 이런 곳도 다 있구나' 싶었다. 새내기 10여 명과 의식화 교육을 받으면서 혁명이니 독재니 과격한 용어들을 익히곤 했다. 그런데 어느 날 중앙정보부 요원과 경찰서 형사가 날 찾아왔다. 쥐도 새도 모르게 붙들려 고향으로 내려갔고, 군대에 가게 됐다.

1971년 제7대 대통령 선거에 출마한 신민당 김대중 후보의 장충단공원 연설을 들었다. '3단계 통일론'은 큰 충격이었다. 한국전쟁 이후 남북 분단이 고착화하면서 '무찌르자 오랑캐', '북진 통일'이나 고작 듣고 자란 나로서는 처음 듣는 이야기였다. 평화통일을 말하는 김대중의 연설은 내게 깊은 감명을 주었다. 분단국가에 살면서 강요받았던 기존의 낡은 가치관에서 깨어나 새로운 사고를 하게 된 계기가 되었다.

이렇게 깨어난 나를 현실 정치 참여로 이끈 것은 1980년 5·18광주민주화운동이다. 나는 현장에서 두 눈으로 지켜보았고 직접 뛰어들었다. 비록 총이나 돌멩이를 들지 않았지만, 병원에서 밀려드는 부상자들을 들것에 실어 나르며 의료 지원 활동을 했다. 불의에 항거하는 무고한 시민에게 폭도라는 오명을 씌우고 총을 쏘고 곤봉을 휘두르는 계엄군과 신군부를 현장에서 목격하면서 나는 그때 정치를 꼭 해야겠다고 다짐했다.

내가 정치와 인연을 맺은 것은 1974년 '민주회복국민회의' 발족부터다. 민청학련사건 이후 활발해진 반(反)유신 민주화운동을 결집하기 위해 함석헌, 이병린, 김대중, 윤보선 등 재야인사 71명은 '민주회복국민선언'을 발표했다. 현행 헌법을 최단 시일 내 민주헌법으로 대체하고 반정부 인사들을 사면·석방할 것을 요구하는 내용이다. 나는 아버지 사업을 운영하면서 재야인사들과 진보진영 정치인들을 돕는 데 관심을 가졌고, 그때 나를 정치에 인도한 이가 박준구 씨다. 박준구 씨는 고향 선배이자 김대중 선생의 측근이었다. 결국 훗날 김대중 총재와 만나게 됐고, 그를 도와 정치 일선에서 일했다.

내 정치 목표는 유명 정치인이 되는 것이 아니었다. 김대중을 대통령으로 만들어 그분의 사상과 정치철학이 온 누리에 비쳐질 수만 있다면, 소정의 목적을 달성하는 것이라고 생각했다. 금배지를 다느냐, 안 다느냐는 중요하지 않았다. 김대중의 청년조직인 민주연합청년동지회(연청)는 1980년 '서울의 봄'에 처음 조직됐다. 김대중 선생은 '5·17내란음모사건'으로 체포 구금됐고, 5·18민주화운동이 터지자 연청 회원들도 많이 구속되면서 뿔뿔이 흩어졌다. 남은 연청 회원들은 오랫동안 잠복과 피신 생활을 감수해야 했다.

1987년 6월 항쟁으로 '제5공화국'은 막을 내리고 군사독재정권은 대통령직선제를 수용할 수밖에 없었다. 이때 연청이 재조직되기 시작했다. 나는 전남 총책을 맡았다. 1987년 12월 대선에서 우리는 김대중 총재의 승리를 예상했지만 결과는 달랐다. 김대중·김영삼 '양김'은 대선후보 단일화에 실패해 군부정권 연장을 받아들여야 했고, 민주화를 열망하는 국민의 질타를 받았다. 대선 이후 나는 연청 전국 중앙위 의장을 맡았고, 넉 달 후 치러진 총선에서 김대중이 주도하는 평화민주당은 큰 성과를 올려 제1야당으로 우뚝 솟았다. 그런데 총선으로 정국이 여소야대로 개편되자 집권여당의 총재이자 대통령인 노태우는 야당 총재인 김영삼·김종필과 함께 1990년 1월 '3당 통합'을 결행해 거대 여당을 탄생시켰다. 나는 그해에 단행된 연청의 조직 개편에서 사무총장 직을 맡았다. 김대중 총재는 1992년 세 번째 대선 도전에 나섰고, 연청은 총력을 기울였다. 그러나 실패했고, 김 총재는 정계 은퇴를 선언하고 영국으로 홀연 떠나니, 나는 목표를 잃어버렸다. 이제는 다른 길을 모색해야겠다고 생각해서 베트남에서 사업을 했다.

하지만 DJ는 1995년 다시 돌아왔고, 나도 여의도에 오지 않을 수 없었다. DJ는 1997년 네 번째 대선에 나섰고, 나와 연청은 혼신의 힘을 다했다. 그리하여 김대중 총재가 그렇게도 고대하던 대통령 당선을 눈앞에 둔 그해 말, 나는 그가 퇴임하고 민주정권이 끝나는 5년 이후를 생각하지 않을 수 없었다. 그때 다른 사람에게는 아직 발견되지 않은 '흙 속의 진주' 같은 한 분이 있었다. 노무현이었다.

무릇 선거는 환경이 중요하다. 환경을 잘 파악하고 거기에 맞는 전략을 세워야 이길 수 있다. 정치적으로 고립과 소외를 겪어온 호남 사람들은 그 점을 잘 안다. 그래서 늘 전략적 투표를 한다. 그런데 호남 사람들이 영남 후보를 선택하면 어떨까. 노무현의 정체성은 김대중 노선과 상당히 일치하는 부문이 많다. 더구나 노무현은 '3당 합당' 당시 '호남을 고립시키는 정치적 야합'이라며 합류하지 않은 용기 있는 정치인이다. 이 사람으로 한번 대선을 치러보면 어떨까. 1997년 대선 당시 울산에서 DJ의 당선을 위해 뛰면서 그런 생각을 한 것이다. 지역주의 극복에 대한 생각도 한몫을 했다.

사실 내 얘길 듣고 노무현이 민주당 대선후보 경선에 뛰어든다고 해도 당시 그의 당내 위상으로 봐서는 경선을 통과할 자신은 없었다. 다만 당내 경선만 통과한다면 노무현은 본선에서 그 누구보다 경쟁력 있는 후보가 될 것이 분명했다. 그래서 나는 노무현이 당 경선에 나가 겠다고 결심만 한다면, 한번 죽기 살기로 해보겠다고 마음먹었다. 그러던 차에 우연찮게 노무현이 울산에 왔다. 김포공항에 폭설이 내리는 바람에 서울행 항공편이 결항됐다. 하늘이 기회를 준 것이다. 그날 밤 나는 내 생각을 노무현에게 말했다.

1991년에 처음 알게 된 후로 노무현과 나는 굉장히 가까워졌다. 호적상으로는 같은 46년생이다. 두 가족이 함께하는 자리를 자주 갖다 보니 서로 잘 알게 됐다. 애들끼리도 허물없이 지냈다. 노무현은 상당히 비전 있는 미래 정치인의 면모도 있었고, 인간적으로도 매력 있는 사람이다.

노무현이 대통령에 당선되기까지 많은 사람들이 피와 땀과 눈물을 흘렸다. 20년 전, 여의도 국회의사당 앞 금강빌딩의 한 사무실(금강캠프)에서 이광재(21대 국회의원), 안희정(전 충남지사), 서갑원(전 국회의원) 등 당시 30대의 젊은 친구들이 1인 3역, 4역을 하며 노무현을 대통령으로 만들기 위해 나와 함께 뛰었다. 열악한 여건에 다들 고생이 많았지만, 이 책은 내 이야기를 위주로 했음을 밝혀둔다. 옛 연청의 조직원들은 나와 새 역사를 일구는 데 한몫을 했다. DJ가 대통령에 당선된 후 공식 해체된 연청의 많은 동지들은 노무현 후보의 당내 경선 승리를 위해 헌신했다.

어쨌든 나는 김대중을 대통령에 당선시키는 데 1열은 아니지만 2~3열이라도 섰던 사람이고, 노무현 정권 탄생에는 맨 선두에 섰다고 자부하고 싶다. 때문에 나는 김대중·노무현 두 대통령을 잇는 징검다리이면서, 동시에 두 주류 세력으로부터 배척받는 경계인이기도 하다.

동교동계 일원인 나는 민주당 대선후보 경선에서 노무현이 당선되자 '배신자'라는 낙인이 찍혔다. 물론 동교동계 윗분들은 그렇지 않았지만 동료, 선후배들로부터 질시를 한 몸에 받았다. 동교동계가 온 힘을 다해 밀었던 이인제 후보를 꺾고 스스로를 '변방의 장수'라고 했던 노무현을 당 대선후보로 당선시켰으니 말이다.

노무현 정권도 마찬가지였다. 정권 초기부터 청와대에 무혈 입성한 '부산파'는 전장에서 함께 풍찬노숙하며 그를 당선시킨 이들과는 거리감이 상당했다. '부산파'들은 참여정부를 '부산정권'이라 부르길 서슴지 않았고, 그들은 나를 정권 재창출에 앞장섰다는 이유로 정치 지분을 요구하는 괴수로 취급했다.

기가 막힐 노릇이지만, 나는 이렇게 두 정권이 탄생하는 데 역할을 하고서도 묘하게 핵심 주류들과는 거리감을 가진 '경계인'이 돼 있다. 물론 그러면서도 양쪽 모두에게 통한다. 그런 이유로 나는 김대중전 대통령과 노무현 대통령 두 분 사이에서 메신저 역할을 했다. 주로 대북송금과 관련해 구속된 권노갑과 박지원을 비롯한 당신의 오랜 참모들에 대한 내용이 많았다.

그에 앞서 노 대통령의 권유로 2004년 제17대 총선에 나서 국회의원을 했지만, 솔직히 내 정치에는 실패한 사람이다. 내 정치를 할 틈이 거의 없었다. 정권의 성공을 위해 엎드리고, 대통령을 살피며, 시시각각 변하는 정세와 예측되는 다음 흐름을 읽고 대처해야 했다. 더구나 정권의 실세라고 해서 각종 의혹 사건에 단골로 거론됐다. 터무니없는 모함이었다. 그렇지만 정면으로 대항하기도 어려웠다. 돌이켜보면 나는 여의도의 졸卒이었다.

유항산자 유항심有恒産者 有恒心. 내가 정치하면서 기준으로 삼았던 말이다. 맹자는 왕도정치를 주장하면서 민중의 먹고사는 문제를 해결하는 것이 정치의 근간이라고 했다. 안정적인 생업이 있어야 안정적인 마음을 갖게 되는 것이다. 맹자는 또 역사에서 최고로 좋은 사례를 찾아서 본받아 어진 정치를 펼 것을 권했고, 권력을 가진 군주가 중대한 잘못을 저지를 경우에는 왕위에서 물러나게 하는 게 정당하다고 보았다.

나는 김대중 사상의 영향을 많이 받았다. 노무현을 선택하게 된 배경은 나와 DJ와 한 줄기라고 생각해서다. 독재를 옹호하고 반反통일론을 펴는 사람이었다면 절대 함께하지 않았을 것이다. 나는 노무현이 대통령이 되면 통일에 관한 일을 하고 싶었다. 그런데 노무현은 대통령에 취임하자마자 맞닥뜨린 대북송금특검을 수용했고, 그때부터 남북관계는 멈춰 섰다. 김정일 국방위원장과의 만남도 퇴임 직전으로 미뤄져 5년여를 흘려보냈다. 그리고 이명박·박근혜 정권이 이어지면서 김대중·노무현이 쌓은 남북관계 초석은 무자비하게 흐트러졌다.

이 책은 내가 화자이긴 하나, 전적으로 노무현에 관한 이야기이다. 본인에 관한 신변잡기는 최대한 배제했다. 노무현과 만나 그를 도와 정권을 잡고 정치혁신을 실행한 얘기와 그 뒷얘기만을 담았다.

시중에 노무현 관련 서적이 백여 권 나왔지만 노무현 정권 탄생에 얽힌 이야기를 담은 책은 여태껏 나오지 않았다. 그 이유를 따져보면 여러 가지가 있겠지만, 우선 상황이 특별했다. 우리는 당시 소수의 마이너리티들이 모여 선거를 치를 수밖에 없었고, 단 한 명의 국회의원도 지원하지 않는 처절한 외면 속에서 경선을 준비했다.

노무현 정권 탄생에 관한 얘기는 토막토막 아는 사람은 있어도, 전체를 다 아는 사람은 없다. 물론 나도 그렇긴 하지만…, 그래도 그 내막을 비교적 소상히 아는 사람이다. 노무현이 대통령후보 당내 경선에 출마해 당 대선후보가 되고, 대선을 이겨 제16대 대통령에 취임하기까지, 이어 대통령직을 모두 수행하고 봉하마을에 내려갔다가 생을 마감하기까지는 채 10년도 되지 않은 짧은 기간이다. 하지만 마치 롤러코스터라도 올라탄 듯이 희비가 쉴 새 없이 교차하고, 손에 땀을 쥐는 긴장이 이어져 드라마보다도 더 드라마 같은 사건의 연속이었다.

이것은 기록으로 남겨야 할 역사이다. 시중에 나온 노무현 관련 서적 중에는 참여정부 정권 탄생과 집권과정에 대해 근거 없는 추측과 상상력으로 이야기를 꾸린 것들이 너무 많다. 바로 내가 용기를 내어 책을 쓰게 된 동기이기도 하다.

꼭 역사에 남겨야 할 이야기만을 전하겠다는 자세로 한 자 한 자 정성을 다했다. 사실과 추측을 구분했고, 진실이 아닌 것은 과감히 배제해 '있는 그대로의 사실'을 보여주려고 노력했다. 그러다보니 등장인물을 실명으로 쓰지 않으면 안 되는 상황에 직면했다. 집필 내용에 따라 서운하게 생각할 사람도 있고, 더러 피해를 보는 사람도 있겠다고 생각한다. 거기에 대해서는 모든 책임을 지겠다. 다 쓰고 나니 이걸 한 권에 담기에는 양이 꽤 많았다. 노무현과의 만남부터 경선, 대선, 대통령 취임까지 과정을 상권(제1권), 그 이후를 하권(제2권)으로 나눴다. 하권을 곧 발간하겠다. 끝으로 이 책을 쓰는 데 도움을 준 이성오 광남일보 서울취재팀장과 문경화 씨에게 깊은 감사의 뜻을 전한다.

2021년 5월
염동연

차례

2 국민경선 대역전 드라마

3 단일화 고비를 넘어 대선 승리로

4 참여정부 탄생

1

호남이 선택한
영남 후보,
노무현

"노 부총재님은 지역주의 장벽 속에서도
DJ 깃발을 들고 30% 얻었는데, 설마 내 동네에서
내 깃발 들고 나오는데 30% 못 얻겠어요?
30%만 얻으면, 우리가 이깁니다. 호남이 지지하는 영남후보가
대통령이 되는 셈이니 그만큼 지역주의도 반감되지 않겠습니까?"

제1화

결심했습니다!

2000년 9월 15일. 초가을 태풍이 북상하면서 찌푸린 서울 하늘에 비가 오락가락 내렸다.

"염 총장님, 좀 뵙시다!"

오후에 노무현 해양수산부 장관으로부터 전화가 걸려왔다.

"지금 해수부로 좀 와주시면 안 되겠습니까?"

수화기 너머 노 장관의 목소리에는 여느 때와 달리 들떠 있었다. 서대문구 아현동 해양수산부 청사로 갔다. 장관 집무실에 막 들어서려는데 안에서 문이 열렸다. 기다리고 있던 노 장관이 문을 연 것이다. 집무실에 들어서자 노 장관은 두 손으로 내 손을 꽉 잡으며 말했다.

"둘이서 세상을 바꾸어봅시다!"

"…예?"

갑작스런 그의 말에 깜짝 놀란 내 눈을 그는 천천히 응시하면서 나지막이 그리고 단호하게 말했다.

"울산에서 한 얘기 잊었어요?"

"무슨 말씀이세요?"

그때까지도 난 얼떨떨해 사태를 제대로 파악하지 못했다.

"울산이요?"

그렇다. 노 장관은 3년 전 겨울 어느 날, 울산의 한 음식점에서 했던 내 제안에 이제야 답을 하는 것이었다.

"저 보고 다음에 해보라면서요?"

노 장관은 김대중 총재가 대통령에 당선된 직후부터 오랫동안 내 제안을 혼자서 되새겨봤다는 얘기다. 그러면서도 늘 만나왔던 내게 그런 고민을 하고 있다는 사실을 감추고 있었다.

나는 웃으면서 그에게 말했다.

"이렇게 서서…, 앉아서 차나 한 잔 주면서 얘기하시죠!"

소파에 마주 앉자 비서가 차를 가져왔다. 찰나의 순간이었지만, 나는 3년 전의 기억이 주마등처럼 떠올랐다.

김대중 총재가 대통령선거에 출마한 1997년, 나는 새정치국민회의 중앙당 사무부총장으로서 울산과 경남 일부 지역 선거책임을 맡고 있었다. 노무현은 12월 초 어느 날 지원유세를 위해 서울에서 내려왔다. 유세를 마치는 대로 상경하려고 그날 마지막 비행기를 예약해두었으나, 서울에 눈이 많이 와 하늘길이 막혔다. 하는 수 없이 유세 일정을 바꿔야 했다.

그와 함께 울산에서 지인이 운영하는 회사를 찾아가 1,000여 명의 노동자들과 일일이 악수를 나누는 것으로 선거운동을 대신했다. 그날 저녁 노무현과 나, 그 회사 사장 셋이 함께 저녁식사를 하러 인근 음식점으로 자리를 옮겼다. 주문한 음식이 나왔고 식사가 시작됐다. 나는 그때 식탁 건너편의 노무현에게 이렇게 말을 꺼냈다.

"노 부총재님! 부산·경남에서 가장 인기 없는 정치인이 누굽니까?"

"글쎄 누굴까요? 이 노무현은 아닌 것 같은데, 김정길도 아니고."

"물론 노 부총재님은 아니죠! 아, 김대중 후보님 아닙니까?"

"아, 허허허… 맞아요, 맞아! 그놈의 지역주의가!"

"그런데 노 부총재님은 부산·경남에서 그렇게도 인기 없는 DJ(김대중) 깃발을 들고 계속 출마해 매번 떨어졌지만, 항상 30% 이상 표를 받지 않았습니까? 제가 이곳 지역민들 얘길 들어보니, DJ 깃발만 들지 않으면 시장도 국회의원도 '따놓은 당상'이라고 하던데요."

노무현 부총재는 식사하면서 내 얘기를 묵묵히 듣고만 있었다.

"이번 대선에서는 아마 DJ가 당선될 것 같습니다. 그런데 설혹 당선이 안 되더라도 또다시 대선에 못 나오실 겁니다. 80 고령에 나오기는 어렵죠! 다음은 노 부총재님이 나서시죠."

"…"

노무현은 대답 대신 나를 쳐다보다가 이렇게 대꾸했다.

"염 총장님! 사람 그렇게 안 봤는데, 장난이 너무 심한 거 아닙니까? 누구 약 올리는 것도 아니고, 국회의원 한번 더 하려고 이렇게 용을 쓰고 다니는데."

매번 부산에서 선거 때마다 아깝게 낙선하는 그에게 차기 대통령 경선에 나가라는 얘기는 당시만 해도 불편하게 들렸을 게다. 얼굴이

벌게지면서 화난 표정으로 노무현은 급기야 "뭐! 어쩌자고요?"라고 쏘아붙였다.

"제 얘기 다 들어보시고 말씀하시죠!"

나는 내친 김에 더 들어갔다.

"당내 경선만 이기면 됩니다. 결정하시면 제가 적극 돕겠습니다!"

노무현은 물끄러미 나를 한참 바라보았다.

"선거꾼으로 매도할지도 모르겠지만, 한번 선거 공학적으로 따져볼까요. 이번 대선엔 DJ가 이길 것 같지만, 천하의 DJ가 (대선 도전한 지) 네 번째가 돼서야 겨우 당선 가능성이 높아진 이유가 뭡니까? IMF 외환위기, JP(김종필)와의 연대, 이회창 아들 병역비리 의혹, 특히 이인제 의원의 경선 불복 출마로 인한 여권 분열 등 우리에겐 호재가 넘치고 있는데도 여당 후보와 박빙의 게임을 벌이고 있습니다. 그런데 '호남이 미는 영남 후보'가 있으면 얘기가 달라집니다. 지금의 정치 환경은 노 부총재님에게 유리합니다."

"…?"

노무현은 잠시 식사를 멈췄고, 표정에 변화가 역력했다.

"다음엔 '호남 후보'가 아니라 '호남이 선택한 영남후보'만이 승리할 수 있습니다."

내가 평소 생각해온 '호남이 미는 영남후보론'이었다.

"노 부총재님은 3당 합당 거부와 청문회 스타 부각 등으로 이미지가 좋은 데다, 노동자·농민과 서민을 위한 인권변호사 출신으로 국민적 사랑을 받아왔습니다. 지역주의 종식을 위해 DJ 깃발을 들고 영남에서 어려운 줄 알면서도 줄곧 도전하는 소신에 찬 정치행보를 보여 많은 사람들이 박수를 보내고 있습니다. '민주당의 영남후보!' 부정할 수 없는 선거환경에 딱 맞지 않습니까? 지역주의 장벽 속에서도 DJ 깃발을 들고 30% 얻었는데, 설마 내 동네에서 내 깃발 들고 나오는데 30% 못 얻겠어요? 30%만 얻으면, 우리가 이깁니다. 호남이 지지하는 영남후보가 대통령이 되는 셈이니 그만큼 지역주의도 반감되지 않겠습니까?"

당시 노무현 부총재는 내 말을 귀담아 들었는지 귓등으로 흘려보냈는지 속을 알 수 없는 덤덤한 표정으로 고개를 숙인 채 아무 말이 없었다.

"결심했습니다."

찻잔을 내려놓기가 무섭게 노 장관이 말을 이었다.

"염 총장님이 하라니까 해야죠. 캠프를 만듭시다!"

그의 말에는 힘이 실려 있었다. 나는 잠시 생각해보았다. 그리고 웃으면서 답했다.

"그래요! 그럼 그렇게 합시다! 제가 제안했으니 열심히 도와야죠."

내가 이렇게 답하자 노 장관은 기다렸다는 듯이 "캠프 책임을 염 총장님이 맡아줘야겠습니다"라고 말했다.

"네? 캠프 좌장이요? 제가요?"

"네, 맞습니다. 염 총장께서 해주세요!"

"그래도 대선 캠프라면 3, 4선 국회의원 정도가 좌장이 돼야 되는 것 아닙니까?"

"3, 4선은커녕 초선 의원 한 사람도 도와줄 사람을 찾기 힘듭니다. 염 총장님이 맡아줘야겠습니다. 3, 4선보다 못한 게 뭐 있습니까? 염 총장님은 능력도 출중하고, 상징성도 있지요!"

그저 추켜올리는 말만은 아니었다. 특히 '상징성'이라는 말은 내가 참여함으로써 '노 장관 본인이 동교동과 거리가 멀지 않은 사람이 된다'는 것을 에둘러 표현한 말이었다. 쉽게 말해 DJ의 청년 전위조직인 민주연합청년동지회(연청)를 총괄했던 내가 노무현의 대선후보 경선을 돕는다면 'DJ가 노무현을 반대하지는 않는구나!'라고 여기게 된다는 얘기다.

당시 동교동 입장에서 보면 노무현은 고마우면서도 미운 사람이었다. 3당 합당을 거부하고 민주당에 온 노무현과 김정길 등은 민주당에게 호남지역당의 이미지를 다소나마 희석시켜주었고, 당의 정체성을 확실하게 굳혀준 천군만마千軍萬馬 같은 사람이었다. 하지만, 당 운영이 조금이라도 원칙에서 벗어나면 "이게 (DJ의) 사당私黨이냐"며 따지곤 했다.

이런 생각들을 하면서 내가 답했다. "사람이 없다고 하니 적임자가 나설 때까지 당분간 제가 하겠습니다." 그런데 얘기를 마치기 전에 노무현 부총재에게 꼭 확인해야 할 것이 있었다.

"그런데 몇 가지 물어볼 게 있습니다. DJ를 어떻게 생각하십니까?"

"저번 대선 때 이회창 후보 측에서 YS(김영삼) 인형을 태질하고 불로 태우던 사태를 염려하시는 모양인데…, DJ는 나의 정치적 스승입니다. 그리고 내가 잘되면 남북관계와 외교 문제는 늘 그분의 의견을 참고해서 국정을 펴나가겠습니다."

머리 회전이 빠른 노무현은 그렇게 답했다. 더 이상의 답변이 필요 없었다.

"돈은 있습니까?"

당시 정치상황은 지금과 달라서 대선후보가 경선자금을 동원하지 못하면 경선도 본선도 치를 수 없었다.

"내가 돈은 대한민국에서 제일 많은 사람이오!"

"글쎄, 장관님이 빚이 많다는 것은 잘 알지만 돈이 많다는 얘기는 금시초문입니다. 다른 사람은 몰라도 제겐 진실을 말씀하셔야 합니다. 그냥 넘길 얘기가 아닙니다."

"대한민국 국민 앞에서 투명하게 선거를 치르겠다고 도움을 요청하면 국민들이 엄청 지원해줄 겁니다. 그러니까 제가 돈이 제일 많은 사람이잖아요."

막힘이 없었다. 그동안 혼자서 이것저것 고심해온 흔적이 느껴졌다. 나중에 대선을 치르며 알게 됐지만 '희망돼지저금통'도 이때 이미 생각해둔 것 같았다.

"복안이 있으시다니 돈 걱정 안 해도 되겠네요?"

"걱정하지 마시라니까요!"

나는 당시만 해도 '정치 초년생도 아닌데 나름대로 계산이 있겠지'라고 속으로 짐작했다. 그때 노무현은 마치 그런 내 생각을 읽기라도 한 듯 이렇게 말을 이었다.

"50여 개 벤처기업 사장들이 지원할 겁니다. 희정이와 광재가 관리하고 있고요!"

안희정과 이광재는 노무현의 국회의원 시절의 비서였다. 속으로 '그럼, 그렇지!' 하고 안도했다. 돈을 만지지 않아도 된다는 얘기로 들렸다. 그때까지 연청을 이끌어오면서 어찌나 고생했던지, 경선자금 문제는 미리 다짐을 받아야 했다.

"마지막으로 제가 드릴 말씀은 이겁니다. 저는 앞으로 경선 때든, 성공해서 대통령이 돼서든, 듣기 좋은 얘기는 하지 않겠습니다. 쓴소리만 할 겁니다."

"총장님! 꼭 그렇게 해주세요!"

노무현은 자신이 잘못 가고 있으면 언제든 채찍질을 해달라고 내게 신신당부했다.

그로부터 보름이 지난 2000년 10월 1일, 여의도에 있는 민주당 당사 인근의 금강빌딩에 캠프 사무실을 차렸다. 시련은 각오했다. 각종 여론조사에서 여당 대선후보 가운데 이인제는 차기 대선주자를 묻는 여론조사에서 지지도가 30%를 넘었다. 노무현은 고작 1%였다. 골리앗 앞에 다윗, 아니 태산 앞에 바위 정도에 불과했다. '그래! 까짓것 한번 해보자!'고 단단히 마음먹었다.

제2화

이제부터 친구 합시다!

　　　　　　　노무현을 처음 만난 것은 1991년 9월 무렵이다. 노무현은 1990년 1월 '3당 합당(민주정의당, 통일민주당, 신민주공화당이 통합해 민주자유당을 출범시킨 사건)'을 '부도덕한 야합'이라고 비난하며 YS의 통일민주당을 박차고 나왔다.

　12·12 군사반란으로 1980년 정권을 찬탈한 전두환의 신군부 세력은 제5공화국을 열었고, 1987년 6월항쟁이라는 정치적 위기 속에서도 그해 12월 제13대 대선을 통해 정권재창출에 성공했다. 민주화 투쟁의 양대 산맥이었던 김대중-김영삼(양김)의 분열로, 노태우가 대통령에 당선된 것이다.

　하지만 민주화와 군사정권 청산을 외치는 목소리는 사그라지지 않았고, 이듬해인 1988년 제13대 국회의원 총선거에서 여당인 민주정의당은 과반 의석 확보에 실패했다. 여소야대 정국(민주정의당 125석, 평화민주당 70석, 통일민주당 59석, 신민주공화당 35석)이 된 것이다.

　이를 타개하기 위해 노태우 대통령은 이른바 '보수대연합(4당 합당)'

을 비밀리에 추진했다. 먼저 평화민주당 김대중 총재에게 합당 제안을 했다가 거절당하자, 통일민주당 김영삼 총재와 신민주공화당 김종필 총재에게 내각제 개헌을 조건으로 합당 협상을 진행했다.

1990년 내각제 개헌 등을 조건으로 통합에 합의한 3당은 '구국의 결단'이라는 명분을 내걸고 합당을 발표했다. 국회 의석수가 개헌선인 200석을 훌쩍 넘는 거대 보수 정당이 탄생한 것이다. TK(대구·경북), PK(부산·경남), 충청 지역에 기반을 두고 있던 3당의 통합으로 사실상 호남을 뺀 다른 지역들이 모두 연합하는 구도가 됐다. 이에 따라 '호남 대 비非호남'으로 지역구도가 단순화되면서 정치적으로 호남이 고립됐다.

3당 소속 의원들조차도 대부분 합당 사실을 제대로 알지 못해 반발할 정도로 비밀리에 이뤄진 통합이었고, 국민의 뜻을 거스르는 야합이었다. 총선 당시 국민의 선택이었던 여소야대 정국은 도로 여대야소가 되었고, 김대중의 평화민주당은 유일한 원내 야당으로 남았다.

3당 합당 발표 직후 통일민주당의 다수 의원들이 반발했다. 특히 김상현, 김광일, 장석화, 노무현, 김정길 의원은 김영삼 총재의 설득에도 민주정의당, 신민주공화당과의 합당은 '야합'이라며 끝까지 이를 거부했다.

노무현은 이때 자신을 정치에 입문시켰고 정치적 후원자였던 김영삼 총재와 결별하고 통일민주당 내의 합당 거부파 의원들(이기택, 김광일, 장석화, 김정길)과 당시 무소속이었던 이철, 박찬종과 함께 민주당을 창당했다. 소속 국회의원이 8명(창당 이후 허탁 합류)에 불과해 언론에선 속칭 '꼬마민주당'이라고 불렀다.

꼬마민주당은 1991년 9월 신민주연합당(평화민주당과 재야세력이 결합해 만든 정당)과 함께 통합민주당(이하 민주당)을 창당했다. 노무현이 제1 야당의 총재였던 DJ의 품으로 들어온 것이다.

당시 나는 김대중 총재의 외곽부대이자 청년 전위조직인 연청의 사무총장이었다. 양당이 통합한 지 며칠 되지 않은 어느 날, 노무현 의원이 연청을 방문했다. 사전에 아무런 연락이나 수행원도 없이 그는 불쑥 내 사무실로 들어왔다. 나는 적잖이 놀랐지만 애써 침착한 표정을 지으며 비서에게 차를 가져오라고 했다.

"노무현입니다."

"잘 알고 있습니다. 염동연입니다. 앉으시죠."

비서가 내온 차를 한 모금 마실 즈음, 그는 용건을 꺼냈다.

"제가 연청에 가입하고 싶은데, 가입해도 되는 거죠?"

평소 호감을 갖고 있던 정치인이 눈앞에 나타나 연청 회원이 되겠다고 하니 무척 반겨야 마땅하겠지만 우리 조직을 생각하면 사정이 달랐다. 우리는 김대중 선생의 사조직으로서 그를 위해서라면 목숨까지 바칠 각오로 뛰는 청년 조직이었다. 그런데 부산 출신의 현역 국회의원이 과연 그럴 수 있을까?

"연청에 가입하시겠다고요?…"라고 말하며 나는 잠시 뜸을 들였다.

당장 뭐라 말하기가 어려웠다. 면전에서 '당신은 안 됩니다'라고 말할 상황이 아니었다.

"안 된다는 거죠? 안 될 줄 알았습니다. 대신 나이도 같은데 우리

친구 합시다!"라고 노무현이 말했다.

"저로서야 영광이죠!" 그의 제안에 내가 응답했다.

그러자 노무현이 일어나 내게 손을 내밀었고, 나도 일어나 그 손을 맞잡았다. 그때부터였다. 나와 그의 친분 쌓기가 시작됐다. 우린 1946년생 동갑이었다. 얘기를 나누다보니 서로 자라온 환경은 달랐지만 성향과 기질이 비슷했다. 노무현은 당시 여의도 국회의사당 앞 수협 건물에 있던 내 개인사무실에 자주 들러 담소를 나눴다. 부부 동반으로 식사도 자주 했다. 부부 모임이 잦아지면서 자녀들까지 합석하는 일이 종종 있었고, 자녀들끼리도 허물없이 지내는 사이가 되었다.

노무현 의원은 이따금 지방에 내려갔다가 돌아오는 길이면, 고속도로에서 가까운 내 집에 들러 이런저런 얘기를 나누곤 했다. 어떨 땐 자정이 임박한 시간에도 집에 찾아와 맥주 한잔하자고 했고, 그럴 때면 우리 애들이 집 앞 마트에 술심부름을 다녀오곤 했다.

그는 내게 늘 속 깊은 우애를 보여주었다. 물론 처음에야 서로 간에 정치적 계산이 전혀 없었다고는 말할 수 없겠지만, 시간이 갈수록 둘 사이에 쌓인 신뢰와 우정은 그런 계산을 따지기 힘들 정도로 깊어졌다. 부지불식간에 서로 어떤 말이든 격의 없이 나누는 사이가 됐다.

제3화

장사 좀 하러 왔습니다

1992년 12월, 제14대 대통령선거에서 패배한 김대중 총재는 정계은퇴를 선언했고, 93년 1월 영국으로 유학을 떠났다.

민주당은 새 지도부를 다시 꾸려야 했고, 전당대회를 3월 11일에 열기로 했다. 동교동 인사들은 전당대회에 앞서 회합을 갖고, 당시 DJ와 함께 공동대표최고위원이었던 이기택을 대표최고위원으로 선출키로 뜻을 모았다. 최고위원에는 권노갑, 한광옥 의원이 출마키로 했다.

이런 동교동의 뜻은 그대로 연청에 전달됐다. 연청 회원은 전체 당원 가운데 25%를 넘었다. 또 6,000여 명의 당 대의원 중에 연청 회원은 1,600여 명에 달했다. 이들은 전당대회에서 지도부 선출권을 갖고 있었다.

이기택은 대표최고위원에 출마했고, 이에 도전한 사람은 김상현 의원이었다. 8명을 뽑는 최고위원 직에는 한광옥, 김원기, 유준상, 김영

배, 김정길, 이부영, 조세형, 박영숙, 노무현, 신순범, 권노갑(전대 기호
순) 등 11명이 출마의사를 밝혔다.

노무현은 최고위원 경선이 시작되기 며칠 전 나를 찾아왔다.

"저 이번에 최고위원에 출마해야겠습니다!"

"자신 있어요?"

"총장님이 도와줘야 자신 있지, 뿌리 없는 이방인인 제가 무슨 자신
이 있겠습니까?"

"제가 무슨 힘이 있어서 도와드립니까?"

"아니, 연청 회원들 많던데요, 대의원들 중에….."

"연청 회원이라고 다 제 말을 듣습니까? 동교동에서는 권노갑, 한
광옥을 당선시키라고 그러는데, 대의원 한 사람이 가진 4표(4인 연기
명)의 절반 아닙니까? 거기다가 그 나머지의 절반마저 뺏는다면….,
제 말을 들어줄까요?"

"저는 모르겠습니다, 모르겠고…. 그건 염 총장님이 알아서 하
세요!"

"아니, 지금 협박하시는 겁니까?"

나는 웃으며 말했다.

노무현도 대뜸 "제가 협박하면 안 됩니까?"라고 말하며 웃었다.

노무현은 김영삼YS 전 대통령을 통해 정치계에 입문한 소위 'YS계'
였기에 우리 쪽에는 뿌리가 전혀 없었다.

1993년 최고위원 경선 때 얘기다. 전국대의원대회를 앞두고 모든

후보들이 표를 모으기 위해 전국을 순회했지만 노무현은 딱히 갈 만한 곳이 없었다. 당직자 하나 제대로 아는 사람이 없는데 지방엔들 그가 믿을 만한 사람이 있겠는가. 더구나 지방에 가서 선거운동을 하려면 당원들을 모아 밥 먹고 술 마시고 해야 하는데, 돈도 조직도 없으니 엄두조차 내지 못하는 일이었다.

물론 내가 내 지인들에게 연락해 그를 도울 수는 있었다. 하지만 권노갑 의원과 한광옥 의원까지 경선을 뛰는데 동교동 식구인 내가 차마 그러기가 어려웠다. 게다가 권노갑·한광옥 의원이 아는 사람과 내가 아는 사람은 겹치기 마련이니 드러내놓고 도와줄 수도 없는 노릇이었다.

그런데 노무현이 다른 후보들의 지방 회합 장소에 나타나기 시작했다. 지방 방문 일정과 회합 장소를 알아내 직접 찾아간 것이다. 노무현은 찾아가서 그냥 쑥 들어가 자리를 차지하고 앉았다.

"저도 왔습니다. 어떻게 합니까? 저는 조직도 없고 돈도 없습니다. 남의 잔치에 와서 염치가 없긴 하지만, 당원 동지 여러분께 얼굴 내밀고 장사 좀 하러 왔습니다."

노무현이 이렇게 얘기를 꺼내면 당원들은 우레와 같은 박수를 쳐댔다. 회합 주선자들과 후보 입장에서 보면 노무현의 행동은 여간 얄미운 게 아니었다. 하지만 내쫓을 수도 없는 노릇이었다. 당시 영남 출신의 다른 당 사람이었던 노무현이 우리 당에 와준 것만 해도 고마운 일이었기에, 그를 면전에서 박대할 수는 없었다. 그것이 노무현의 선거 전략이었다.

당시 그런 일을 당한 후보들은 이렇게 말하곤 했다.

"노무현 그 사람, 참 웃기는 사람이에요. 내가 당원들과 만나는 장소에 나타나서는 자기 선거운동을 해요. 이런 황당한 경우가 다 있나 싶지만 제지할 수도 없잖아요."

노무현은 달변가는 아니었지만 열정이 있었다. 그런데 판이 벌어지면 청중의 분위기를 한눈에 파악하고 연설로 좌중을 휘어잡는 능력을 갖고 있었다. 다른 후보들 입장에서 보면 오죽이나 미웠을까.

나는 연청 회장인 김홍일(DJ의 장남)을 만나 연청 회원들의 노무현 후보 지지에 대해 상의했고, 긴 논의 끝에 노무현을 돕기로 했다. 전당대회를 앞두고 나는 지역책임자들에게 일일이 전화를 걸어 연락했다.

"이번 최고위원 선거에서 동교동 오더는 권노갑과 한광옥이다. 그런데 나도 한 사람 추천하면 안 되겠나?"

"하세요, 총장님!"

"그럼 자네들 것이 없잖아?"

"4인 연기명투표인데 한 명은 남습니다. 설마 총장님 오더가 두 명은 아니겠죠?"

"노무현이 멋지지 않나? 한번 찍어주자! 비록 대선에선 졌지만 노무현, 김정길 등이 우리 당에 안 들어왔다면 어디 싸움이라도 제대로 해봤겠어? DJ도 금싸라기처럼 중요한 사람들이라고 했잖아! 그 사람들을 우리가 인정해야 한다. 최고위원 한 사람은 연청에서 해주자!"

큰마음 먹고 제법 조심스럽게 꺼낸 얘기였다.

그런데 이런 제안에 연청 회원들은 기다렸다는 듯이 화답했다.

"그렇게 하겠습니다!", "맞습니다!", "그래야죠, 총장님!"

이의를 제기하는 사람이 거의 없었다. 내 말을 따랐다기보다는 사전에 공감하고 있었다고나 할까, 노무현은 연청 회원들에게 인기가 있었다.

3월 11일, 드디어 전당대회가 열렸고 이기택은 결선투표까지 치르는 접전 끝에 김상현과 정대철을 누르고 대표최고위원에 당선됐다. 노무현은 최고위원에 5위로 당선됐다. 권노갑은 4위, 한광옥은 6위였다(김원기 2,580표, 유준상 2,048표, 조세형 2,002표, 권노갑 1,949표, 노무현 1,948표, 한광옥 1,903표, 신순범 1,836표, 이부영 1,823표).

당내 기반이 없었던 노무현이 최고위원에 당선된 것은 큰 이변이었다. 동교동계의 권노갑, 한광옥과 어깨를 나란히 한 것이다. 더구나 최고위원들 가운데 가장 젊었다. 권·한 의원이야 당연히 알아서들 찍을 것이라고 믿었기에, 나로서는 노무현에게 무게를 실은 것이다. 노무현과 내가 정치적 협력관계이자 끈끈한 동지가 되는 첫 단추였다. 노무현은 이후 자신의 정치 행보에 대해 많은 부분을 나와 상의했고, 그런 관계가 날이 갈수록 단단해졌다.

통합민주당은 최고위원 9명이 제각각이어서 '9인9색' 정당이라고 했다. 당직 인선마저도 9명에게 골고루 안배가 됐다. 이기택 대표최고위원이 가장 먼저 당직자 임명권을 갖고 있기에 사무총장을 임명하면, 2위, 3위 최고위원이 차례로 사무부총장을 한 사람씩 임명하는 식이었다.

당내 위원장은 물론 국장, 부국장, 부장 등 당직자 인선에서 노무현은 그가 당에서 아는 마땅한 사람이 없었기에 내게 사람을 추천해달라고 했다. 노무현 최고위원이 지명한 사람은 대부분 내가 천거한 사람들이었다.

물론 김홍일 의원이 "노무현 최고위원은 조직이 하나도 없잖아요. 염 총장께서 노 최고를 당선시켰으니, 연청 회원들 가운데 당직자로 임명할 사람은 총장님이 직접 챙기세요!"라는 부탁을 하긴 했지만 말이다.

"뭐 잘됐습니다. 저는 조직도 없는데, 총장님이 명단을 주세요."

노무현도 이를 자연스럽게 받아들였다. 신극정 국장을 비롯해 연청 출신 5~6명이 노무현 추천으로 당직을 받았다.

제4화

노무현 하나만 와도 백만대군이네!

　　　　　　　　　김대중 총재가 정계은퇴를 선언하고 영국으로 출국하고 나니 DJ를 대통령으로 만들기 위해 헌신했던 나로서는 허탈하기가 이를 데 없었다. 갑자기 밀린 온갖 숙제가 한순간에 없어진 것이나 다름없었다. 한마디로 목표와 희망이 사라진 것이다. 평화적 정권교체를 이루는 그날을 위해 쉴 새 없이 달려온 열차에서 기관실이 한순간에 사라져버렸으니 그 상실감이란 이루 말로 다 표현하기 어려웠다.

　그러던 차에 주변 사람들이 연말에 베트남 여행을 간다고 하기에 나도 따라나섰다. 헛헛한 마음을 달래기 위해 무작정 떠난 여행이었다. 베트남 여행은 수십 년 전 내가 살았던 옛날로 되돌아가는 시간여행 같은 매력이 있었다. 마치 도회지 서울에서 살다가 오랜만에 시골을 방문할 때와 비슷했다. 다른 게 있다면 기후가 좀 무덥다는 것뿐이었다.

　여행을 마치고 돌아오자 3·11 전당대회가 예고돼 채비가 한창이었다. 나는 노무현을 도와 그를 당내 최연소 최고위원에 당선시키고는,

며칠 후 다시 베트남행 비행기에 몸을 실었다.

그렇게 방문한 베트남에서 한국 TV드라마 방영 사업에 발을 담그게 됐다. 사업이 승승장구하면서 베트남에 체류하는 날이 갈수록 더 길어졌다. 물론 이따금 한국에 올 때마다 연청 식구들, 동교동 식구들을 만나곤 했다. 그들은 어느 틈에 나를 '정가를 떠나 사업가로 변신한 사람'으로 대했다.

1994년 영국에서 돌아온 DJ는 아시아·태평양평화재단을 꾸렸다. 이어 1995년 6월에 처음 실시된 지방선거에 적극적으로 참여해 민주당을 승리로 이끈 뒤 그해 7월에 정계복귀를 선언했다. 9월에 DJ는 '새정치국민회의'를 창당, 제1 야당의 총수로 정치활동을 본격적으로 재개했다.

DJ가 국민회의를 창당하자, 노무현은 김원기, 김정길, 이철, 박석무 등과 함께 국민회의 합류를 거부하고 야권분열 반대 및 지역주의 극복 등을 주창하며 '국민통합추진회의(통추)'를 결성했다.

"짐 싸고 들어오셔야겠습니다!"

김홍일은 1995년 겨울, 베트남과 중국에서 한창 사업을 벌이다가 잠시 서울에 볼 일이 생겨 들어온 나를 찾았다. 그는 아버지가 정치를 재개했으니 원대 복귀를 하라고 했다. 한창 잘나가는 사업을 접고 정치에 다시 발을 들이기 싫었다. 면전에서 안 하겠다고 거절했다. 김홍일은 그 후로도 수차례 간청했고 그때마다 나는 요리조리 피했다. 이듬해인 1996년 봄에 잠시 귀국해 서울에 들렀을 때다. 서울에서 김홍일을 만났다. 김홍일은 오랜만에 아버지에게 인사하라며 나를 데리고 일산으로 갔다.

"야 이 사람아! 자네 베트남에서 사업한다고? 안 들어오겠다고?"

김대중 총재는 나를 보자마자 이렇게 말했다.

"지금 사업이 문제야! 빨리 들어와! (사업은) 1년만 다른 사람에게 맡겨!"

DJ가 이렇게까지 얘기하는데 그 말씀을 거역할 수는 없었다. DJ 앞에서는 항상 작아지는 나였다. 결국 DJ의 대통령 당선을 위해 베트남 사업을 직원들에게 맡겨두고 급하게 귀국해야만 했다.

1997년 대선을 앞두고 국민통합추진회의(통추, 대표 김원기)는 중대한 기로에 서게 됐다. 1995년 DJ가 새정치국민회의를 창당하자, 합류를 거부하고 야권분열 반대 및 지역주의 극복 등을 주창해왔기 때문이다.

당시 노무현은 김정길, 이철, 박석무, 원혜영, 이미경, 이강철, 김원기, 제정구, 이수인, 김홍신, 김부겸, 홍사덕, 홍기훈, 김원웅, 유인태 등과 통추 회원이었다. 이들은 1996년 제15대 총선에서 대부분 낙선했다. 이후 시련을 겪으면서도 그들은 함께 서로의 버팀목이 돼 어려운 시절을 견뎌오고 있었다.

하지만 대선이 점차 가까워지자 앞으로의 진로를 두고 고민하지 않을 수 없었다. 이들은 '제3 후보론(조순)', '정권교체(김대중)', '3김 청산(이회창)' 세 가지 방안을 놓고 논란을 벌였다. 그렇지만 이렇다 할 결론을 내지 못했고, 각자 제 갈 길을 갔다.

"염 선배, 노무현 전 의원과 자주 만나죠?"

통추가 해체될 즈음, 김홍일이 내게 물었다.

"베트남에 묻혀 사업하던 사람이 어떻게 자주 만나? 그저 가끔 전화로 안부나 묻는 사이지. 근데 왜요?"

그동안 노무현과는 종종 통화로 서로 안부를 묻곤 했지만, 당이 달라지면서 만나지는 못했다. 나는 나대로 외국에서 사업하느라 바빴고, 그는 그대로 정치에 바빴다.

"아버지께서 노 전 의원을 우리 당에 꼭 끌어와야 한다고 하시던데…"

DJ는 통추 멤버들 가운데 노무현을 비롯해 몇몇을 새정치국민회의로 데려올 생각이었다. 김홍일은 DJ에게 "노무현을 끌어오려면 염 총장이 나서야 합니다. 노무현이 93년 전당대회에서 최연소 최고위원이 된 것도 염 총장 작품입니다"라고 말했다.

"아버지 뜻이 그러니 염 선배가 책임지세요!"

"허허…, 어떻게 책임져, 내가?"

"통추 대표인 김원기 의원은 이미 국민회의에 합류하기로 했어요. 염 선배가 노무현만 책임지세요."

우선 그를 만나는 것이 급했다. 서울 역삼동 '하로동선夏爐冬扇'으로 갔다. 통추 회원들이 주축이 돼 '여름 화로와 겨울 부채처럼, 당장 쓸모가 없어도 때가 되면 요긴한 몫을 하겠다'는 다짐을 담아 1997년 3월 문을 연 고깃집이다. 이들은 요일마다 하루 2명씩 당번을 정해 손님을 맞았다.

미리 약속하지 않고 무작정 방문한 하로동선에는 노무현이 없었다. 그날 당번이 아니었다. 그런데 내가 왔다는 소식이 전해졌는지, 밖에서 노무현이 가게로 전화를 걸어 나를 찾았다. 노무현은 종로 찻집에서 만나자고 했다.

"베트남 간 뒤로 우리 처음 보는 거죠?"

노무현은 오랜만에 만난 내게 이렇게 인사를 했다.

"허허…, 그렇게 됐네요."

"그 좋은 사업 계속해서 돈이나 벌지 왜 들어왔어요?"

"아이고! 별 말씀을…. 제 사정 다 아시면서…."

"아니, 총장님! 자기 몸을 자기 마음대로 못한다는 말씀이세요? 허허!"

"참…내…!"

노무현은 그날 내게 베트남에서 상종가를 올린 사업에 대해 이것저것을 물었고, 나는 그의 궁금증을 풀어주었다.

"염 총장님! 근데 왜 다시 들어오셨습니까? 이해가 안 됩니다!"

베트남과 중국에서 내가 쌓아올린 사업 성과들에 대해 얘기를 다 듣고 난 뒤에, 노무현은 농담 아닌 농담을 했다.

노무현은 평소에도 그의 지인들에게 "사업을 해야지 뭐 하러 정치해?"라고 말하곤 했다.

"그게…. 약속해버렸습니다, DJ 앞에서."

"쯧쯧, 참 못 말릴 분이네요."

오랜만에 그와 얘기를 나누면서 쌓인 회포가 실타래처럼 풀리는 것 같았다. 나는 그때 본론을 꺼내놓았다.

"이제 (새정치국민회의에) 합류하시죠!"

"…"

노무현은 대답 대신 큰 눈만 껌벅였다.

"그렇다고 이회창과 함께 할 수 없는 것 아니에요? 한나라당 거기는 갈 수 없잖아요?"

"고민 많이 하고 있습니다, 염 총장님."

밤늦게까지 그와 밀린 얘기를 나누고 헤어졌다.

그로부터 며칠 후, 노무현에게서 전화가 왔다.

"DJ에게 전하세요. 그쪽(국민회의)으로 가는데, 여하튼 (통추 회원들) 싹 몰아가겠습니다."

"네, 근데 언제쯤이나?"

"이 노무현은 확실히 갑니다! 그러니 앞으로 창구를 염 총장님이 맡아주시면 좋겠네요."

"그렇게 할 겁니다! 이참에 함께 오실 분들이 몇이나 됩니까?"

"조만간 함께 갈 겁니다! 갈 거니까 기다리라고 하세요. 조급할 필요는 없잖아요!"

통화가 끝난 뒤 DJ에게 상황을 간략히 보고했다.

그때 DJ는 내게 이렇게 말했다.

"(통추 회원들이) 다 오면 좋겠지만, 노무현 하나만 와도 백만대군이네! 될 수 있으면 빨리 왔으면 좋겠어."

제5화

베트남에서 한류가 뜨다

내가 베트남을 들락거리기 시작하던 1993년은 도이모이(개혁개방) 정책이 한창일 때였다.

베트남에 가면 곧바로 호찌민(사이공)시 호텔로 가 짐을 풀었다. 관광지로 여행을 떠나기도 하고, 호텔에서 아무 일정 없이 그냥 쉬기도 했다. 호텔에서 쉴 때는 로비에 나와 차를 마시곤 했다.

어느 날 점심 식사를 마치고 호텔 로비 카페에서 차를 마시려는데 그날따라 테이블마다 사람들이 넘쳤다. 간신히 빈자리를 발견했다. 40대 초반으로 보이는 베트남 여성이 혼자 앉아 있었다.

"여기 앉아도 될까요?" 내가 영어로 물었다.

"앉아도 괜찮다"는 답이 돌아왔다. 베트남에서는 좀처럼 듣기 어려운 유창한 영어였다.

"어디서 오셨어요?" 여성이 물었다.

"한국에서요!"

"한국이라고요, 서울올림픽 참 재미있게 봤습니다!"

"베트남 사람인가요?"

"맞습니다, 중국계 베트남인입니다."

그녀 이름은 냐^Nya였다. 미군이 베트남전쟁에서 패해 1975년 철수할 때까지 미 공군부대에서 타이피스트로 일했다고 했다. 그 후 나는 미스 냐와 카페서 조우하는 일이 많아졌다. 베트남에서 알게 된 첫 지인이었고, 어느새 친구가 됐다.

미스 냐는 어느 날 우연히 카페를 찾아온 '미스터 넉'이라는 퇴역장군을 만났는데 내게 그를 소개해줬다. 그는 베트남전쟁 때 북베트남(월맹) 편에 서서 남베트남(월남)과 싸웠던 '월남민족해방전선(남베트남자생적 공산주의)' 출신(베트콩)이었다. 그렇게 베트남에서 만나는 지인들이 점차 많아졌다.

민주당 3·11 전당대회에서 노무현을 도와 그를 최고위원에 당선시킨 이후에는 베트남을 더 자주 방문하게 됐고, 방문할 때마다 체류기간이 점차 늘어났다.

호찌민시에 가면 마치 타임머신을 타고 30여 년 전의 한국으로 되돌아간 듯한 포근함이 있었다. 밤늦게 대로변 벤치에 앉으면 어디선가 산들바람이 불어왔다. 도심이지만 자동차는 거의 없고 자전거가 물결을 이루었다.

특별한 일정이 없으면 밤에는 호텔 방에서 텔레비전을 보곤 했다. 현지 TV방송 수준은 형편이 없었다. 주로 1, 2차 세계대전을 다룬 다큐멘터리가 많이 방영됐다. 롬멜이 이끄는 독일군과 몽고메리가 이끄는 영국군이 북아프리카 사막에서 벌이는 전투를 그린 기록영화가 종종 TV 화면을 채우곤 했다. 더러 베트남에서 제작한 것으로 보이는 드라마는 그다지 수준이 높지 않아 보였다.

당시 베트남 사람들은 전쟁의 상처를 오롯이 극복한 것처럼 보였다. 그들은 세계 최강 미국과 싸워 이긴 유일한 나라라는 자부심이 있었다. 그런데 한국은 베트남전쟁의 상대가 아니라 용병에 불과하다고 면전에서 얘기하는 베트남 사람도 더러 있었다. 넉 장군도 그랬다. 그럴 때는 한국인인 나로서는 무시당하는 것으로 여겨져 몹시 불쾌했다. 그래서인지 어느 날 나는 한국에서 인기 높았던 드라마를 이곳에 가져와 한국 대중문화를 보여주고 싶은 충동이 들었다.

"베트남에 드라마를 팔겠다고요? 우리도 다 시도해본 일입니다. 그랬다간 선생님 돈만 날리고 말 것입니다. 충고 드리는데 그거 하지 마세요!"

얼마 후 한국으로 나와 이미 방영된 TV드라마 테이프를 구입하려고 지상파 방송 3사를 찾아다녔다. 그런데 뜻밖에도 방송사 어느 한 곳도 흔쾌히 주겠다는 곳이 없었고, 가는 곳마다 이런 핀잔을 들어야 했다. 기가 막힐 일이었다. 방송사마다 질 좋은 TV드라마가 산더미처럼 쌓여 있는데 한 건을 팔지 못하고 있다니…. 더러는 "젊은 사람이 무리하지 마라!"며 상대조차 해주지 않았다.

우여곡절 끝에 베트남에 가져간 최초의 한국 드라마는 MBC 미니시리즈 〈의가형제〉였다.

어릴 적 일이 떠올랐다. 집 앞에서 엿장수로부터 맛보기 엿을 먹고 그 맛에 홀딱 반해, 그 길로 부엌에 들어갔다. 엿과 바꿀 고철을 한참 찾았지만 없었다. 멀쩡한 주전자를 발로 밟아 망가뜨려서 들고 나갔다. 어처구니없는 나의 행동을 보고 엿장수는 나를 데리고 집으로 들어왔다. 그리곤 어머니에게 주전자와 함께 나를 넘기면서 엿을 공짜로 주었다. 어머니에게 된통 혼이 나면서도 그 맛을 결코 잊을 수 없었다.

'그래! 베트남에 맛보기로 이 드라마를 주자!'

북한에서 유학을 마친 베트남인을 찾아내 드라마 방송 대본을 베트남어로 번역하고 그의 도움으로 현지 실정에 맞춰 더빙도 했다. 그리곤 호찌민에 있는 국영방송사(VTV: Vietnam Television Corporation)를 찾아가 사장을 만났다.

"한국 드라마인데, 공짜로 줄 테니 방영하겠습니까?"

"공짜라고요? 혹시 체제 선전용이 아닙니까?"

"아닙니다."

나는 베트남 방송사 직원들에게 드라마 줄거리와 대본을 보여주었다.

그들은 한참을 검토한 후에 이렇게 답했다.

"공짜로 준다고요…, 고맙습니다!"

내가 여기에 투자한 돈을 그냥 날리는 셈이었다. 그래서 이렇게 요구했다.

"다만 한 가지…, 방송하기 전 2분, 방송 후 2분, 모두 4분만 내게 줄 수 있습니까?"

"뭐하려고 합니까?"

"광고를 하겠습니다."

사회주의 체제에서 이제 막 소위 '도이모이doimoi'라는 개혁개방 정책을 선택한 베트남이었다. 상업광고에 대한 개념 정립이 제대로 돼 있지 않은 상황이었다.

"무슨 광고입니까?"

"당신 나라가 개방정책을 편다고 하는데 개방하려면 외국과 손잡고 무역도 하고, 상거래도 해야 하지 않겠습니까? 우리 한국 기업들 회사 선전도 하고 상품 선전도 할 생각입니다. 4분만 시간을 내게 준다면 광고를 유치하겠습니다."

"4분이 뭡니까? 더 가져가세요!"

"더는 필요 없습니다."

"더 쓰셔도 됩니다."

"4분만 쓰겠습니다."

15초짜리 광고라면 1분이면 4개, 4분이면 16개가 된다. 당장 16개의 광고주를 확보해야만 했다. 광고업을 해본 적도 없어 나로선 쉬운 일이 아니었다.

공산국가였던 베트남은 당시 개혁개방이 한창이었다. 한국석유공사가 베트남 정부와 이제 막 유전 개발을 교섭하던 중이었다. 한국에 들어와 삼성, 대우, LG 등 당시 가전제품 제조업체들로부터 광고를 싼 가격에 받아 베트남 방송사에 넘겨주었다. 그러곤 까마득히 잊어버렸다.

호찌민시는 미군이 주둔하던 당시 닦아놓은 널찍한 도로를 중심으로 시가지 길이 잘 정비돼 있었다. 그 도로는 출퇴근 시간이면 시민들의 주요 교통수단인 자전거로 홍수를 이뤘다.

오랜만에 베트남에 들어가 미스 냐를 만나 시내 식당에서 저녁을 먹었다. 그리고 거리로 나왔는데 시가지 도로가 텅 비어있었다. 퇴근 무렵인 이 시간쯤이면 자전거 행렬로 가득 차서 길을 건너기조차 어려운데, 웬일인지 인적조차 드물었다.

"아니, 자전거들이 안 보이는데 왜? 무슨 일 있어요?"

"참 미스터 염에게 얘기해준다는 것을 깜박 잊었습니다. 아마 당신이 가지고 온 드라마인 것 같은데, 그 드라마가 오늘 3회째 방영되는 날입니다. 베트남에서 인기가 높습니다. 난리 났어요! 이 시간이면 다들 텔레비전이 있는 집에 모입니다."

"오케이! 대박이다."

한국에 잠시 일 보러 나왔다가 어느 날 베트남에 가니 현지 상주 직원이 '호찌민 방송사VTV 사장이 날 찾았다'고 했다. 방송사로 전화를 걸었다.

"미스터 염, 지금 방송사로 올 수 있습니까?"

"무슨 일입니까?"

"미스터 염을 만나려는 사람들이 '당신에게 꼭 전해 달라'며 명함을 주고 갔습니다."

"누군데요?"

"일본, 싱가포르, 프랑스 기업 관계자들입니다."

"그분들이 저를 찾는 이유가…?"

"광고 구매 문의입니다. 저희는 모든 권한이 공급자인 미스터 염에게 있다고 했습니다. 그랬더니 당신을 만나게 해달라며 연일 성화입니다!"

나는 그 기업 관계자들에게 연락해 한 사람씩 만나 보았다. 모두들 한국 드라마에 광고를 하겠다고 했다. 나는 기분 좋게 광고를 팔았다. 그렇게 비록 큰돈을 벌지는 못했지만, 내가 그동안 투자했던 돈은 건졌다.

두 번째 방영한 드라마는 〈마지막 승부〉였다. 〈의가형제〉와 이 드라마까지 우연찮게 모두 장동건 주연 작품이었다. 얼마나 유명해졌는지 자전거를 타는 사람이면 대개 장동건 사진이 프린팅된 티셔츠를 입었다. 그 드라마가 방영되는 시간이면 시내를 돌아다니는 사람이 드물었다.

"장동건 씨!, 한국에서 이소룡과 주윤발의 인기가 높은 것처럼, 베트남에서는 당신이 그렇습니다."

"예? 말도 안 돼요!"

"만일 동건 씨가 베트남에서 국민배우가 돼 있다면, 베트남에 가서 팬미팅을 할 생각은 있습니까?"

"네! 만일 그게 사실이라면…, 당연히 그래야죠!"

나는 회사 상무를 장동건에게 보내 그에게 베트남 방문을 권유했다.

지금이야 인터넷과 스마트폰이 널리 보급되고, SNS를 통해 세계의 크고 작은 일들을 큰 시차 없이 공유하는 세상이 됐지만, 당시는 그렇지 않았다. 그때까지도 장동건은 자신이 주연으로 출연한 드라마가 베트남에서 방영된 사실 자체를 알지 못했다. 그에게 스스로 베트남에서 벌어진 일들을 알아볼 것을 권했다. 얼마 후 장동건으로부터 베트남을 방문하겠다는 연락이 왔다.

장동건의 확답을 듣기 전에, 베트남 사람들과 팬미팅을 할 장소를 백방으로 물색한 끝에 호찌민에 있는 축구장을 덜컥 빌려버렸다. 베트남 극장들을 모두 돌아봤지만 죄다 협소했기 때문이다.

하지만 그 직후부터 밀려드는 걱정은 이만저만이 아니었다. 축구장을 빌리고 무대를 마련하고 장동건을 데려오는 데 드는 비용은 고사하고, 그 넓은 공간에 팬들을 채우지 못하면 망신일 수 있다는 생각이 들어서였다. 게다가 장동건에게는 얼마나 미안할 일인가. 그랬는데 그런 걱정은 기우에 불과했다. 표는 순식간에 매진됐고, 암표가 불티나게 거래되고 있었다.

장동건이 베트남에 왔고 팬미팅 행사가 열렸다. 당일 행사장 안을 가득 메운 사람들보다도 행사장 밖에서 소리를 지르는 사람들이 더 많았다. 한마디로 광란이었다. 장동건을 따라 베트남에 온 연예부 기자들이 행사 현장을 취재해 한국으로 기사를 전송했다. 그들은 동남아시아에서 이제 막 시작된 '한류'를 최초로 목격한 증인들이었다. 이날 방송사들은 장동건과 베트남 팬들과의 만남을 밤 9시 메인뉴스로 내보냈고, 다음날 모든 중앙 일간지에 대서특필 됐다. 베트남에서 한류가 시작됐다고. 나는 중국, 인도네시아, 대만 등으로도 한국 드라마를 전파했다.

영국에서 돌아온 DJ는 1996년 이렇게 TV드라마 수출사업에 열정을 쏟고 있던 나를 다시 한국으로 불렀다. 나는 곧바로 사업 전체를 현지 직원들에게 넘겨주었다. 벌여놓은 일들을 하루아침에 미련 없이 정리했다. 그리고 DJ의 대통령 당선을 위해 올인했다.

제6화

대통령님! 저를 왜 미워하십니까?

김대중 대통령이 제15대 대통령에 취임한 1998년 6월에 두 번째 지방선거가 있었다. 예나 지금이나 서울시장 선거는 정치권의 핫 이슈이고, 지방선거 가운데 가장 중요한 곳이다. 특히 여당으로서는 취임 첫해에 열리는 지방선거여서 각별히 신경을 쓰지 않을 수 없었다.

서울시장을 하겠다고 당에서 가장 먼저 의사를 밝힌 사람은 한광옥 의원이었다. 청와대 정무팀에서 은밀히 조사해보니 유력한 상대 후보인 한나라당 최병렬 의원을 이길 사람은 고건 총리였다. 하지만 고 총리는 그때까지도 출마 의사를 피력하지 않은 상황이었다. 그러던 어느 날 노무현이 나를 만나자고 했다.

"제가 서울시장 출마하겠습니다."

"한 의원이 나가겠다고 하지 않았나요?"

"한광옥은 안 됩니다!"

"…"

"서울시장이 얼마나 중요한 자리인데…, 나가서 실패하면 대통령 권력기반에 엄청난 누수가 생깁니다. 꼭 이번엔 당선될 사람이 나서야 합니다. 미안하지만 한 선배가 쉽지 않을 것 같으니 제가 나서겠습니다!"

노무현은 이렇게 말하며 내게 도움을 요청했다. 나는 김홍일 의원을 만났다.

"노무현이 서울시장에 생각이 있는가봐!"

"그래요!, 서울시장이라면…, 청와대 분위기를 먼저 알아봐야죠. 아버지 뜻도 중요하겠지만 일단 돌아가는 상황부터 보고…."

나는 청와대에 들어가 문희상 정무수석을 만났다.

"노무현이 강력하게 희망합니다, 서울시장 출마하겠다고. 명분은 당선될 사람이 우리 당에서 자신밖에 없다는 것입니다. 한광옥으로는 안 된다는 얘기죠. 나도 한광옥 선배보다는 노무현이 더 경쟁력이 있다고 생각합니다."

이렇게 말을 꺼냈는데 문 수석은 내 얘기를 다 듣기도 전에 싱긋 웃었다. 그리곤 엄지손가락을 허공에 치켜들었다가 아래로 내리 꽂았다. 노무현, 한광옥 둘 다 아니라는 의미인 것 같았다.

"아니, 그러면…?"

나는 문 수석의 다음 말이 무척 궁금했기에 그를 재촉했다.

"절대! 밖에 새나가면 안 돼!"

문 수석은 이렇게 말하면서 검지를 세워 입에 댔다. 그리곤 속삭였다.

"둘 다 아니야!"

"그러면 K?"

그러자 문 수석은 고개를 연신 끄덕이며 말했다.

"확정이야!"

나는 노무현을 만나 문 수석과 주고받은 얘기를 전했다. 그랬더니 그는 "오케이! 고건이면 승복하겠습니다!"라고 말했다. 한광옥은 당선되기 어렵다고 생각해 자신이 나서겠다고 한 것이지, 노무현 본인이 꼭 서울시장이 되겠다는 욕심 때문이 아니라는 뜻이었다. 노무현은 '이제 정권 잡았으니까 DJ를 도와야 한다. 특히 서울시장 선거에 이길 사람을 내보내서 정권에 힘을 실어줘야 한다'는 명분이었다.

"고건 총리라면, 됐습니다. 접겠습니다."

그러곤 "틀림없죠?"라고 물었다. 얼마 후 자리에서 일어서면서 노무현이 다시 내게 "틀림없죠?"라고 재차 확인했다. 나는 노무현이 만약 정식 공천 절차를 밟지 않고 당 밖에서 서울시장 후보를 영입하는 데 대해 반발하면 어떻게 대처해야 하나 내심 걱정이 적지 않았다. 그런데 그건 쓸데없는 기우였다.

노무현의 캐릭터였다. 그의 출마 명분은 '승리 카드'였고, 그렇다면 한광옥보다는 자기가 낫다는 것이었는데, 고건이 나온다면 깨끗이 승복하겠다는 뜻이었다. 노무현은 명분을 중시하는 사람이었다.

"종로 보궐선거에 나가고 싶습니다!"

노무현은 1998년 지방선거 직후에 치러지는 7·21 종로 보궐선거에 출마할 생각을 갖고 있었다. 꼬마민주당 시절 1996년 제15대 총선 때 종로구에 출마해 3위로 낙선한 노무현은 종로구 당선자 이명박이 공직선거 및 부정선거방지법위반 혐의로 피소되어 의원직을 잃게 되면서 치르게 되는 이번 보궐선거에 출마해 국회 복귀를 꿈꾸고 있었다. 노무현은 나를 만나 자신의 뜻을 밝혔다

"우리 당에서 노무현은 부산을 대표하는 정치인입니다. 다들 그렇게 생각하고 있습니다."

"부산에서 깃발 들고 그만큼 했으면 됐지 않아요? 임기가 얼마 남지 않은 국회의원직(제15대 1996~2000년) 서울에서 한번 하면 어떻습니까?"

노무현은 내게 자신의 뜻을 김홍일 의원과 상의하고 자신을 도와줄 것을 요청했다.

"가장 좋은 것은 대통령을 직접 찾아가는 겁니다."

나는 이렇게 조언했다. 물론 김홍일 의원에게도 얘기했다.

종로 보선은 당 분위기도 중요했다. 동교동 사람들에게 노무현의 출마의사를 전하는 것도 빠뜨릴 수 없었다. 얼마 뒤 노무현은 청와대에서 김대중 대통령을 만났다.

그 후 노무현에게서 연락이 와 동대문 인근 이스턴 호텔 2층 커피숍에서 만났다. 그는 싱글싱글 눈웃음을 지으며 이렇게 얘기했다.

"청와대 가서 인사드리고 나서 이렇게 말했습니다. '종로 나가고 싶은데 좀 도와주십시오!' 근데 분위기가 싸늘합디다."

노무현은 찻잔을 내려놓고 자세를 고쳐 앉으며 말을 이었다.

"그래서 내가 얘기했습니다 '대통령님! 저를 왜 미워하십니까?' 라고."

"미워하냐고요? 그래 대통령께서 뭐라 하시던가요?"

"대통령께서 '노 의원이 나를 그렇게 만들었잖아요!' 하십디다."

그는 뜬금없이 "푸후후…" 특유의 웃음을 터뜨렸다.

내가 아는 DJ는 자신의 속마음을 그렇게 쉽게 비치는 분이 아니다. 당시 DJ가 노무현과 얽힌 감정의 실타래를 풀자고 하는 마음이었는지, 아니면 그동안 노무현이 자신을 에둘러 비판해온 것을 용서해주겠다는 뜻으로 그렇게 말씀한 건지, 그의 말만 듣고서는 판단이 서지 않았다. 노무현은 당 운영이 조금이라도 비민주적이거나 비합리적이라고 생각하면 "우리 당이 (DJ의) 사당私黨이냐?"고 목소리를 높이곤 했다.

그렇지만 동교동으로서는 노무현이야말로 우리 당에 꼭 필요한 사람이었다. 대중성도 갖추고 영남을 잇는 거의 유일한 끈이었기에 그를 면박할 수도 없는 처지였다.

"대통령께서 그렇게까지 말씀하시니 제가 '죄송합니다. 당을 위해 충정으로 하는 얘기였습니다'라고 사과 겸, 변명 겸 얘기했습니다. 하하…."

"잘 하셨습니다."

"그러고 나서 대통령께 종로를 달라고 했더니 이종찬을 만나서 상의하라고 하십디다."

그는 그 자리에서 DJ에게 '종로에 나서더라도 후에 부산에서 필요하다면 다시 내려가겠다'는 뜻을 밝혔다고 했다. 종로 보선에서 당선되더라도 다음 총선에 다시 부산으로 출마하라면 나서겠다고 스스로 약속한 것이다. 그가 우리 당으로서는 가장 취약한 부산에 지역 기반을 가진 정치인이었기 때문이다.

제7화

농부가 어찌 밭을 탓하리오

노무현은 1998년 7·21 종로 보선에서 당선되어 3번의 낙선 끝에 10년 만에 현역의원으로 복귀한다. 이종찬 부총재는 안기부장으로 발탁되어 당을 떠나 있었고 노무현 후보에게 지구당을 인계하고 당원들을 설득해줬다. 그 덕분에 노무현 후보는 한나라당의 정인봉 후보를 누르고 54.4%의 지지로 무난히 당선되었다.

노무현은 다음 총선에 다시 부산으로 출마하겠다는 약속을 지키기 위해 1999년 2월, 종로구 보궐선거에 당선된 지 반 년, 총선을 1년 2개월 앞둔 시기에 다음 총선을 부산에서 출마하겠다는 기자회견을 했다.

그러나 노무현은 2000년 4월 총선 때 부산 북·강서을 지역구에서 새천년민주당 후보로 출마해 한나라당 후보에게 패배했다. 앞서 1992년 제14대 총선에서는 부산 동구에 출마해 떨어졌고, 1995년 부산광역시장 선거에서 패했고, 제15대 총선에서도 서울 종로구에서

3위로 떨어졌고, 제16대 총선에 또 떨어진 것이다.

당시로써는 정말 바보 같은 짓이었다. 지금도 그렇지만 무릇 정치인의 구두 약속은 상황에 따라 달라지고 변하기 쉽다. 노무현이 약속하긴 했지만, 그에 얽매이지 않고 그냥 종로에서 다시 출마하면 당선될 터인데, 부산 출마를 강행한 것이다. 그리고 낙선하자 노무현은 "농부가 어찌 밭을 탓하리오?"라며 유권자를 원망하지 않는다는 의지를 내비쳤다. 그런데 그게 새옹지마塞翁之馬가 될 줄이야. 그의 낙선이 국민에게 당선보다도 더 큰 감동을 준 것이다.

지역주의를 정면으로 깨려는 정치적 결단을 보여준 데 대해 당원들은 물론 국민들로부터 '멋지다!'는 찬사가 쏟아졌다. 노무현은 이 일을 계기로 국민들 마음속에 자신의 원칙과 곧은 지조를 각인한 것이다. 인터넷 상에 '바보 노무현'이라는 말이 회자됐고, 헌정사상 최초로 정치인에 대한 팬 카페 노사모('노무현을 사랑하는 사람들의 모임')가 생겼다.

김대중 대통령은 총선 4개월 뒤 8·7 개각 때 그를 해양수산부 장관에 임명했다. 김 대통령은 또 그해 12월 19일 김중권 전 비서실장을 새천년민주당 대표최고위원으로 지명했다. 이틀 후인 12월 21일, 노무현 해양수산부 장관은 출입기자들과의 송년모임에서 김중권 신임 대표에 대해 "기회주의자는 포섭대상이긴 해도, 지도자로는 모시지 않는다는 것이 나의 철학"이라고 공개적으로 비판했다. 김중권을 당 대표로 보낸 것은 사실상 후계구도를 김중권과 이인제 두 사람의 경쟁 구도로 만들겠다는 뜻으로 해석되기도 했다.

당시 오랫동안 민주화를 위해 싸워온 당원들은 김 대통령이 김중권 전 비서실장을 지명한 데 대해 차마 대통령에게 항거하지 못하지만, 삼삼오오 모여 소주잔을 기울이며 "더러워서 못 하겠다!"고 넋두리를 하던 차였다. '수십 년을 DJ와 함께하면서 구속되고 고문당하는 등 사람 대접 못 받았던 우리 당원들은 도대체 뭐냐?'는 푸념이 쏟아졌다. 우리는 밤새 통음을 하면서도 날이 새면 어느 누구 한 사람 나서서 공개적으로 마음속의 말을 꺼내지 못하는 '벙어리 냉가슴 앓는' 상황이었다.

그랬는데, 생각도 못했는데, DJ 적자도 아니고 동교동 식구도 아닌 노무현이 내질러버린 것이다. 우리로서는 그게 얼마나 통쾌했는지 모른다. 아마 동교동계 맏형인 권노갑도 통쾌했을 것이다. 물론 겉으로는 "대통령에게 그러면 안 된다"고 말했지만….

노무현 장관은 이듬해 2월 7일 김대중 정부의 언론사 세무조사와 관련, "언론이 더 이상 특권적 영역이 아닌 만큼 세무조사를 받을 때는 받아야 한다"며 "이제는 정치권이 언론과 전쟁을 할 때도 됐다. 언론과의 전쟁 선포도 불사해야 한다"고 말했다. 노 장관은 또 "한나라당 이회창 총재가 전날(2월 6일) 국회 대표연설을 통해 언론사 세무조사를 중단하라고 한 것은 공당의 대표로서 할 만한 말이 아니다"고 받아쳤다.

김 대통령이 김중권을 새 대표로 임명하자 그를 '기회주의자'라고 비판해 사실상 DJ에게 반기를 들더니, 언론사 세무조사 때는 제1 야당의 대표까지 정면으로 비판하며 김 대통령을 적극 옹호한 것이다. 노무현은 스스로 옳다고 생각하면 복잡하게 앞뒤 사정 재지 않고 언제든 할 말을 하는 그런 정치인이었다.

제8화

형님! 죽으려면 혼자 죽으세요!

나는 노무현을 민주당 대통령 후보로 만들겠다는 결심을 굳힌 2000년 하반기에 가깝게 지내던 동교동 인사들에게 뜻을 전했다.

김홍일 의원은 내 얘기를 다 듣고 나서 "내게 상의하러 온 것이 아니라 통보하는 거죠!"라고 말했다. 상당히 섭섭했던 것 같다. 한광옥 청와대 비서실장은 "노무현이 무슨 대통령 되겠어! 잠깐 기다려봐!"라고 말했다. 권노갑 고문은 마포 가든호텔에서 만났다. 옆에 몇몇이 배석한 자리여서 쉽게 말을 꺼내기가 어려웠다. 자리가 정돈되길 기다렸지만 기회가 나지 않았다. "그냥 이 자리에서 말씀 드려도 괜찮으시겠습니까?"라고 운을 뗀 뒤 "노무현 장관이 다음 대선에 뜻을 두고 있는데 저보고 같이하자고 합니다"라고 말했다. 권 고문은 별 관심이 없다는 듯이 다른 곳을 보며 "음, 잘해봐!"라고만 답했다.

노 장관과 함께 여의도에 '금강캠프(노무현 후보 경선캠프. 금강빌딩에 차렸기에 모두들 이렇게 불렀다)'를 차린 직후부터는 전방위로 홍보에 나섰다. 지인들을 만나면 '민주당 대선후보 경선을 겨냥해 노무현 캠프를 차리고 그를 돕고 있다'는 얘기를 꺼냈다.

"총장님! 지금 제 정신으로 얘기하십니까?"

"왜? 내가 정신 나간 사람 같냐?"

"아니, 이회창하고 맞장 떴던 이인제라면 몰라도…."

그런데 얘기를 꺼내기만 하면 대부분 이런 반응들이었다. 후배들마저 "말도 안 되는 얘기"라며 난색을 표명했고, 수차례 만나 내게 제안을 받은 일부 지인들은 전화마저 받지 않았다.

어렵사리 차린 금강캠프에는 찾는 이가 거의 없었다. 캠프 사무실은 제법 면적이 컸다. 커다란 공간에 나와 안희정, 이광재, 서갑원 그리고 여직원들까지 대여섯밖에 없었다.

노무현은 여론조사 기관들이 조사한 차기 대선 후보 선호도에서 겨우 1%에 그쳤다. 더구나 빈약하기 그지없었던 노무현의 당내 기반으로 보면 경선캠프를 차린 것이 신기하게 여겨질 정도였다. 때문에 일부 지인들이 이렇게 반응하는 것도 무리가 아니었다. 좌절하지 않았다. 이미 각오한 일이었다.

금강캠프의 첫째 과제는 전국 조직 구축이었다. 나는 사전에 지역 책임자로 눈여겨 둔 이들을 하나둘 설득하기 시작했다.

"노무현이 어떤 사람이냐. 영남에서 호남 꼴통에 빨갱이 취급까지 받으며 선거 때마다 DJ 깃발 들고 30% 이상 득표해온 사람 아니냐. 이인제는 한나라당 경선을 불복하고 뛰쳐나왔다. 민주주의 기본 원칙도 안 지킨 사람이다. 지금은 이인제가 지지율이 높고 우리가 집권하는데 도움을 줬지만, 막상 본선에 들어서면 '경선 불복' 전력이 있는 사람에게 누가 표를 주겠냐. 노무현 외엔 대안이 없다!"

가는 곳마다 '영남후보론'과 노무현 대안론을 설파했다. '영남후보론'은 내가 민주당에서 처음 주장한 대선 전략이다. 노무현 정부가 탄생한 후부터는 당내에서 대선 때마다 단골 메뉴처럼 등장하지만, 당시만 해도 내 주장에 동조하는 이들이 거의 없었다.

열이면 열, 내 면전에서 핀잔을 주지 않는 사람을 찾기 어려웠다. 가깝게 지냈던 동지들조차 이런 얘기를 하는 나를 정신 나간 사람으로 취급하곤 했다. 그럼에도 굴하지 않고 내 전략을 강변하면서 지역 책임자를 맡아달라고 하면 대개는 "생각해보겠으니 시간을 좀 달라"며 당장은 나와 마주 앉은 자리를 피하려고만 했다. 그러면 나는 "생각할 시간이 어디 있어? 너 정말 이렇게 나올 거냐?"며 그 자리에서 '예스'를 강요했다.

DJ가 대통령이 되면서 연청은 공식적으로는 해산됐다. 하지만 나는 개인적으로 연청 회원들과 수시로 통화했고, 만났고, 대화를 계속해오며 지내고 있었다. 금강캠프가 개설된 후에 나는 그들에게 캠프를 방문하거나, 따로 만나자고 청했다.

하지만 시간이 갈수록 그들이 나를 외면하는 일이 점점 잦아졌다. '변방의 힘없는 장수' 노무현을 대통령으로 만들겠다고 하니 그럴 수밖에 없었다. 생각해보라. 그들에게 얼마나 뜬금없는 일이겠는가.

지인들 사이에 소문이 퍼지면서 내 운신의 폭은 갈수록 좁아졌다.

사적인 얘기는 가능했지만 캠프 얘기만 꺼내면 모두들 귀를 닫고 몸을 사렸다. 태양이 지구 주위를 돈다고 믿는 세상에서 처음으로 지구가 태양 주위를 돈다고 주장했던 400여 년 전 갈릴레이처럼 세인들이 조롱하고 비웃는 대상이 된 것이다.

그렇다고 해서 포기할 내가 아니었다. 나는 한 사람, 한 사람씩 타깃을 정해 설득하고 또 설득했다.

연청에서 충청북도 임원을 지낸 오원배에게 조직책을 맡아달라고 설득하던 무렵의 얘기다. 청주에 사는 그에게 일간 한번 보자며 서울로 올라오라고 했다. 그런데 내가 그런 얘기를 꺼내면 흔쾌히 응하던 여느 때와는 달리 그는 차일피일했다.

"형님, 저 바빠서 당분간 못 갑니다!"

"아니, 내가 너 좋은 벼슬자리 하나 주려 하는데…, 그렇게 바쁘면 다른 사람을 찾아야 할까봐?"

"그러세요! 그거 딴 사람 시키세요."

벌써 이 친구에게도 내가 노무현 대선 캠프를 차렸다는 소식이 전해진 것이다. 그는 이런저런 핑계를 대며 나를 피했다.

"이 사람, 그러지 말고 시간 좀 내서 올라와! 얘기 좀 하게…."

그 후로도 수차례 전화했고, 더러는 협박도 했지만 아무런 반응이 없었다. 그래도 나는 이번엔 꼭 그를 오게 해야겠다고 맘먹고 다시 전화를 걸었다.

"저를 무슨 일로 부르는지 아는데, 저 솔직히 가고 싶지 않습니다."

"이 친구가…, 얘기를 다 들어보지도 않고…, 잔소리 말고 한번 들러!"

"저 안 가요, 제발 정신 좀 차려요!"

"허! 나 참!"

나는 재차 그를 압박했다. 그는 결국 강압을 못 이기고 며칠 후 금강캠프에 왔다. 캠프 사무실에 비장한 표정으로 나타난 그는 내게 이렇게 퍼부었다.

"형님! 죽으려면 혼자 죽으세요."

"뭐!, 이 사람이…."

"이 정권에서 그분(동교동계)들이 노무현을 좋아합니까? 노무현이 얼마나 미운 소리를 했어요. 툭하면 '이 당이 사당私黨이냐'고 소리를 높이고 말이죠, 장관 시켜놨더니 '기회주의자를 당 대표로 만들었다'고 대통령님께 퍼부은 사람입니다, 형님! 그런 노무현이 대통령이요? 지금 지지율 1%예요."

"그러지 말고, 숨 돌리고, 우선 내 얘기부터 들어봐!"

"가능성이 있어야 하지 않습니까, 가능성이. 노무현이 진정 대통령이 될 가능성이 있다고 생각하시는 겁니까?"

"안 되겠다. 배고프지! 우선 저녁부터 먹으러 가자."

나는 그의 등을 떠밀면서 캠프를 빠져 나왔다. 그에게는 말하지 않았지만 난 속으로 '지금 가면 얼추 노 장관을 만날 수 있겠고, 잘하면 저녁 식사도 같이 할 수 있겠다!'고 생각했다.

차를 타고 해양수산부 청사로 향했다. 차 안에서 나는 달아오른 그를 진정시키는 한편 본선 승리 가능성을 다시 역설했다. 시간이 지나면서 눈치를 보니 캠프에서 만날 땐 그렇게 까칠했던 그가 좀 풀이 죽어 있었다.

해수부에 도착해 장관실로 들어섰다. 노 장관은 기다리고 있다가 우리를 반갑게 맞았다. 노무현은 참 눈치가 빠른 사람이었다. 내가 그를 소개하면서 아무 말도 하지 않았는데도, 대뜸 그의 손을 맞잡고 이렇게 말했다.

"말씀 참 많이 들었습니다. 이참에 저 좀 도와주세요! 기필코 승리해서 보답하겠습니다."

"예 알겠습니다!"

그렇게 끝이 났다. 노 장관은 우리에게 선약이 있어서 저녁을 같이 못해 미안하다고 했다.

돌아오는 차 안에서 내가 오원배에게 물었다.

"허허, 그렇게 아니라고 하더니…, 참 나!"

"형님! 형님이 그렇게 만들어놓고서는…."

"그래, 이제 어쩔 거야?"

"뭐 한번 '예' 했으니까 열심히 해야죠!"

제9화

노무현 깃발을 들고 뛰는 사람들

고故 김대중 대통령이 1997년 대선에 나가기 전 일이다. 당시 DJ는 영국에서 돌아와 정계에 복귀하면서 새정치국민회의를 만들었고, 전당대회를 앞두고 있었다.

아침에 호출을 받고 당사에 갔더니 DJ는 모 신문에 보도된 '대통령후보' 정대철, '당대표후보' 김상현과의 당내 경선 여론조사 결과를 살피고 계셨다.

"염 총장! 여론조사 결과 봤어?"

"네, 봤습니다!"

"충청도에서 내가 정대철과 김상현에게 3대7로 밀린다던데…"

"신문에는 그렇게 나왔습니다만, 대세에는 큰 영향이 없을 것 같습니다. 전국에서 일방적인 우세로 이기는 것보다는 어찌 보면 좋은 모양새 같습니다."

"뭐? 이 사람이!"

돌연 DJ의 언성이 높아졌다.

"예?"

나는 깜짝 놀란 눈으로 그를 바라보았다.

"이게 다른 지역으로 안 번진다는 보장 있어?"

"…"

"한 보름만 내려갔다 와! 염 총장 말고 다른 사람은 안 돼!"

나는 그 길로 집에 가 짐을 꾸렸다. DJ의 외곽 조직인 민주연합청년동지회(연청)의 사무총장이었던 나는 연청 회원 다섯 명과 함께 대전에 내려가 여관방에 짐을 풀었다. 그날부터 밤낮으로 충청지역 연청 조직원들과 함께 개인적 친분이 있는 JC^{한국 청년회의소} 회원들을 접촉하면서 정세를 살폈다.

당시 충청 사람들은 DJ를 마다하지 않으면서도 정대철도 참신하고, 김상현도 괜찮은 인물이라고 여기는 상황이었다. 그런데 잘 살펴보니 전라도 사람인 DJ가 독주하면서 일부 호남 사람들이 완장을 차고 거들먹거리는 꼴을 좋지 않게 여기는 분위기가 역력했다. 그 틈을 다른 후보들이 파고든 것이다. '대통령은 정대철, 당권은 김상현에게 주자'는 구호가 점차 먹혀들면서 표는 분산됐다.

일단 각 지역구별로, 행정단위별로 책임자를 물색해 선정했다. 그렇게 선정된 책임자들 상당수는 연청 회원이었다. 나는 그 책임자들에게 대의원을 확보해 주기적으로 보고하게 했다. 그들로부터 보고를 접수하면 나는 개별적으로 한 사람, 한 사람을 만나 DJ의 메시지를 전달하고 격려했다. 당시 선거는 조직 싸움이었고, 돈도 많이 들었다.

민주당 대의원들 가운데 25% 가량은 연청 회원일 정도로 연청 조직의 위력은 상당했다. 연청 회원들은 당의 지지기반을 넓히는 개척자나 다름없었다. 사실 그 조직이 없으면 김대중도 없는 셈이었다.

연청 중앙조직의 총책인 내가 직접 내려와 뛰어다니니 지방 회원들은 군말 없이 나를 열심히 도왔다. 나 또한 회원 한 명, 한 명을 만날 때마다 그들을 격려하고 진심을 다해 도와주었다.

DJ를 대통령으로 만들어 민주화의 꽃인 평화적 정권교체를 이루기 위해 세 차례나 함께 대선을 뛴 연청 동지들이었다. 우리는 피를 나눈 형제보다 더 진한 끈끈한 정을 나누고 있었다. 대전에 베이스캠프를 두고 있다는 소식에 충청권 연청 회원들이 죄다 한번씩은 찾아왔고, 더러는 시간을 내 회합을 가졌다.

어느 날엔 아무에게도 알리지 않고 공주에 가서 회원들의 동정을 살펴보니 일부 회원은 농번기에 남의 논에 가서 못줄도 잡아주고, 일부 회원은 농부들에게 새참을 마련해주기도 하는 걸 확인했다. 어떤 회원은 한밤에 시골에서 애가 아파 애를 태우고 있다는 소식을 듣고 직접 차를 몰고 가 아픈 애를 태우고 대전에 있는 큰 병원까지 가는 걸 봤다. 이러기를 보름여, 3대7이었던 충청의 전세는 거꾸로 7대3으로 뒤집혔다.

1997년 5월 19일, 서울 올림픽 체조경기장에서 열린 새정치국민회의 전당대회에서 DJ는 4,300여 명의 대의원 중에서 77%를 득표해 22% 득표에 그친 정대철을 누르고 대통령 후보로 선출되었다. DJ는 동시에 진행된 총재 선거에서도 26% 득표에 그친 김상현을 누르고

재선되었다.

　금강캠프를 차리고 난 뒤 이런 연청 조직을 중심으로 JC 회원들도 가세해 전국조직을 만들기 시작했다. 전 JC중앙회장 김진우와 사무총장 백장호 등이 나를 도왔다. 노무현은 이런 조직을 통해 당내 경선 때 선거운동을 총지휘하는 나를 보고 깜짝 놀라 이렇게 묻곤 했다.

　"도대체 총장님은 제주에서 강원까지 모르는 사람이 없네요!"

　물론 연청의 지도부 중에 나 외에는 노무현을 돕지 않았다. 그러나 연청의 지방조직 상당수가 나와 함께했고 경선에서 노무현 깃발을 들었다. 특히 광주는 전폭적으로 앞장을 섰다. 이들이 있었기에 태산 같았던 이인제의 기세에 대항할 힘을 갖추게 됐다.

　노무현은 영남 사람이지만 YS를 따라가지 않고 DJ와 힘을 합쳐 호남에 깊은 감동을 줬다. 나는 그것이 2002년 대선에서 상당한 영향을 미칠 것이라고 판단했다. 연청 회원들 대부분은 처음엔 내 판단을 의심하며 믿지 않았지만 수차례 이어진 설득에 수긍하고 내 지시에 따라 일사불란하게 움직였다. 돌이켜보면, 마치 산골짜기의 바위틈에서 솟아난 물이 수많은 난관을 뚫고 바다로 흘러 들어가듯이, 지난하지만 필연의 운명처럼 여겨지는 과정이었다.

2

국민경선 대역전 드라마

광주 경선 노무현 1위는 천지개벽의 돌풍이었다.
그러나 '이인제 대세론'이 꺾이고 광주의 돌풍이 '노풍'으로 된
결정적 계기는 이인제 후보 측의 미숙한 대응 탓이었다.
광주 경선 직후 이인제는 '청와대의 노무현 지원설',
이른바 '음모론'을 제기했다. 그러나 음모론은 당원과 국민들로부터
'이인제는 이번에도 자신이 후보가 안 되면 또 뛰쳐나가겠다는 건가' 라는
의심으로 되돌아왔다.

제10화

금강캠프 초기 멤버와 노사모

2000년 10월 금강캠프가 만들어진 이후 2~3개월 사이에 윤태영, 김만수, 배기찬, 천호선, 백원우, 이충렬 등이 합류했고, 이듬해 유종필, 윤석규, 김관수가 왔다. 캠프 출범 초기에 합류해 기획, 전략, 조직, 상황, 홍보 등을 맡은 본부 멤버들이야말로 진정한 '노무현 맨'이라고 해도 과언이 아니다.

캠프에 합류하는 멤버들 가운데 어느 한 사람 중요하지 않은 사람이 없다. 하지만 뭐니 뭐니 해도 경선현장을 직접 뛰며 표를 모으는 조직팀이 가장 중요하기에 내가 직접 관리했다. 전국 광역단위별 조직책은 한 사람씩 내가 직접 선발했다. 물론 광활한 수도권은 여러 단위로 나누었다. 영남 쪽은 대구 출신 이강철이 맡았다. 아울러 김강곤, 윤재술, 이판국 등이 당시 광역 책임을 맡았다.

그러는 한편으로 지방조직 구성에 박차를 가했다. 각 지구당 내에 평판이 좋은 당원이나 연청 회원을 포섭해서 지역 책임자로 임명했다. 그들에게는 민주당 대선후보 경선 선거인단에 참여할 대의원들을 공략하는 업무가 맡겨졌다. 지역 책임자 선발을 위해 나는 연청, 청년회의소JC에서 활동한 전력前歷을 활용해 친분이 있거나 알고 지내는 사람들로부터 널리 정보를 구했다. 대상자를 심사숙고해 엄선한 뒤, 엄선한 이들을 스카우트하기 위해 발품을 팔면서 그들의 마음을 얻는 데 공을 들였다.

중량급 인사도 모셔와야 했다. 캠프에 합류할 국회의원은 전·현직을 망라해 단 한 명도 없었다. 합류는 고사하고 격려차 캠프를 방문하는 국회의원도 없었다. 우선 김대중 정부에서 공기업 사장, 감사 등을 역임했던 동교동계 사람들부터 설득했다.

"노무현 간판으로는 대통령은커녕 구멍가게도 하기 힘듭니다!"라는 면박을 듣기도 했고, 더러는 "총장님! 참 어려운 결정하셨네요. 캠프에는 참여할 생각은 없지만…, 고민 되네요"라는 반응도 있었다.

여러 사람들을 끈질기게 설득해 이종인 체육진흥공단 이사장, 김진(백범 김구의 장손) 주택공사 사장, 장남진 농업기반공사 상임감사 등 동교동 색깔이 물씬 풍기는 사람들을 노무현 옆에 세웠다.

이들은 "염 총장님이 하라니까 합니다만, 사는 길인지 죽는 길인지 도통 모르겠고"라고 볼멘소리를 하며 캠프에 왔다. 노무현과 나로서는 큰 힘이 됐다. 그렇지만 전·현직 국회의원은 물론 중진 당료 한 명도 없어 대통령후보 경선캠프치고는 초라함을 면하기 어려웠다.

그럼에도 불구하고 금강캠프는 본부 요원과 전국 지역 조직책으로 공식 조직체계를 구축했다. 또 공식 조직은 아니지만 캠프 내부와 연결된 '외곽 조직'이 이원적으로 구성되면서 점차 체계를 갖추게 됐다. 여기에 각 지역별로 유능한 인사들을 발굴해 '지역 특보'로 임명했다. 유난히 신경을 많이 쓴 곳은 당의 텃밭이자 심장 격인 '광주'였다. 나는 교수, 법조인, 언론계를 비롯한 광주지역 오피니언 리더 그룹을 노무현 편으로 포섭하는 일에 온 힘을 다했다.

노무현은 금강캠프가 가동되기 전에는 이렇다 할 전국 조직도 없고, 자신을 지지하는 정치인도 없는 '단기필마 정치인'이었다.

노무현은 부산에서 YS의 권유로 통일민주당 공천을 받아 1988년 제13대 국회의원에 당선됐지만 1990년 3당 합당에 반대해 그와 결별하고 민주당 창당에 동참했다.

1992년 제14대 총선에서는 YS의 아성인 부산에 출마했다가 떨어졌다. DJ가 1995년 정계에 복귀한 이후부터 노무현은 험난한 정치 역정과 정면으로 맞서게 된다. 1996년 치러진 15대 총선 때 종로에서 '꼬마민주당' 당적으로 출마했으나 3위로 낙선했고, 1997년에는 부산시장 선거에 나섰다가 고배를 마셨다.

다시 국회의원 배지를 단 것은 1998년에 실시된 서울 종로구 국회의원 보궐선거에서였다.

노무현은 그러나 2년 뒤 2000년 제16대 총선에서 부산 북·강서 을에 출마했다가 또다시 낙선하고 말았다. 당선이 확실시되는 종로를 버리고 부산행을 고집한 탓이었다.

하지만 그의 낙선은 큰 감동을 주었고, 자신의 신념을 지키기 위해 불이익을 무릅쓴 그에게 '바보 노무현'이라는 애칭이 주어졌다.

이때 컴퓨터가 급속히 보급되면서 이제 막 발아된 인터넷문화와 맞물려 '노무현을 사랑하는 사람들의 모임(이하 노사모)'이라는 대한민국 최초의 정치인 팬클럽이 온라인에서 만들어졌다. 정치판을 지배해온 지역주의에 맞서 낙선에 낙선을 거듭하던 노무현을 응원하던 2030세대 중심의 네티즌들이 자발적인 모임을 형성한 것이다. 쉽고 편안한 길을 버리고, 지역주의에 정면으로 저항하며 홀로 가시밭길을 가는 '아름다운 바보'를 후원하는 팬클럽이 형성됐고, 점차 온라인 모임의 규모가 커졌다. 그런 네티즌들이 각 지역별로 그룹을 만들었고, 그 중 몇몇은 지역별로 오프라인에서 만나고 서로 연결되고 있었다.

노사모의 역사적인 전국 모임은 2000년 5월 7일, 대전에서 처음으로 이뤄졌다. 그때 모인 33명의 노사모는 각 지역별로 회장을 뽑고 초대 전국 회장으로 당시 고려대 영문과에 다니던 김영부를 선출했다. 노사모 홈페이지(www.knowhow.or.kr)는 5월 17일 개설됐다 (www.nosamo.net에서 출발해 www.knowhow.or.kr로 공식 출범). 이어 6월 6일 대전 한남대 앞 한 PC방에서 회원 100여 명이 참석해 노사모 창립식을 가졌다. 7월 22일 영화배우 명계남 씨가 전자투표 결과로 대표회장에 추대됐다.

노사모는 노무현 후보의 행사장마다 노란색 깃발을 들고 참석해 노무현 붐을 일으키는 데 큰 힘을 보탰다.

제11화

총장님! 좀 깎아주세요!

　　　　　　　　　　"총장님! 내 참 기계도 아니고, 사
람인데…, 좀 깎아주세요!"

"뭘 깎아줘요?"

"매일 20명씩이나…, 그건 도저히 못하겠습니다."

"저하고 약속하신 거 아닙니까?"

노무현은 장관 재임 시절에 당내 대선후보 경선을 위해 캠프를 개
설했고, 내각 개편으로 그만둘 때까지 8개월 동안 장관직을 충실히
수행했다.

나는 노무현 장관이 해양수산부에서 일하는 동안 틈나는 대로 주로
당내 인사들을 중심으로 여러 사람들을 만나게 했다. 전국 각 지역에
영향력 있는 당원들과 얼굴을 익힐 수 있는 자리도 만들었다. 현직 장
관이자 '제5공화국 정치권력형 비리조사 특별위원회(5공비리특위)' 청
문회 스타가 이들에게 시간을 내어 손을 잡고 따뜻한 얘기를 건네면
감복하지 않는 사람이 없었다.

열악한 조직을 커버하기 위해 말단 당원들과 직접 소통하는 기회를 만드는 일이 시급했다. 그 무렵 이인제를 비롯한 다른 예비후보들은 전국을 몇 개 지역으로 나눠 자신을 지지하는 국회의원이나 지구당위원장에게 책임을 맡겼고 한편으로는 대의원들에게 홍보물을 배포하는 데 집중했다.

하지만 국회의원이 한 명도 합류하거나 지원하지 않은 금강캠프에서는 노 장관의 경선 출마 의지를 대의원과 당원들에게 직접 알리며 지지를 호소했다. 특히 본격적으로 대선후보 경선이 시작되면 현재보다 대의원 수를 크게 늘릴 게 분명하기에, 대의원이 될 가능성이 높은 당원들을 폭넓게 공략했다.

나는 매일 당원 20명의 명단과 전화번호를 적어주며 노 장관에게 틈나는 대로 차에서 전화를 해줄 것을 권유했다. 그 쪽지에는 각 인물별 특징이나 참고사항까지 첨부됐다. 그리곤 날마다 노 장관이 전화를 얼마나 걸었는지 수행비서인 고성규에게 물으면서 새로운 명단을 건넸다.

노무현은 나와의 약속을 잘 이행하려고 노력하는 사람이었다. 비록 싫어도 내가 꼭 해야 한다고 고집하면 여간해서 거부하지 않았다. 나는 고 비서가 이행 여부를 제대로 보고하지 못해도, 날마다 "자, 내일 거 나간다"며 새 명부를 그에게 전해주었다. 그런데 노 장관은 이 일을 여간 버거워하지 않았다. 그러던 어느 날, 전화를 걸어와 내게 이렇게 볼멘소리를 해댄 것이다.

"내가 알지도 못하는 사람들인데, 다짜고짜 '대통령선거 출마하니 도와달라' 는 얘기를 대체 어떻게 합니까?"

"아니, 대통령 하겠다는 분 아니세요? 더군다나 모두 당원들인데 꼭 알아야 전화합니까? 장관님은 그들을 몰라도, 그들은 장관님을 잘 알죠!"

"나도 차로 이동하는 중에 피곤하면 잠도 자고, 일정에 쫓길 때는 밥도 먹어야 하지 않겠어요?"

"장관님! 그건 제가 잘 압니다. 천하의 DJ도 차에서 전화하고, 김밥 먹고 했습니다. 그런데 왜 못 합니까? 지금 전쟁보다 더한 일을 하고 있는 것 아닙니까. 그래 가지고 어떻게 당원들의 지지를 구하고, 국민의 지지를 얻겠습니까?"

그렇게 달래고, 채근하고, 당부했건만 노무현은 끝내 이 일을 포기했다. 고 비서가 전화를 걸어 바꿔주면 말 몇 마디 하면 되는 일인데…. 노무현은 전화 거는 일이 힘들어서 포기한 것이 아니다. 그의 숫기 없는 성격 때문이라고 해야 맞다. 노무현은 타인에게 마음에 없는 얘기, 입에 발린 얘기를 잘하지 못한다. 이런 성격이 어떨 때는 강점이 되기도 하지만, 정치인으로서는 분명히 약점이 아닐 수 없다.

후에 민주당 대선 후보가 됐을 때 얘기다. 당내에서 노무현에게 후보직을 사퇴하라며 그를 사정없이 흔들어댈 때였다. 나와 참모들이 노무현에게 당내 의원들과 한 사람씩 만나야 한다고 강권했고, 몇몇 의원과는 만남을 주선했다. 그 중에 나와 친구처럼 지내는 최재승 의원을 만나기로 한 날이었다. 3선 의원이었던 최 의원은 DJ의 분신과 같은 인물이다. 최 의원이 노무현과 만난 뒤 내게 전화를 걸어왔다.

"어이 염 총장! 노 후보 만나고 나오는 길인데…, 잘 들으시게, 지금부터 나는 노무현을 돕기로 했네!"

당시 동교동계에서는 어느 누구도 노무현을 도와주지 않았다. 노무현을 반대했던 동교동계와는 달리 동교동 핵심 멤버인 최 의원이 겨우 식사 한번 함께하고서 마음이 바뀐 배경이 궁금했다.

"염 총장! 당신도 알다시피 내가 숫기가 없어 말을 잘하지 못하는 사람이잖아? 오늘 노 후보가 만나자고 해서 식당에 갔지. 근데 말이야. 노 후보가 내 앞에 앉아 한 20초가 다 되도록 암말도 않고 쳐다보기만 했던 것 같네. 그냥 나도 아무 말 없이 앉아 있는데, 한참 후에 노 후보가 말을 꺼냈어."

"뭐라 하던가?"

"글쎄 '제가 만나자고는 했는데…, 우리 무슨 말을 해야 하죠?' 하는 거야!"

"뭐, 무슨 말을 해야 하냐고? 이런!, 이런!"

"해서 단박에 알아봤네. '노 후보가 숫기가 없구나. 나하고 똑같은 사람이구나. 저분이 보수언론과 대차게 싸우는 것을 보면 다들 거침없는 사람인 줄 아는데, 그렇지 않구나.'"

"허허… 참! 내."

"염 총장! 이런 사람들은 말이야. 비록 남들과 오해가 있을 수는 있지만 진솔한 사람이야. 그래서 나는 지금부터 누가 뭐라 해도 노무현을 돕기로 했으니 그리 알아!"

노무현의 성격이 이러니, 얼굴 한번 보지 못한 당원들에게 틈틈이 전화를 거는 일이 한계에 부딪칠 수밖에 없었던 것이다.

그렇지만 노무현은 장관으로서의 직무에 충실하면서도 틈나는 대로 경선 준비를 착실히 해나갔다. 노 장관이 2001년 3월 26일 개각으로 퇴임하자 나는 경선 준비에 본격적인 발동을 걸었다.

이때부터 노무현은 전문가들을 수시로 만나 그야말로 대통령 후보로서의 본격적인 수업을 쌓아갔다. 경제, 문화, 의료, 복지 등 각 분야별로 교수와 전문가들을 초청해 체계적으로 정책 공부를 많이 했다.

"예선이 곧 본선이다. 예선만, 당내 경선만 이기면 된다. 우리가 당 대통령 후보가 되면 대통령은 따놓은 당상이다. 한나라당은 이회창 총재가 당 대선 후보가 돼 있는 거나 마찬가지다. 하지만 한나라당의 예선은 국민의 관심을 끌지 못한다. 반면 우리 당의 경선은 엄청난 국민적 관심을 끌 것이다. 이인제라는 산을 넘기가 쉽지 않다. 또 김중권은 영남에서 DJ 동진정책을 이끄는 상징적인 인물이 아닌가. 자타가 인정하는 '리틀 DJ' 한화갑은 또 어떤가. 이런 사람들을 노무현이 죄다 물리친다면 경선은 대박이 난다. 씨름판에서 초등학생이 대학생을 메다꽂는거나 마찬가지다. 이렇게 되면 본선 승리는 따놓은 당상이다."

노무현을 민주당 대선 후보로 만들기 위해 내 모든 것을 걸었다. 조직 구축 및 관리, 자금 조달, 언론 접촉 등으로 매일매일 잠을 제대로 자지 못했다. 하지만 대망의 당내 경선을 이겨 노무현이 대선 후보가 되고 나면 그 후엔 당 공식 조직에서 모든 것을 책임질 것이라고 생각하며 힘을 냈다.

캠프에서 내가 가장 먼저 주도한 일은 노무현이 당 후보가 돼야 하는 논리를 개발하고 당 안팎에 이를 전파하는 것이었다. 나는 '예선이 곧 본선'이라는 이런 논리를 당원들에게 전방위로 전하며 노무현 지지를 설득했다.

하지만 십중팔구 반응이 좋지 않았다.

"총장님! 지금 제게 그 말씀…, 가능한 일이라고 얘기하신 겁니까?"

"무슨! 노무현이…, 대통령이요?"

내 얘기를 도통 귀담아 들으려 하지 않았다.

그러나 멈추지 않았다. 얘기 끝에는 내 논리를 빼곡히 적은 쪽지를 손에 쥐어주며 "시간 나는 대로 읽어보라!"고 했다. 그 쪽지는 A4 사이즈 한 장을 두 번 접은 것이다. 수만 장을 복사해 쪽지로 접어 호주머니에 늘 10여 장씩 넣고 다녔다. 각 지역 책임자에게도 이 쪽지를 나눠주며 당원들을 만나면 반드시 건네주도록 했다. 돌이켜보면 이런 홍보 작업이 국민과 당원들에게 '본선 경쟁력은 이인제보다 노무현이 더 높다!'는 생각을 갖게 한 단초가 됐다고 본다.

제12화

카드 좀 빌려주세요!

캠프를 설립한 지 3개월이 지난 2001년 1월 어느 날, 1층 관리실 직원이 사무실에 올라왔다. 방에서 나와 화장실을 가려던 나는 '무슨 일일까?' 궁금한 마음에 먼발치서 지켜보았다. 관리실 직원이 안희정 총무국장을 몰아세우면서 뭔가 다그치는 것 같았다. 그러던 중 안 국장이 나와 눈이 마주쳤다. 안 국장은 급히 얼굴을 돌리고, 관리실 직원에게 나가라는 손짓을 하며 목소리를 높였다.

잠시 후 안 국장이 내 방에 왔는데 안색이 어두웠다.

"무슨 일이야?"

"저 그게…, 총장님이 보셨으니 이제 말씀 안 드릴 수도 없네요."

"사실은 관리실 직원이 사무실에 찾아온 게 이번이 처음은 아닙니다."

"글쎄, 뭔 일이냐고?"

"관리비를 독촉하는데…, 벌써 몇 번째인지 모릅니다."

"뭐?"

나도 눈치가 있어서 언젠가는 이런 사태가 올 수 있겠다고 생각했지만, 그 날이 이렇게도 빨리 닥칠 줄은 몰랐다.

"사무실 임대료를 한 푼도 못 냈고요. 저희야 그렇다 쳐도 여직원들 한 달치 월급도 못 주고 있는데 어떻게 해야 할지 모르겠습니다."

'자금은 걱정 말라'는 노 장관의 말을 믿고 전국 조직망을 이제 거의 갖추었는데 이제부터 본격적으로 들어가게 될 조직관리비용을 어떻게 해결해야 할지 막막했다. 당내 기반이 없는 노 장관은 물론이고, 이제 겨우 30대의 젊은 보좌진들이 무슨 수로 정치자금을 마련하겠는가.

나는 사업가로 성공한 고교 후배 7~8명에게 부탁했다. 후배들은 고맙게도 십시일반으로 자금을 갹출해 노무현이 당내 대선후보 경선을 이길 때까지 캠프 운영을 도왔다.

"총장님! 잘 계셨습니까?"

사무실 임대료 미납 사태로 시끄러웠던 얼마 후에 노 장관의 수행비서 고성규가 찾아왔다.

"어서 와! 장관님 요즘 어떠신가?"

"네. 좋습니다. 총장님!"

고성규는 서울대 약대 출신의 약사다. 그는 노무현의 영어 개인교사로 채용돼 노무현 집에 드나들었다. 영어를 가르치던 고성규는 어느 날 노무현에게 자신을 비서로 써달라고 청했다. 노무현의 인품을

흠모한 나머지 그를 모시고 싶다는 뜻을 밝힌 것이다. 고성규는 그때부터 늘 노무현과 함께했다.

고 비서는 내 책상 앞에 선 채로 조심스럽게 말을 꺼냈다.

"총장님!"

"응, 그래…!"

"총장님 카드 좀 빌려주세요!"

"아니 왜 남의 카드를 가져가겠다는 거야?"

노 장관이 캠프를 꾸린 뒤부터는 매일 이곳저곳 약속을 잡고 사람도 많이 만나며 행동반경이 커지다보니, 장관 월급으로는 감당이 안 됐다. 고 비서는 급한 대로 자신의 돈은 물론이고 신용카드로 그 비용을 댔다. 하지만 결국엔 장관 개인 카드는 물론이고, 고성규 자신의 카드도 모두 결제대금을 내지 못해 정지되고 말았다는 것이다.

"실은 안희정 국장에게 얘기했는데, 이광재 실장이랑 한동안 서로 눈만 쳐다보더니, 저 보고 직접 총장님께 말씀 드리라고 하대요."

"…"

"두 사람 카드도 모두 정지됐답니다."

나도 마찬가지 상황이었다. 내 신용카드 2장도 매월 결제를 하자마자 곧바로 한도 금액이 드러났고, 캠프를 꾸리면서 개설한 3,000만 원짜리 마이너스 통장도 몇 푼 남지 않았다.

"카드 두 개, 마이너스 통장 하나 있는데 나도 다 바닥났어! 이 사람아!"

이 무렵 모 신문에 '염동연 카드 8개가 정지됐다'는 보도까지 실렸다. 물론 캠프 사정이 어려워졌다는 내용은 맞다. 그렇지만 캠프에서 이런저런 경비를 쓰는 데 사용했던 노 장관과 나를 비롯한 핵심요원들의 카드 8개가 모두 바닥이 났다는 얘기를 기자가 취재과정에서 잘못 듣고 쓴 것이다. 카드를 8개나 쓰는 사람이 어디 있겠나. 2002년 대선 얼마 후 중국 언론에서 새로 들어선 노무현 정권을 소개하는 책자를 펴냈는데, 거기에도 이 잘못된 보도가 그대로 인용됐다.

이런 상황이 닥치기 전에 나름 생각이 있었다. 소요 비용을 우선 스스로 해결하면서, 캠프와 전국 조직망이 어느 정도 갖춰지면 노무현과 담판을 지으려 한 것이다.

"나 보고 돈 걱정은 하지 말라고 하지 않았느냐. 돈 내놔라!"라고 말할 참이었다. 어찌 조직을 돈 없이 가동할 수 있겠는가. 그런데 돈 걱정을 하지 말라던 사람이 내가 걱정 안 하게 하고 있는가? 캠프는 열었고, 이미 발은 담갔는데….

마음 한편으로는 '이것도 결국 내 몫인가? 내 일인가?'라는 의문이 들었다. 그리고 얼마 후에는 '돈 만드는 것도 내 몫이구나!'라는 결론에 이르게 됐다.

어느 날, 캠프에서 안희정 국장과 이광재 실장이 심각한 표정으로 서로 마주보며 수군거리고 있는 것을 봤다. 두 사람을 내 방으로 들어오라고 했다. 방에 들어오자마자 나는 사실대로 말하라고 다그쳤다. 권양숙 여사 얘기였다. 당시 권 여사도 남편 노무현을 돕기 위해 지원 활동에 뛰어 들었다.

"지금 장관님 뒷받침하는 일도 여간 힘겹지 않은데, 사모님께서도 돈이 필요하다 하시니 어떻게 해야 좋을지 모르겠습니다."

사실 그 집 살림이야 뻔한 것 아니겠나. 노무현의 개인 카드에 수행비서 카드까지 막혔다고 하는데….

'허허! 이 일을 어쩐다! 사태를 어떻게 수습하지?'

이 또한 내가 풀어야 할 일이었다.

캠프를 차릴 때, 분명 노무현은 '자금은 신경 쓰지 않아도 된다'고 했다. 연청에서 사무총장을 맡으면서 자금 관리에 지겹도록 시달려온 터라 "돈 걱정은 안 해도 됩니다"라는 말을 들을 때는 하늘을 날 듯한 기분이었는데…. 다 헛것이었다. 결국 내 몫이었다.

제13화
통의동에서 만난 벤처기업 사장들

        이대로 주저앉아 있을 수는 없었다. 캠프 운영비는 물론이고, 활동이 점차 왕성해지는 노 장관과 캠프 요원들, 그리고 갈수록 불어나는 조직을 제대로 꾸리려면 당장 대책을 세워야 했다. 그 가운데 가장 비중이 큰 것은 조직 활동비였다.

  우선은 노 장관이 얘기한 50여 개 벤처기업들에게서 해결의 실마리를 풀 수밖에 없었다. 안희정 총무국장을 불렀다.

  "그동안 자네들이 관리해온 벤처기업이 50개나 있다는데 잘 되고 있어?"

  "그게…"

  안 국장은 그저 말을 흐릴 뿐 대답을 제대로 하지 못했다. 그렇다고 이 일을 노 장관에게 알려 직접 실마리를 풀게 할 수는 없는 노릇이었다. 궁리 끝에 노 장관이 얘기한 그 벤처기업 사장들을 한 곳에 불러 협조를 구하기로 했다. 그들을 2001년 1월 말 종로구 통의동 삼계탕집에 초청했다. 노 장관에게도 미리 그날 시간을 비워놓으라고 했다.

모임에 참석한 벤처기업 사장은 20명 남짓이었다. 우리가 초청한 사장들 가운데 절반이 온 것이다.

"노 장관께서는 얼마 전 대통령 후보 출마 결심을 하고 경선 캠프를 꾸렸습니다. 하지만 지금 자금난으로 더 이상 굴러갈 수 없는 상황에 처해 있습니다. 캠프를 꾸려나갈 자금을 여러분에게 기대하고 있습니다. 여러분이 여기 계신 노 장관과 함께 대한민국의 새로운 역사를 만드는 주역이 돼주시길 바랍니다."

간단히 스피치를 하고 나는 캠프 통장 계좌번호를 전달하며 도움을 거듭 요청했다. 노 장관도 이들에게 도와달라고 말했다. 하지만 그로부터 2월 말까지 한 달이 넘도록 통장에 단 한 푼도 입금되지 않았다. 돈이 너무 급했던 터라 실망이 이만저만이 아니었다. 그런데 3월 초 그 중 한 벤처기업 사장이 500만원을 입금했다고 안 국장이 보고했다. 50여 벤처기업으로부터 받은 후원금은 그것이 전부였다. 결국 '돈 걱정 말라'는 노무현의 말은 빈말이 됐다.

당내 대선후보 경선은 사실상 세 불리기 경쟁이다. 이인제 후보에게는 많은 의원들이 지지 의사를 밝히고 줄을 섰지만, 노무현 후보에게는 아무도 오지 않았다. 지방순회 국민경선이 시작되기 한 달 전이 돼서야 천정배 의원이 단신으로 합류했다. 금강캠프를 차린 지 1년 6개월이나 지난 시점이었다. 각 캠프에 누가 합류하는가를 보면, 돈과 조직이 몰리는 곳과 궁한 곳을 한 눈에 알 수 있다. 이인제는 동교동의 전폭적인 지지를 받고 있었다.

당내 경선 후보가 지출해야 할 정치자금은 꽤 많았지만, 당선 가능성이 없는 후보들은 자금 조달에 어려움이 많았다. 그래서 정치자금은 부익부 빈익빈 현상이 두드러지는 게 상례였다.

경선 과정에서 자금이 가장 많이 드는 일은 조직을 구축하고 관리하는 일이었다. 조직원들은 대의원을 접촉해 그 대의원이 전당대회에서 노무현을 선택하게 하는 일선 첨병이었다. 대선후보 경선을 준비하려면 광역 조직책과 시·군·구 조직책들을 한 달에 두 번 이상 서울로 불러 회합을 갖고, 토론과 교육을 통해 조직을 점차 키워내야 했다.

과연 어떻게 풀어야 한단 말인가? 머리가 점차 무거워졌다. 고민은 많았지만 답은 없었다. 평균 나이가 이제 겨우 삼십대 중반인 캠프 요원들에겐 정치자금을 마련할 능력이 없었고, 노무현의 인맥도 정치자금을 마련하는 데는 매우 빈약해 보였다. 급한 대로 내 통장을 털고 고향에 있는 부동산을 저당 잡혀 은행대출을 받아 초기 조직운영비를 감당했다. 한편으로는 지인들을 만나 노무현을 대통령으로 만드는 일에 도움을 달라고 손을 내밀었다.

"뭐? 대통령을 해?", "꿈도 야무지다", "정신 좀 차려라" 등등.

지인들의 반응은 한마디로 싸늘했다. 온갖 험담을 들어야 했다.

대통령 후보 여론조사에서 지지도가 고작 1%인 노무현이었으니까 이해를 못하는 바는 아니지만, 얘기를 다 마치기도 전에 싸한 기운이 전해졌다. 일부는 급기야 내 장래를 걱정하기까지 했다. 그렇지만 결코 멈출 수 없었다.

협력 가능성이 엿보이는 한 친구를 두드리고 또 두드렸더니, 어느 날 "시간 되면 한번 들러!"라고 전화가 왔다. 부푼 기대감으로 달려갔다. 그 친구는 예상대로 봉투를 내밀었다.

"이거 얼마 안 된다."

그런데 봉투 안에 든 돈은 현금 200만원이었다.

"노무현 선거자금이 아니다. 정권 재창출 해보겠다고 이렇게 열심인 네가 가상해서 주는 거다. 구두 뒤축 값이나 해라!"

생각보다 금액이 적은 것은 물론이고, 노무현이 아니고 내게 준다니…, 씁쓸한 마음이 들었다. 그 친구뿐만이 아니었다. 도움 요청에 답을 준 지인들 대부분은 노무현이나 금강캠프 재정을 위해 돈을 주지 않았다. "그냥 네게 주는 거다"라고 했다.

캠프 후원이라고 하기엔 민망한 소액인데다, 그동안 정분과 의리를 쌓아온 염동연을 외면할 수 없어 성의만 표시한다는 얘기였다. 자존심이 상해 그 자리에서 돈을 돌려주고 싶을 때가 한두 번이 아니었다. 하지만 궁색한 캠프 사정을 생각하면 그마저도 찬밥 더운밥 가릴 처지가 아니었다. 이렇게 근근이 돈을 모아 힘들게 조직을 꾸려갔다.

본부 요원들 생활비도 급했다. 대부분 가정을 갖고 있어 생활비를 갖고 가야 했다. 그렇지만 금강캠프 재정 사정으로는 그들에게 월급한 푼 줄 수 없었다. 그대로 방치할 수는 없는 노릇이었다. 요원들이 생활고를 겪게 되면 캠프가 제대로 굴러갈 수 없게 되는 것이 자명하기 때문이다.

기본적으로는 자원봉사지만 사정이 너무 어려운 일부는 도움이 필요했다. 하는 수 없이 내가 아는 기업체 사장들과 요원들을 하나둘 차례로 연계해 사외이사로 등재하고 300만 원 안팎의 월급을 받게 했다. 5~6명을 그렇게 했다.

캠프를 차리고 나서 대통령선거를 마칠 때까지 2년 하고도 2개월의 시간을 그렇게 버틴 것이다. 다행히도 안희정, 이광재, 서갑원 등 젊은 참모들은 그 열악한 환경 속에서도 1인 3역, 4역을 해주었다.

대선 캠프 치고는 너무나 적은 규모의 조직이었지만 금강캠프는 젊은 열기로 가득 찼다. 나 역시 모든 것을 바친다는 각오로 뛰었다. 그렇지만 비중이 가장 큰 조직 활동비는 여전히 남은 숙제였다. 당장 비상한 대책을 마련해야만 했다.

제14화

정치자금은 '가시 많은 생선'

'당내 경선 승리가 곧 대통령선거 승리'다.

경선을 준비하면서 내가 입에 달고 다녔던 말이다.

'예선 승리가 곧 본선 승리'다.

캠프 요원들과 전국 조직책들, 그리고 경선 준비를 하면서 만나는 사람마다 줄곧 그들의 귀에 못이 박히도록 강조했다. 역대 대통령 선거 구도를 분석해보면 민주당 경선에서 '호남이 지지하는 영남 후보'를 선출해낸다면 대선에서 필승할 것이라고 봤기 때문이다.

나는 이런 얘기를 주변에 적극적으로 설파했다. 그리고 이를 실현하기 위해 당 대의원들을 영입할 조직 강화에 올인했다. 연청 임원으로서 DJ를 도와 대선을 세 번이나 치렀던 나로서는 조직을 구축하고 키워내는 것이 가장 중요한 일이라고 생각한 것이다.

날이 갈수록 조직이 불어났다. 전국 각 지역별로 꾸린 조직이 점차 증가하면서 어느 틈에 조직책만 50명을 넘어 100명에 도달했다. 그리고 그 수가 점차 150명에서 200명으로 늘어날 텐데…. 턱없이 부족한 살림이지만, 한 달에 두 번씩은 이들을 서울로 불러 회의를 갖는데 1인당 100만 원 가량을 지출했다.

전국 조직책 수가 늘면서 경선 일정이 윤곽을 드러내자 회의가 잦아졌고, 자금 수요도 눈덩이처럼 커졌다. 대의원들과 일일이 접촉해 차 마시고, 밥 먹고, 소주 한잔 기울이면서 선거운동을 주도하는 그들에게 그저 교통비만 지원할 수는 없는 노릇이었다. 조직을 꾸리기 시작한 2001년 초부터 경선 결과가 나온 2002년 4월 27일까지 매달 상당한 금액을 마련해야 했다.

그런데 이런 자금을 어떻게 마련됐겠는가? 내 개인 돈은 물론이고, 일가친척이나 오랜 친구, 고향사람 등에 매달려서 얻은 돈으로는 한계가 있었다. 잘나가는 경선 주자들이야 우리 캠프보다는 사정이 나았지만, 남들이 가망 없다고 여기는 후보를 모신 우리 캠프로서는 이 부분이 가장 큰 숙제였다.

정치자금을 다뤄본 사람들은 내가 도맡아온 자금 조달과 관련, 당시는 물론이고 지금도 상당한 의혹을 떨쳐내지 못하고 있다. 혹자는 "염동연이 입을 열지 않는 한 영원히 풀리지 않을 수수께끼이자 미스터리이다"라고 하고, 혹자는 정치자금 문제와 관련해 날 '천하장사'급으로 여기곤 했다.

이제야 밝힌다. 당시는 벤처 열풍이 불던 때였다. 벤처기업 비상장 주식은 발행가의 10배, 20배를 불러도 사겠다는 사람들이 줄을 지었다. 그도 그럴 것이 그 중 몇몇은 상장되자마자 대박을 치곤 하니, 벤처 주식을 팔려고 내놓으면 너도나도 손을 내밀었다. 나는 이런 주식 투자를 통해 그 수익금으로 경선 자금을 마련했다.

정치에는 돈이 든다. 정치행위를 위해 필수불가결한 과정이다. 이를 규정한 법이 '정치자금법'이다. 정치자금법은 지난 2004년 개정되기 이전과 이후가 크게 다르다. 지난 2002년 '차떼기'라고 불린 한나라당의 대선자금 전달사건이 발생했고, 국민으로부터 '정경유착 퇴출'과 '돈 정치 쇄신' 요구가 빗발치자 개정된 것이다.

정치에서 자금의 소요가 가장 많은 곳이 선거이다. 2004년 이전이니 정치자금이 필요한 곳은 많지만 정치자금 양성화가 지금보다 미흡한 상황이다. 정치인이 정치자금을 드러내놓고 모금하기도 후원자들도 드러내놓고 돕기도 어려웠다.

지금이 2004년 이전보다 많이 나아졌다고는 하나, 정치인이 매순간 정치자금과 관련한 불법과 탈법을 가리고 피하기는 그리 쉽지가 않다. "정치인의 삶은 교도소 담장 위를 걷는 것과 같다"거나 "정치인에게 돈은 가시 많은 생선과 같다"는 말은 정치인과 정치자금의 숙명 같은 관계를 설명하는 여의도의 경구이다.

정치 자금을 모으는 것 만큼이나 이권 청탁이 들어올 수 있는 친인척 관리가 중요하다. 당내 경선이 끝날 무렵 아내가 권양숙 여사의 옷과 액세서리를 만들어 드린 것도 혹시 모를 로비 의혹이 일어날 수 있는 소지를 없애기 위해서였다. 권 여사는 평소엔 정치에 거리를 두고 가정에 충실했지만, 선거 때마다 현장에 나와 도움을 주곤 했다. 집권 여당의 대선 후보가 된 남편을 돕기 위해 권 여사는 '예비 퍼스트레이디' 역할을 맡아 선거지원에 나서기 시작했다. 그러던 어느 날, 권 여사의 집에 다녀 온 집사람은 내게 "권 여사가 옷이 별로 없다고 해서 안방 장롱을 열어보니 과연 입을 만한 옷이 몇 벌 안 되더군요"라고 전했다.

나는 집사람에게 앞으로 대통령선거가 끝날 때까지 권 여사의 옷과 액세서리를 직접 제작해 드리라고 했다. 미대 출신인 집사람은 패션 감각이 좋아서 자신의 옷과 액세서리를 직접 만들어 입었다.

집사람에게 그런 주문을 한 것은 DJ 정권 초기의 '옷로비 의혹 사건' 때문이었다. 1998년 당시 외화밀반출 혐의를 받고 있던 신동아그룹 최순영 회장의 부인 이형자 씨가 남편의 구명을 위해 고위층 인사의 부인들에게 고가의 옷을 사주며 로비를 했다는 의혹이다. 검찰은 이 사건을 수사한 뒤 '실패한 로비'라고 결과를 발표했으나, 의혹이 걷히지 않아 국회에서 청문회를 열었고, 헌정사상 처음으로 특별검사 제도가 도입됐다.

이 사건이 내 머릿속을 지배하고 있었기에, 대통령 부인이 될 권 여사에게는 결코 그런 빌미를 줘서는 안 된다고 생각했다. 그때부터 집사람은 권 여사의 옷과 액세서리를 제작해주었다. 집사람은 옷감 샘플 북과 국내외 패션잡지를 갖고 노 후보의 집을 방문하곤 했다.

권 여사에게 패션잡지를 보고 마음에 드는 디자인을 고른 뒤, 옷감 샘플 북에서 선호하는 옷감을 선택하게 했다. 그렇게 당장 서너 벌을 해주었고, 철이 바뀔 때마다 몇 벌의 옷을 제작해주었다. 새 옷에 걸 맞은 액세서리도 직접 제작해 곁들였다.

노무현 후보가 대통령에 취임하자 권 여사는 퍼스트레이디가 돼 청 와대로 들어갔다. 이후에도 집사람이 권 여사의 옷을 몇 벌 맞춰 드렸 는데, 어느 날 청와대에서 전화가 와 계좌번호를 묻더니, 권 여사의 옷값이라며 송금을 해왔다. 그때부터 집사람은 더 이상 권 여사의 옷 을 제작해주는 일을 하지 않았다.

내가 집사람에게 그 일을 맡긴 것은 노무현의 대권가도에서 행여 생길 수 있는 불미스러운 일을 예방하려 한 것이다. 권 여사가 잘 다 니는 양장점이나 옷가게가 알려져 로비 의혹이 발생하는 일이 없도 록…. 그런데 청와대에서 옷값을 지불하는 것을 보고 그날부터 당장 그만두게 했다.

제15화

김근태 캠프와의 동상이몽

"저 그만하겠습니다!"

"…총장님?"

노 장관은 적잖이 놀란 표정이었다.

"사무실은 체계가 잡히고, 전국 조직은 확산일로에 있는데…, 김근태에게 양보하겠다니요?"

노 장관은 큰 눈을 껌벅이며 나를 바라보았다.

"이거 어디 신바람을 낼 수가 있어야지요? 장관님은 무슨 얘기든 할 수 있겠지만 사실 조직 차원에서는 동요가 상당합니다. 상당수가 강하게 불만을 토로하고 있고, 캠프 활동이나 대의원 포섭 활동을 그만두겠다는 조직책임자도 생겨나고 있습니다."

캠프 조직이 광역별 책임자, 지역별 단위 조직 등으로 날이 갈수록 뼈와 살이 붙고 체계가 잡혀가는 무렵이었다. 노 장관은 "대통령을 하겠다고 나서긴 했지만, 그렇다고 '누가 뭐라 해도 내가 적임자다'라고 주장하는 건 아니다"고 공공연히 말하는 등 어정쩡한 자세를 취했다. 돌이켜보면 노무현의 이런 생각은 지극히 인간적인 감성 때문이었다. 노무현이 적어도 대통령이 되기 위해 물불을 가리지 않고 권력을 좇는 불나방이 아님을 방증하는 것이기도 했다.

노무현은 늘 민주화운동의 대부 격인 김근태를 의식했다. 그는 사석에서 나에게 입버릇처럼 "사실은 김근태가 적임자인데, 내가 양보를 해야 한다"고 말하곤 했다. 급기야 언론과의 인터뷰 등을 통해 이런 내용이 보도되자 조직 내부에서 동요가 일었다. 때마침 광역별 책임자들이 지역별 단위 조직을 맡을 조직책들을 하나둘 포섭해 확정해가는 과정이었다.

"아니, 굳이 (조직 구축을) 할 필요가 있나요?" 조직 내 이곳저곳에서 볼멘소리가 나오고 더러는 못하겠다고 손을 놓기도 했다.

때문에 조직을 키우며 건곤일척의 승부를 준비하던 나로서는 노 장관의 이런 태도를 그저 두고 볼 수만은 없었다.

더 이상은 참을 수 없다는 생각이 들자, 어느 날 여의도의 한 음식점에서 노 장관과 만나 벼르고 별렀던 얘기를 꺼낸 것이다.

"총장님! 그런 얘기를 왜 그렇게 심각하게 받아들이세요. 그건요…."

노 장관은 내 말을 자르면서 나를 달래기 시작했다.

하지만 나는 물러서지 않았다. 만일 내가 여기서 어물쩍 넘어가면 '함께 세상을 바꾸자'고 하던 패기마저 슬그머니 내려놓을지도 모르는 상황이라고 판단했다.

"김근태가 정통성이나 민주화 운동에 기여한 공로를 따지면 장관님 보다 나을지 몰라도 대중성이 장관님보다 떨어집니다. 선거에서 이기려면 환경과 구도는 물론이고 후보의 대중성이 중요합니다."

나는 이번 기회에 노 장관에게서 '다시는 그런 얘기를 안 하겠다'는 다짐을 받아내려 했다.

"재차 하는 얘기지만 우리나라 선거는 지역구도를 최우선으로 염두에 두지 않으면 안 됩니다. 김근태GT에게 애정을 갖는 것은 좋지만 GT에게는 확실한 지역 기반이 없습니다. 선거라는 현실은 개인적인 감정과는 다릅니다. 우리 민주당 입장에서 보면 근거지인 호남이 표를 몰아주고 영남의 표를 빼앗아올 수 있는 그런 전략이어야 합니다. 장관님은 이런 구도와 환경에 꼭 맞는 대선 후보입니다. 김근태로는 어림도 없습니다."

"총장님! 전들 왜 심각하게 생각하지 않았겠어요?"라며 노 장관은 말을 이었다.

"제가 살아온 여정이나 노선, 가치관이 김근태와 비슷합니다. 그런 면에서 기득권이 있다면 저보다는 김근태에게 있지요. 전 그렇게 생각합니다."

노 장관은 한 발 더 나갔다.

"솔직히 제가 봐도 김근태는 대중성이 부족하고, 도와줘도 잘 안 될 것 같아요. 하지만 말입니다. 저와 김근태가 출발선에서 같은 상황에 처해 있다면 응당 그에게 양보해야 한다고 생각합니다."

한 치의 물러섬이 없었다. 노무현은 당내 정치인들 사이에 위계질

서가 있다면 자신보다는 GT가 우선이라는 생각이었고, 지금 캠프를 차리고 당내 경선에 뛰어든 것 역시 불경스럽게도 선임자를 추월하는 것이라고 여겼다. 하지만 나는 노무현의 생각과 180도 달랐다. 철저하게 선거기획자의 입장에서 보면, 노무현은 가능성이 있는 반면, 김근태는 가능성이 거의 없다고 생각했다.

그렇지만 이 땅의 민주화를 위해 모진 고문과 수감생활에도 불구하고 군사독재정권과 줄기차게 싸워온 역정을 돌이켜보면 김근태가 우선이라는 그의 주장을 자진해서 철회시키기에는 역부족이었다. 더구나 선거공학적인 분석으로 그를 추궁해 면전에서 항복을 받아내는 일은 너무 잔인하다는 생각이 불현듯이 들었다.

그렇게 노무현과의 긴 언쟁을 그쯤에서 끝내고, 나는 나대로 생각을 다시 정리해야만 했다.

'노무현의 생각을 바꾸기 어렵다면 김근태의 생각을 바꾸게 하면 된다.'

나는 당시 GT 캠프 핵심 요원 일부를 잘 알고 있었다. 나는 그들에게 "함께 수련회를 가서 김대중 대통령 이후를 어떻게 헤쳐 나갈지 난상토론을 벌여 누가 더 적합한 대통령 후보인지 담판을 짓자!"고 제안했다.

김근태 측에서는 "이왕이면 중원의 역사를 담고 서쪽에서 동쪽으로 도도히 흐르는 창장長江의 물줄기를 보면서 하는 게 좋겠다"고 의견을 냈다.

2001년 봄, 우리는 항공편을 예약하고 짐을 꾸렸다. 김근태 캠프에서는 최민화, 문학진, 박우섭, 홍의락, 최규성, 유시춘 등이 나왔다. 반면 금강캠프에서는 나와 이강철 단 둘이었다. 김근태 측에서 정예요원만 참석하자는 약속을 어기고 몽땅 나온 것이다.

충칭重慶에서 우한武漢까지 4박5일 동안 창장長江에서 유람선을 타고 상하이上海로 내려가 하룻밤을 보낸 뒤 귀국했다. 하지만 별 소득은 없었다. 흉금을 터놓고 많은 얘기를 해보려고 떠났던 길이었지만 막상 마주 대하고 보니 양쪽 모두, 어려운 상황임을 직감했다고나 할까. 공감대는 있었지만 제대로 토론도 못 해보고 돌아왔다. 한마디로 동상이몽同床異夢이었던 셈이다.

제16화

동교동에서 내게 이럴 수 있는 겁니까?

"아니, 내가 무슨 서자요? 주어온 자식이요? 동교동에서 보는 노무현은 대체 뭡니까?"

노 장관은 오전 일찍 캠프에 오자마자 내 방에 들어왔다. 언성이 높았고, 맞은 편 소파에서 불어오는 콧바람이 매우 거칠었다.

"아침부터 어쩐 일이십니까?"

"한화갑 씨를 만났습니다. 만나서 '제가 신문에서 한 선배도 대선 출마하겠다는 기사를 봤는데'라고 말을 꺼내자 갑자기 한 선배가 언성을 높이면서 '노 의원! 노 의원은 대통령 출마해도 되고 나는 안 된다는 말이요? DJ를 40년 모신 내가 적자지 누가 적자요? 이인제를 이기기 위해서 나는 대통령 나오면 안 된다니, 지금 서로 나오라 마라 얘기할 자격이 있나요?'라고 하네요. 내 참!"

나는 노 장관의 얘기를 들으면서 당시 한 대표의 심정을 십분 이해하는 측면이 있었다. 한 대표는 원래 DJ라는 큰 나무 밑에서 정치를 배우면서 내심 큰일을 도모할 기회를 기다리는 야망을 가진 정치인이었다.

전날 노 장관은 내게 "한화갑 선배를 만나 담판을 짓겠다"고 얘기했었다. 나는 그래서는 안 된다고 극구 말렸지만 소용이 없었다. 노무현이 이날 적잖이 서운했던 것은, 한 대표와 이런저런 문제를 상의하려고 얘기를 꺼냈는데 한 대표가 끝까지 들어보지도 않고 적자嫡子 운운한 대목이었다. 노무현은 평소 한 대표를 '제법 이미지가 괜찮은 분'이라며 '그 분이 나를 도와주면 좋겠다'는 얘기를 해왔다.

하지만 이는 노무현의 아전인수我田引水 격의 희망일 뿐이었다. 동교동은 차기 대선후보 여론조사에서 부동의 1위를 달리고 있는 이인제를 돕는 쪽으로 이미 기울어 있었다.

"장관님! 한화갑 선배는 동교동 핵심입니다. 이인제가 비록 대선후보 지지율에서는 앞서가고 있지만 당 밖에서 들어왔기에 당내에 조직이 없습니다. 때문에 한 대표가 경선에 나오면 이는 동교동이 분열되는 것이고 이인제의 경쟁력이 약화되는 겁니다. 이인제에겐 심대한 타격을 안기는 것이고, 우리에겐 호재입니다."

나는 단호하게 말했다.

"이 판국에 한 대표가 경선에 나온다면, 그것은 결국 우리를 돕는 일입니다. 장관님! 그러니 이제 한 대표와 만나지 마세요! 오히려 언론을 통해 한 대표에게 덕담을 해주세요."

그래도 이미 달아오른 노무현의 화는 쉽게 식지 않았다.

"동교동에서 내게 이럴 수 있는 겁니까?"

그 말에 나는 "한 대표가 출마한다면 우리로선 잘된 일 아닙니까? 그러니까 어제 제가 한 대표 만나지 말라고 했잖아요"라고 되받아 쳤다.

그리고 노 장관을 다독이며 한 대표와 연합전선을 펴야 한다고 말했다.

"한화갑, 김근태, 정동영은 세력을 좀 더 넓혀야 합니다. 물론 우리도 세력을 넓혀서 넷이서 각자 외연을 확대한 다음에, (단일화해서) 하나가 돼야 합니다."

나는 그에게 이인제 대세론을 뚫고 민주당 후보 경선에서 승리하는 나름의 전략을 설명했다.

"네 사람(노무현·한화갑·김근태·정동영)은 다른 후보들보다 상대적으로 개혁적이고 참신한 사람들 아닙니까? 4자가 각자 외연을 넓혀야 합니다. 경선에서 살아남은 이에게 마지막에 표를 몰아주어야 합니다. 먼저 이인제에게 쏠리는 표를 이쪽으로 가져와야 합니다. 그래야 이길 수 있습니다."

그렇지만 노무현은 "하나로 뭉쳐도 이길까 말까 하는데 각자 뛰어서 될 일입니까? 하나로 뭉쳐야 이깁니다"라고 말했다. 처음부터 자신과 이인제가 맞장을 뜨는 구도가 돼야 한다는 생각이었다.

나는 이 토론에서 당장 그와 합의를 이룰 수 없다는 것을 직감했고, 말미에 "그쯤 하십시다" 하고는 대화를 끝냈다.

그런데 다음날 아침 노 장관은 내 방에 와서 이렇게 얘기했다.

"곰곰이 생각해보니 총장님 말씀이 맞습니다. 어제 저녁 내내 생각해보니 그 말이 옳다고 결론을 내렸습니다."

노 장관은 계속 말을 이었다.

"동의합니다. 나 혼자 독자 노선을 고집하는 것이 길게 봐서 좋지 않다는 결론을 얻었습니다. 제 생각이 짧았습니다. 말씀대로 한 대표와 연대의 끈을 가지고 가면서 함께 정보도 교환하고 외연을 넓히는 게 좋겠습니다."

역시 노무현이었다. 아무리 격렬하게 언쟁을 벌여도 상대의 논리가 맞고 명분이 있다고 생각되면 즉시 자신의 뜻을 굽힐 줄 알았다.

이 무렵 정동영이라는 신예 대선주자가 언론에 뜨기 시작했다. 나는 한화갑·김근태·정동영 캠프 최고책임자들에게 '4자 회동'을 제안했다. 한화갑 캠프에서는 설훈, 정동영 캠프에서는 황세곤과 정기남, 김근태 캠프에서는 심기섭, 노무현 캠프에서는 내가 나왔다.

이 회동에서 나는 4자연대론을 제안했다. 우리 중에서 당 대선후보가 나오려면 각자 외연을 넓혀서 연대해야 한다, 현 상황에서 각개전투는 계란으로 바위를 치는 꼴이라고 역설했다.

아울러 "이인제는 예선을 통과해도 본선에서 질 사람이다. 민주주의 기본 원칙도 안 지킨 사람이 어떻게 국민을 설득하겠는가. 우리 중에서 누가 돼도 이인제보다는 본선 경쟁력이 더 나을 것"이라고 설득했다.

이인제는 5년 전 신한국당 대통령 후보로 경선에 뛰어들었다가 이회창과의 결선 투표에서 낙선하자 탈당 후 국민신당을 창당해 제15

대 대통령 선거에 출마했다. 이로 인해 이회창, 김대중, 이인제의 3자 구도가 형성됐고, 결국 보수 세력의 표가 쪼개져 DJ가 당선되는 데 결정적인 역할을 했다. 국민신당은 1998년 지방선거 직후 집권여당 인 새정치국민회의와 합당했다. 그리고 3년 뒤 이인제는 집권여당의 대선후보 경선에 나선 것이다.

제17화

'덕유산 수련회'와 새 희망

"염 총장님! 이 행사, 참가비 받고 합시다."

"예?"

깜짝 놀란 나는 "그게 현실적으로 가능하겠습니까?"라고 노무현에게 되물었다.

"합시다! 우리가 새로운 세상을 만들자고 나서지 않았습니까? 우리 뜻이 통하면 역사의 한 페이지를 여는 겁니다."

힘차고 단호했다. 노무현은 다시 말을 이었다.

"설혹 우리가 실패한다 해도 훗날 좋은 평가를 받을 수 있을 겁니다. 지지자들이 100명밖에 모이지 않는다 해도 괜찮습니다. 뭐 어떻습니까?"

2001년 10월, 캠프를 꾸린 지 1년이 넘어 조직 내부와 외곽이 점차 커져 제법 규모를 갖추게 됐다. 우리는 본격적인 경선이 시작되기 전에 노 고문을 지지하는 대의원들을 한번 모아보기로 했다. 지금까지의 성과를 점검하는 의미도 있었다.

수차례 회의를 거친 끝에 전북 덕유산 무주리조트에서 1박2일 모임을 갖기로 했다. 행사일은 11월 10일로 잡았다.

문제는 행사비용이었다. 당시만 해도 그런 행사를 치르려면 돈이 꽤 많이 들었다. 지지자들을 덕유산에 모으는 데만 220여 개 지구당마다 최소 100만원은 족히 들었다. 버스를 대절하고 기름값, 식사비 등등. 거기다 숙박비, 행사비, 캠프파이어비용 등을 생각하면 수억 원이 드는 행사였다.

지금 같으면 경비는 당원 스스로가 부담하는 것이지만, 당시에는 주최 측이 돈을 먼저 보내는 것이 관행이었다. 통상 주최 측이 각 지구당에 연락해 참석 인원을 미리 파악하고, 버스 등을 대절하는 비용에다 간단히 끼니를 해결할 식사비용까지 챙겨서 보내야 했다. 지구당 수는 200개가 넘고 지구당마다 버스비와 식사비를 함께 보내면 그것만으로도 수억 원이 든다. DJ도, YS도, 정치인 그 누구도 그런 관행을 깨지 못하는 시절이었다.

그런데 노무현 후보가 의외의 제안을 내놓았다. 우리 캠프에선 노고문의 뜻대로 참가비를 받기로 하고, 각 지역 조직에 행사 내용과 방식을 공지했다. 총 참가 대상자 목표는 1,500명이었다. 당시만 해도 이런 일은 정치권에서는 초유의 사건이었다. 참가비를 받고도 정치행사에 갈까 말까 하는 세상인데, 참가비를 내고 정치행사에 참석하라니… 지금까지 이런 적은 단 한번도 없었다. 엄청난 행사비가 필요한 일인데, 캠프는 뒤숭숭해졌다.

"잘 되겠어요?"

한 지역책임자의 물음에 나는 이렇게 답했다.

"장관님 뜻이 원체 강력해!"

"여태 돈을 받은 적이 없었는데. 걱정이죠, 많이들 안 올까봐. 장관님 소신이라면 한번 해볼까요?"

"그래 한번 해보자! 새로운 정치 문화를 일으켜보자!"

행사비용으로 참가자 1인당 1만 5,000원씩 받기로 했다. 행사장까지 이동하는 데 필요한 비용은 참가자들이 지역별로 자체적으로 해결하도록 하되 숙박비, 캠프파이어 비용, 아침식사비 등 최소 행사비용을 참가자 수로 나눈 것이다. 그렇지만 내심 애초 목표한 인원을 다채우지 못할 것 같아 행사 전날까지 내내 불안감을 떨쳐버릴 수가 없었다.

마침내 행사일이 밝았다. 캠프 요원들은 오전부터 일찌감치 집결해 초조한 마음으로 수련회장에서 만반의 준비를 하기 시작했다.

점심을 먹고 나니 행사장에 차량이 하나둘 들어오기 시작했다. 긴장감이 감돌았다. 오후 2시를 넘어서면서 참가자들이 속속 도착했다. 오는 대로 개회식을 치를 무주리조트 내 티롤호텔 지하2층 대연회장에 집결시켰다. 3시를 넘어서면서 참석자가 빠른 속도로 늘었다. 대연회장은 어느 틈에 인파로 홍수를 이뤘다. 당장 대책을 세워야만 했다. 하는 수없이 대연회장에 있는 의자를 모두 들어내고 참석자들을 바닥에 주저앉게 했다.

대연회장은 이미 만원사례였다. 그런데도 참석자들의 발길이 끊이지 않았다. 새로운 참석자들이 속속 무주리조트에 도착했다는 전갈이 이어졌다. 단상 코밑까지 사람을 빼곡하게 앉게 해도 대연회장에 사람을 더 이상 들일 수 없는 상황이 되었다.

　그때부터 오는 사람들은 모두 연회장 옆 대기실로 안내했다. 그리곤 대기실에 설치할 대형 멀티비전을 리조트 인근 지역에 수소문해 찾아서 긴급히 배치했다. 참가 인원이 당초 목표의 2배를 넘어선 것이다. 3,000명가량 몰렸다.

　당장 참가자들의 잠자리도 걱정이었다. 무주리조트 객실로는 불어난 참석자들을 수용하기에는 역부족이었다. 리조트에서 전주와 남원 등 근방의 여관을 모두 잡았고, 더러는 인근 지역에 거주하는 당원들에게 연락해 하룻밤 잠자리 제공을 부탁해야만 했다.

　내 방에도 이미 만원사례였다. 최민화, 문학진, 박우섭을 비롯해 여성당원들까지 10여 명이 "이 밤중에 남원까지 어떻게 갑니까?"라며 내 방에 쳐들어왔다. 침대에서 3~4명, 바닥에서 6~7명이 함께 얘기하며 밤을 샜다.

　이날 행사에 김근태 고문과 천정배 의원이 잠시 들러 인사를 하고 갔다. 김 고문은 인근에서 산행 약속이 있어 오는 길에 들렀다고 했다.

　뒤풀이 행사에는 최진희, 김국환, 남궁옥분 등 당대 유명가수들이 초청돼 공연을 가졌다. 캠프파이어가 시작되면서 열기는 절정으로 치달았다. 바비큐에 막걸리, 소주 파티가 자정을 넘겨 2시까지 계속됐다. 지지자들의 노랫소리가 끊이지 않았고, 남녀노소 할 것 없이 한 줄로 서서 기차놀이를 연신 해댔다. 그날 밤 덕유산 자락은 흥으로 넘쳐났다.

뜻밖의 대성공이었다. 대한민국 정치 역사상 상상도 못했던 일이 실현된 것이다. '실패해도 의미가 있다'며 밀어붙인 노무현의 진면목을 다시 보게 된 사건이었다.

"이 자리에서 하나의 약속을 하겠습니다. 지자체 선거 이전에 민주당의 후보가 돼서 부산·울산·경남의 선거를 지휘하고 이 모두를 승리시키지는 못해도 단 하나라도 성공시키지 못한다면, 당의 후보를 반납하겠습니다. …(중략)…. 제 목표는 이 세 곳(부산·울산·경남)에서 모두 이기는 것입니다. 반드시 승리하겠습니다. 그리고 대통령선거로 나가겠습니다. 적어도 하나만 이기면 선거는 끝난 겁니다."

이날 노 고문이 지지자들 앞에서 마이크를 잡고 연설한 내용은 호기가 넘쳤다. 그도 그럴 것이 오후 4시 30분께 행사장에 노 고문이 등장하자마자 지지자들의 연호와 박수소리가 엄청나게 터져 나와 좀처럼 끊이지 않았다. 그는 겸연쩍어했지만 '대통령 노무현'이라는 구호가 시종 이어졌고, 청중의 반응은 가히 폭발적이었다.

"원고에 없는 얘기를 하셨는데…, 믿는 구석이 있습니까? 자신 있으세요?"

개회식이 끝나고 참가자들의 저녁식사를 준비하는 시간에 짬이 나자, 나는 노무현을 만나 이렇게 물었다.

"제가 '사고 쳤다'는 얘기지요?"

노 고문은 의외로 담담하게 답했다. 결코 청중의 뜨거운 열기에 즉흥적으로 내뱉은 게 아니라는 말투였다.

"…"

그 순간, 나는 노무현이 대체 뭘 믿고 이렇게 장담하는지 몹시 궁금해졌다.

"난 해낼 수 있어요. DJ는 못해도 나는 할 수 있습니다. 걱정하지 마세요."

매우 자신 있는 어조였다. 느닷없이 DJ를 거명하는 등 쉽게 이해할 수는 없었지만, 노 고문이 미리 생각해둔 말이라는 것은 직감할 수 있었다.

호사다마好事多魔랄까? 노 고문이 이날 오후 5시께 연설한 이 대목이 다음해 6월 지방선거가 끝난 뒤 그의 발목을 잡게 될 줄은 그땐 미처 몰랐다.

제18화

움트는 '혁명의 싹'

"당 대선후보가 방문하는데 우리 당원들에게 연락도 안 해주다니…, 이게 말이 되는 얘깁니까?"

"이건 상식 이하입니다!"

민주당 대선후보 경선에 뛰어든 예비 후보들은 당시 지구당을 순회 방문하곤 했다. "후보께서 몇 날 몇 시에 방문할 계획입니다"라고 통보하면, 지구당 위원장이 당원들과 함께 대기하고 있다가 맞이했다.

하지만 노 후보에게는 영 달랐다. 상당수 지구당 위원장과 간부들은 지구당 문을 잠그거나 자리를 비우기가 일쑤였다. 그렇게 잠긴 문 앞에서 지구당 위원장에게 전화를 걸어도 대개는 받지 않았다. 이런 경우에는 노 후보가 쪽지에 '연락드렸지만 못 보고 그냥 갑니다. 다음 기회엔 당원 여러분과 꼭 뵐 수 있기를 바랍니다'라고 쪽지에 적어 문틈에 끼워놓고 다음 행선지로 향하곤 했다.

좀처럼 바뀔 것처럼 보이지 않던 이런 상황들이 점차 달라지기 시작했다. 지구당 지도부 대신에 당원들이 노 후보를 따뜻하게 맞이하는 사례가 늘어났다. 자기들끼리 사발통문으로 연락하고 노 후보의 방문 시기에 맞춰 미리 모이는 지구당이 갈수록 많아졌다. 그리고 약속이라도 한 듯이 이구동성으로 지구당 지도부를 격렬하게 비난했다. 삽시간에 지구당 당원 모임은 위원장 성토장으로 바뀌었다.

당시만 해도 대부분의 지구당은 위원장이 자기 뜻대로, 독선적으로 운영하는 곳이 많았다. 정당의 의사결정이 상향식으로 이뤄지기보다는 하향식이었고, 풀뿌리 당원들의 의사보다는 공천 때 막강한 영향력을 휘두르는 지구당위원장의 입김이 강했다. 그랬던 하향식 문화가 대선을 앞두고 점차 변하기 시작한 것이다. 노무현이 가는 곳마다 이런 변화가 감지됐고, 어찌 보면 노무현을 계기로 변화가 촉발됐다고도 할 수 있다. 3김(김대중·김영삼·김종필) 시대가 끝나면서 닥친 새로운 물결이었다. 시나브로 독재·독선의 시대가 가고 진정한 민주의 시대가 오고 있었다.

민주당 대선후보 경선 룰이 정해지고 순회 경선 일정이 나왔다. 각 후보자들의 캠프에 발등의 불이 떨어졌다.

경선 룰이 확정되자마자 물밑에서 금품 선거가 횡행하기 시작했다. 메이저급 후보들은 국회의원이나 원외 지구당위원장의 호감을 얻기 위해 이들을 그룹 단위로 묶어서 중국·동남아 등지로 단체관광이나 골프투어를 보냈다. 게다가 이들에게 수백만 원의 돈을 쥐어준다는 소문이 파다했다. 우리로서는 감히 엄두도 낼 수 없는 일이었다.

당시는 외국에 나갔다가 김포공항을 통해 귀국할 경우 한 사람이 양주 한 병만 반입할 수 있었다. 한 병을 초과하면 세관이 압수해 보훈복지공단을 통해 경매했다. 나는 보훈복지공단에서 경매하는 양주를 사들였다. 주로 '발렌타인'이었고, 보물 모시듯 사무실에 놔두고, 아무도 손대지 못하게 했다. 상대 후보 캠프들은 어마어마한 자금력을 갖추고 물량 공세를 펴지만, 우리 캠프에서 내세울 거라고는 그렇게 사들인 양주가 고작이었기 때문이다.

경매로 사들인 양주는 노무현 후보가 각 지구당을 방문할 때 빈손으로 갈 수 없기에 챙겨가는 귀한 선물이 됐다. 그것도 후보가 직접 주기는 민망해서 노 후보가 지구당을 떠나면, 그 지역 우리 캠프 조직책이 지구당 간부에게 회식이나 하라며 대신 전하곤 했다.

심지어는 속초지구당 김기영 위원장은 A후보가 자신을 도와달라며 2백만 원을 주는데 본인은 받고 싶지 않았지만, 우리 때문에 받았다고 전했다. 어렵게 꾸려가고 있는 우리 캠프의 강원도 책임자 김동준이 강원도를 누비고 다니며 선거운동을 하는데 자금이 없어 당원 집에서 자고 먹고 다니는 모습을 보았기 때문이다. '얼마나 어려우면 저러고 다닐까' 하는 생각이 들어 그 2백만 원을 받아 김동준에게 건네주고 격려를 해준 적도 있었다고 한다.

뜨거운 마그마는 땅속 깊은 곳에 웅크리고 있다가 지각의 빈틈, 균열을 뚫고 나온다. 그렇듯이 당의 뿌리부터 응축돼 있던 작은 변화의 움직임들이 어느 순간 지표면 아래에서 숨을 고르고 있다가 '덕유산 수련회'에서 처음으로 터져 나온 것이다.

덕유산 수련회는 당원들이 자신이 지지하는 후보를 위해 자발적으로 회비를 내고 참여한 모임이었다. 당의 근간인 당원들이 기존에 관행적으로 해왔던 금품 선거에 대해 정면으로 대항한 것이나 다름없었다.

'돈 선거! 그건 윗놈들이 알아서 하고, 자기들끼리 챙기는 것이지 우리와는 관계없다. 그래, 잘 해먹어라!' 이런 목소리들이 바닥에서부터 분출돼 나온 것이다. 위원장에게 돈을 준다고 당원들의 마음까지 살 수는 없다.

'변방의 장수' 노무현에게는 국회의원이든, 전직 의원이든, 원외 지구당 위원장이든, 중앙당 당직자든 그의 편이 돼주는 사람이 거의 없었다. 그런데 그를 지지하는 당원들이 시나브로 하나둘 늘어나기 시작했다. 처음엔 한낱 작은 바람에 불과했으나 어느 틈에 큰 바람으로 변하고 태풍처럼 거세지기 시작했다. 아래에서부터 자발적으로 일어난 혁명이었다. 풀뿌리 민중, 풀뿌리 당원들의 마음이 움직이기 시작한 것이다.

전당대회를 앞두고 경선 후보의 세력을 파악하려면, 먼저 각 후보를 지지하는 지구당 위원장의 숫자부터 세는 과거의 관행으로는 도저히 설명할 수 없는 일이 일어나고 있었다. 나는 그 변화의 예고편豫告篇을, 대선주자 선호도 1%의 후보를 지지하기 위해 전국에서 모여든 3,000여 명의 혁명군을, 그날 밤 덕유산에서 보았다.

제19화

반드시 광주에서 승리해야 합니다!

　　2002년 대선후보 경선 이전까지 민주당 경선은 모두 대의원 투표로 치러졌다. 당 대표건, 대선 후보건, 최고위원이건, 1만 명 안팎의 대의원 가운데 다수의 지지를 얻는 사람이 승리하는 룰이었다. 때문에 경선에 앞서 누가 더 강력한 조직을 구축하고, 누가 더 많은 실탄을 확보하느냐가 승부의 관건이었다.

　　그런데 새천년민주당 당무회의에서 2002년 1월 7일 확정한 '국민참여경선(대의원 20%, 일반당원 30%, 국민 50%)'은 이런 경선 룰과는 근본적으로 달랐다. 대의원 수도 크게 늘어났지만 일반 유권자들을 3만 5,000명이나 참여하게 했고, 호주식^註 선호투표제가 도입됐으며, 원샷 경선이 아닌 전국 순회 경선을 택했다. 더구나 당세가 취약한 곳을 배려해 인구비율로 대의원 수를 배정하는 '인구비례 대의원제'도 도입됐다. 호남에 편중된 기존 대의원 수의 불균형을 '복합절충형'으로 보완한 것이다.

　　"이번 룰을 분석해보니 결판은 서울에서 나겠습니다!"

경선 룰이 발표되자 나는 노무현 후보와 만나 경선 전략을 숙의했다.

"아무래도 (서울이) 선거인단 수가 가장 많으니까요!" 노무현은 공감을 표시했다.

"그런데, 그전에 반드시 이뤄내야 할 필승 코스가 있습니다."

"뭔데요?"

"광주에서 이기는 겁니다."

"광주에서요? 그리만 된다면 좋겠지만, 글쎄, 그건 총장님이 알아서 하세요!"

"어떤 일이 있어도 1등을 해야 합니다. 그러면 호남은 우리 것이 됩니다!"

"아니, 동교동이 이인제를 적극적으로 지원하고 있는데, 우리가 어떻게 광주를…, 한화갑도 있고?"

"광주에서 이겨 호남에서 1등 먹고, 영남에서도 1등 해야 합니다! 그래야 충청, 경기, 인천, 강원에서 우세를 보이는 이인제에 맞설 수 있습니다."

"…."

"영호남에서 이겨야 승부를 서울까지 끌고 갈 수 있습니다. 물론 따지고 보면 서울도 사실상 동교동계의 영향권에 있긴 하지만, 영호남에서 이겨야 비로소 해볼 만한 싸움이 되는 겁니다. 그러려면 반드시 광주를 먹어야 합니다!"

충청과 경기를 비롯해 인천, 강원에서 굳건한 우위를 지키며 '대세론'을 형성하고 있는 이인제를 무너뜨리려면 다른 선택의 여지가 없었다. 특히 영남 출신인 노무현이 호남을 석권하려면, 호남 경선 가운데 가장 먼저 치러지는 광주에서 승리하는 것이 핵심이었다. 그래서 광주에 가장 많은 공을 들였다. 아울러 틈틈이 서울에서의 마지막 승부를 위해 준비를 단단히 했다.

새천년민주당이 2002년 대선후보 경선을 위해 도입한 '국민참여경선제'에 참여하는 선거인단은 모두 7만 명이다. 대의원 20%, 일반당원 30%에, 공모를 거쳐 지역별, 연령별, 성별 인구비율을 참고해 무작위로 추첨한 50%의 국민선거인단을 통해 대통령선거 후보를 선출하는 방식이었다. 간략하게 정리하자면 대의원과 일반당원을 합해 50%가 당원이고, 50%가 국민(일반 유권자)인 셈이다.

하지만 당시 민주당의 국민참여경선은 요즘 오픈 프라이머리 경선과는 좀 다른 측면이 있다. 지금은 당원의 비율이 많이 줄고 일반 유권자의 참여가 점차 늘어나는 추세이지만, 당시에는 사실상 100% 당원 선거나 다름없었다. 국민선거인단에는 당원도 응모할 수 있었기 때문이다.

대선 후보들은 경쟁적으로 자신의 지지 세력에게 국민선거인단에 참여할 것을 독려했다. 따라서 국민선거인단의 대다수는 후보들이 동원한 인력이었다.

이는 당시 민주당 선거인단 공모에서 국민선거인단 공모 경쟁률이 무려 48대1에 달했고, 그렇게 선정된 국민선거인단은 선거법 문제로 인해 우선 민주당에 일일 당원으로 입당했던 것을 보면 잘 알 수 있다.

나는 그동안 구축해온 조직을 총동원해 국민참여경선 선거인단에 참여할 일일당원들을 모집하는 일에 박차를 가했다. 다른 후보들은 캠프에 참여한 지구당위원장들이 대의원이 될 당원들을 간접적으로 관리한 반면, 금강캠프는 캠프 요원과 조직책들이 직접 당원들을 만나 저인망식으로 바닥 표심을 끌어 모았다. 풀뿌리 선거운동을 펼친 것이다.

일부 다른 후보 캠프의 조직책들은 아파트단지를 찾아가 입주자대표와 부녀회장에게 용돈이나 야식비 몇 푼을 쥐어주면서 입주자 명단을 건네받아 입당원서를 대리 작성하는 등의 구태를 보이기도 했다.

반면에 금강캠프는 전국에 걸쳐 능력 있고 선거 경험이 있는 인재들을 엄선해 조직책으로 영입했다. 일단 조직책으로 영입되면 한 사람 한 사람을 철저하게 교육했고 육성했다. 활동비를 정기적으로 내려 보냈고, 매일매일 활동사항을 서면으로 보고하도록 했다. 보고서는 A4 용지 한 장 분량으로 요약해 일주일에 두 번씩 우편으로 부치도록 했다.

조직책 가운데 이를 이행하지 못하거나 분란을 일으키면 본보기로 삼아 매우 엄하게 조치했다. 승리를 위한 고육지책이었다. 그 중에는 노무현과 친분이 두터운 이도 있었지만 결코 예외를 두지 않았다.

경선일이 다가오자 나는 금강캠프 내에 상황판을 내걸었다. 대의원 포섭을 위해 본부 요원들부터 솔선수범하자는 취지였다. 맨 위에 내 이름이 있었고, 이기명, 이강철, 안희정 등의 이름이 차례로 명기됐다. 매일 보험회사 영업실적 그래프처럼 도표를 그려 붙였다. 어느 날, 노 후보가 지나는 길에 상황판을 보고 이렇게 말했다.

"여기 제 이름이 없네요, 총장님!"

"후보님은 예욉니다!"

"그러면 솔선수범이 아니잖아요, 허허…."

제20화

숨 가빴던 후보등록 마감시간

혹독한 상황 속에서도 나는 각 지역 책임자들을 지원하는 자금을 최우선으로 집행했다. 표는 야전에서 뛰는 조직들이 대의원과 당원들을 직접 설득해 가져오는 것이다. 선거운동에서 유권자를 직접 접촉하는 조직을 관리하는 일이 무엇보다도 중요하다.

2002년 2월에 대선후보 당내 경선 일정이 발표됐고, 당 예비후보 등록일이 어느덧 다가왔다. 등록금은 2억 5,000만 원이었다. 액수가 크게 늘어난 것은 처음으로 전국 순회 경선이 시행되기 때문이었다. '원샷 경선'이면 당 재정으로도 가능하지만, 순회 경선은 돈이 많이 들기에 경비 일부를 후보들에게 분납시킨 것이다. 물론 금강캠프에 그만한 돈이 있을 리 없었다. 하지만 나는 모르는 체했다.

살림살이에도 우선순위가 있다. 매월 들어가는 조직 활동비를 사정이 급하다고 후보 등록비로 쓰게 되면 조직은 금방 엉망이 된다. 경선 표는 누가 구할 것인가. 그렇다고 아예 손을 놓고 있을 수만은 없었다. 앞에선 총무팀에게 "알아서 해결하라!"고 했지만 몰래 2억 5,000만 원을 현금으로 만들어놓고 만약의 사태에 대비했다.

"내가 어떤 일이 생겨 갑자기 자리를 비우더라도, 행여 마감시간까지 돈을 구하지 못하면 이 돈으로 해결해야 한다."

나는 비서 유미옥에게 밀명密命을 내렸고, 그를 통해 상황을 수시로 보고 받았다. 또 "이 실장과 안 국장이 '총장님 돈 없나?'고 물어보면 마감시간 이전까지는 '없다'고 대답해!"라고 단단히 일러두었다.

물론 전국 조직에 내려보낼 경비를 돌려써서는 안 되지만, 그렇다고 돈을 못 구해 후보 등록을 못하는 사태는 막아야 한다는 생각이 들었기 때문이었다. 그래서 일주일 전에 돈을 준비해놓고도 캠프 내에서 어렵게 등록비를 만드는 과정에 대해 전혀 관심 없는 체했다.

"어찌 됐어?"

예비후보 등록 마감일에 나는 안희정 총무국장에게 물었다.

"돈이 부족하죠. 2억까진 구했는데, 아직 5,000만 원을 만들지 못했습니다."

"나머지는 자신 없어?"

"해봐야죠!"

오후 4시께 사무실을 비우고 외출했다.

밖에서 일을 보면서 간간이 비서 유미옥에게 등록비 마련 상황을 보고하게 했다. 한 푼도 못 마련할까봐 염려했는데 총무팀이 2억 원이나 마련했으니, 여차하면 5,000만 원을 건네주려고 했다. 후보등록에 차질이 생기면 안 되기 때문이다.

조바심이 나서 5시 25분께 유 비서에게 전화를 걸었다. 그런데 "총장님! 걱정 안 하셔도 될 것 같네요!"라는 답이 돌아왔다. 얼마 후 나는 사무실로 돌아와 유 비서로부터 자초지종을 들을 수 있었다.

등록 마감 시한인 6시를 불과 두 시간 앞두고도 캠프에서는 5,000만 원을 구하지 못했다. 시간은 속절없이 흘러만 갔고, 요원들의 애간장이 바짝 타들어갔다. 이날 캠프 요원 임종린은 은행에서 자신의 적금을 깼다. 그래서 만든 돈이 2,000만 원, 이제 나머지 3,000만 원이 부족했다. 그 시각이 5시 10분, 마감시간까지는 50분밖에 남지 않았다. 5시 30분, 임종린은 또 평소 잘 아는 사업가에게 보증서를 쓰고 3,000만 원을 빌렸다.

후보 등록을 가까스로 마쳤다. 캠프 요원 모두가 가슴 졸였던 후보 등록은 그렇게 성공했다. 나도 독했다. 아무리 지방 조직에 내려보낼 돈이라서 다른데 전용하기 어렵다곤 하지만, 마감시간에 쫓겨가며 요원들이 이리 뛰고 저리 뛰는 모습을 지켜보면서도, 목구멍까지 치밀어 오르는 "여기 있으니, 그만 됐다"는 말을 꾹꾹 참은 것이다. 그저 속으로만 '캠프 요원들이 참 고생했다'고 생각했다. 노무현 캠프는 이런 우여곡절을 겪고 나서야 가까스로 후보 경선이라는 장정에 올랐다.

그로부터 수일 후, 경선후보 기호를 뽑는 날이 다가왔다. 자고로 우리 당은 '민주당'이라는 이름을 선호했고, 후보의 기호는 제17대 총선(2004년 4월) 결과 원내 제1당이 된 열린우리당 시절을 제외하고는 모두 2번이었다. 때문에 우리 캠프는 '노무현이 당의 상징기호가 되다시피 한 2번 후보가 되길' 간절히 소망했다. 하지만 후보 기호는 제비뽑기로 결정할 게 뻔한데, 과연 당첨될 수 있을까. 가망이 없는 그저 요행수에 불과해 보였다.

그날 저녁 솔트레이크시티 동계올림픽이 텔레비전에 생방송됐다. 쇼트트랙에 출전한 김동성 선수는 미국의 안톤 오너 선수의 할리우드 액션과 심판 편파 판정으로 금메달을 빼앗겼다. 김동성 선수는 태극기를 온몸에 두르고 트랙을 도는 것으로 항의의 뜻을 드러냈다. 텔레비전을 보다가 잠이 들었는데 그날 밤 나는 꿈을 꾸었다. 온 세상이 태극기의 물결로 가득한 꿈이었다. 아침에 일어나니 상쾌하고 느낌이 좋았다.

'이제 후보경선이 시작되는데 이런 꿈을 꾸다니, 오늘 무슨 일이 있으려나?'

수첩을 꺼내 일정표를 보니 경선에 출마한 후보들의 기호를 뽑는 날이었다. 캠프에 전화를 걸어 안희정 총무국장에게 물었다.

"오늘 기호 뽑는 날이 맞지요?"

"예! 총장님, 오늘입니다."

"그런데 기호는 누가 뽑기로 하셨나?"

"윤석규 상황실장입니다."

"그거, 윤 실장에게 가지 말라고 해주게!"

"무슨 일인데요?"

"안 국장, 묻지 말고 내게 맡겨요! 기호는 내가 뽑을 게!"

당 선거관리위원회에 출두했다. 경선에 출마한 후보는 모두 7명이었다. 추첨 시각이 되자, 작은 사무실이 어느 틈에 사람들로 북적댔다. 기호를 뽑을 사람들과 추첨을 진행할 선거관리위원들은 물론이고, 이를 지켜보는 각 캠프 관계자들, 당 관계자들에다 취재진까지 대거 몰렸다.

선거관리위원장은 강운태 의원이었다. 곧바로 기호를 뽑는 것이 아니었다. 우선 기호를 뽑을 순서를 추첨으로 가려야 했다. 추첨 결과, 나는 다섯 번째였다. 줄을 선 채로 추첨을 진행하는 강 위원장에게 물었다.

"기호는 몇 번을 뽑으면 좋은가요?"

"아무래도 2번을 뽑아야 유리하겠죠!"

"우리 캠프가 2번을 뽑을 겁니다. 그렇게 아세요!"

"허, 그게 어디 쉽겠어요?"라며 강 위원장은 웃어 넘겼다.

현장에서 강 위원장과 나의 대화를 지켜본 사람들도 어이없어 했다. 기호 뽑을 순서가 첫 번째, 두 번째도 아니고, 고작 다섯 번째인 주제에, 근거 없는 자신감에 차 있으니….

그런데 이게 웬일인가. 내 앞에서 줄지어 추첨한 4명이 모두 '기호 2번'을 뽑지 못했다. 탁구공 같았던 확률은 어느 틈에 농구공처럼 커졌다. 내 차례였다. 자신 있게 뽑으니 2번이 나왔다. 현장에 와 있던 우리 캠프 요원들이 일제히 환호하며 박수를 쳤다. 순간 선관위 사무실이 큰 파도에 너울대듯이 출렁거렸다. 기분 좋은 징조였다.

제21화

막 오른 16부작 주말 드라마

국민선거인단 명단은 각 지역별 순회 경선일 이틀 전에 공개됐다. 선거인단 가운데 절반인 당원 명단은 한 달 전에 공개됐고, 나머지 절반인 일일당원 명단이 뒤늦게 공개된 것이다. 일일당원은 사전에 참가 신청을 접수 받아 추첨을 통해 확정됐다.

순회 경선 일정의 첫 지역은 제주였고, 경선일은 2002년 3월 9일이었다. 언론 매체들은 제주 경선을 미국 대선으로 치면 뉴햄프셔 주나 다름없다고 보도했다. 예비경선^{프라이머리}이 가장 먼저 시작되는 뉴햄프셔는 차기 대선의 초반 판세를 결정하는 풍향계 역할을 해왔다. 비록 당원 수나 선거인단 규모가 작은 지역이지만 이런 이유 때문에 각 캠프들은 제주 경선을 결코 소홀히 할 수 없었다.

특히 정동영 후보는 제주 경선 두세 달 전부터 제주에 모든 걸 쏟았다. 경선 초반 흐름을 좌지우지하는 전략적 요충지로 본 것이다. 정동영 후보는 첫 경선지역에서 반드시 1위를 차지하겠다는 목표를 세우고, 제주를 집중 공략했다. '정 후보가 제주에서 살다시피 하고, 잠시라도 제주를 비울 때면 부인인 민 여사가 대신 지키고 있다'는 보고가 올라왔다.

경선일을 한 달쯤 앞두고 일부 언론이 제주도 대의원을 대상으로 여론조사를 실시한 결과, 1등이 정동영 후보였다. 내가 혹시나 하고 다시 한 번 여론조사를 해봤는데 결과가 같았다. 숨이 멎는 것 같았다.

'정동영에게 지면 안 된다. 제주에 호남 향우들이 많아 한화갑에게 질 수는 있어도 정동영에게 지면 끝장이다.' 나는 제주 출신 정이택을 비롯해 서울에서 활동하던 조직원들 가운데 당장 제주에 가서 뛸 만한 사람들을 모아 특별팀을 꾸려 급파했다. 특별팀의 전략은 '정동영 지지자들을 무조건, 어떻게든 우리 편으로 만들어라'였다. 급히 떠나는 팀원들에게 정동영 지지자 명단을 손에 쥐여주었다.

"정동영은 젊은 신예인데다 잘 생기고 패기가 있어 미국 역사상 최연소 대통령인 존 F. 케네디(1917~1963년)처럼 바람을 일으킬 수도 있다. 한화갑, 이인제에게 진다면 다시 추월할 수 있지만 정동영이 제주도에서 1등을 하고 그가 호남 기반을 갖게 되면 골치 아프게 된다. 그렇게 되면 노무현이 경상도에서 1등을 해도 이번 경선을 이길 수 없다."

나는 특별팀에게 이렇게 신신당부했다.

이 상황을 방치하면 4자연대에서 두각을 드러내 '비非이인제 그룹'의 선두주자로 노무현을 부상시키려는 내 전략이 차질을 빚게 되는 것이다.

3월 9일 제주 경선이 치러졌다. 개표결과는 1위 한화갑(175표), 2위 이인제(172표), 3위 노무현(125표), 4위 정동영(110표), 5위 김중권(55표), 6위 유종근(18표), 7위 김근태(16표) 순으로 나타났다.

그렇게 정동영을 제쳤다. 다행이었다. 내 전략으로 보자면 제주 경선은 이후 터닝 포인트가 될 광주 경선의 전초전 성격을 띠고 있었다. 따라서 젊은 신예 정동영을 이기는 것이 중요했다. 소기의 목표를 달성한 것이다.

다음날인 3월 10일 일요일은 울산 경선일이었다. 나는 그에 앞서 여러 차례 울산을 방문했다. 이강철의 지휘 아래 경선은 착착 준비돼 왔다. 울산 경선은 영남에서 처음 치르는 경선이고, 노무현으로서는 안방에서 치르는 경선이나 다름없었다. 나는 영남 전체 경선에서 승기를 잡는 중대한 길목으로 여기고 울산에 상당한 공을 들여왔다.

노무현이 이곳에서 자신의 실력을 입증하는 의미 있는 득표를 하지 않으면 '호남이 선택한 영남후보론'은 빈말이 되고 만다. 그러면 광주 경선 선거인단에게 '노무현 지지'를 당부할 설득력이 약해져, 광주에서 반드시 1등을 하겠다는 목표는 물거품이 될 게 뻔했다.

'적지敵地인 영남에서의 1표는, 우리에겐 2표가 되는 셈'이라며 입이 부르트도록 주장해왔는데, 울산에서 1등을 못하면 사상누각砂上樓閣이 될 우려가 컸다.

김대중 대통령의 비서실장 출신으로서 당 대표최고위원을 역임한 김중권 후보 역시 경북 울진 태생의 영남 후보였다. 김중권 후보 또한 울산 경선에서 자신의 경쟁력을 입증하기 위해 사력을 다했다.

제주 경선에서 한화갑 후보에게 1등을 뺏긴 이인제 후보 또한 대세론을 입증하고 굳히려면 울산에서 반드시 1위를 해내야 했다. 그런 강박관념 때문이었을까. 경선을 앞두고 이인제 후보 선거운동원이 선거인단에 돈을 줬다고 '대선 감시 시민옴부즈맨'이 밝힌 내용이 언론에 보도됐다.

우리로선 호재였다. 반드시 이겨야 하는 선거였기에 우리는 착실히 준비해왔고, 상대 후보의 동정을 살피면서 나름대로 최선을 다했다. 경선일인 3월 10일, 노무현은 1등을 했다. 2위는 김중권, 3위는 이인제, 4위는 한화갑, 5위는 정동영 후보였다. 노무현은 앞서 치른 제주 경선에서 얻은 표를 합한 총 득표수에서도 전체 1위가 됐다. 비록 경선 초반이라 표차는 적었지만, 울산 승리는 영남에서의 노무현 경쟁력을 입증하는 것이기도 했다.

당시 전북도지사인 유종근 후보와 김근태 후보의 성적은 저조했다. 유 후보와 김 후보는 제주와 울산 경선을 통해 얻은 총득표수가 고작 40표도 되지 못했다. 특히나 김근태 후보는 첫 레이스인 제주 경선에서 꼴찌를 해 기세가 많이 꺾여 있었다. 당시 금강캠프에서는 김근태 후보가 광주 경선 전에 주저앉으면 노 후보에게 도움이 될 것이라고 생각했다.

'4자연대론에 따라 누가 되든 잘 되는 후보를 밀어주기로 서로 약

속하지 않았던가.'

당시 김근태 후보 스스로도 경쟁력이 없다고 느끼면서 힘이 빠져 있었다. 나는 김근태의 측근인 장준영을 광주 경선 4~5일 전에 만나 김근태의 사퇴를 권유했다. 장준영은 동향(전남 보성) 후배였다.

"광주에서 노무현이 1등할 거야. 이쯤해서 접는 게 좋을 것 같은데…."

"내부적으로 고민하고 있습니다."

"더 이상 가는 것은…, 특히나 광주에서도 똑같은 결과가 나온다면 상처가 너무 크지 않겠어?"

"그렇지 않아도, 캠프에서 회의를 곧 열기로 했습니다."

장준영은 다음 날 내게 전화를 했다.

"형님! 저희 접기로 했습니다."

막상 듣고 싶은 얘기를 들었지만 기분은 썩 좋지 않았다.

"고생했네! 안타깝지만 별 수 없는 상황 아닌가, 너무 속 끓이지 말게나."

하지만 천하의 김근태가 스스로 뜻을 품은 대망을 접기가 말처럼 쉽지만은 않았을 것이다. 박정희의 유신정권과 전두환 군사독재에 항거해 5년 6개월에 걸쳐 두 차례의 투옥, 26차례의 체포, 7차례의 구류, 죽음의 문턱을 넘나들었던 고문 등으로 점철된 그의 삶은 우리나라의 고된 민주화 역정을 대변한다.

특히 손톱발톱 다 뽑히고 '공산당이라고 자백하라'며 고문당하다가 정신을 잃은 뒤 깨어나 분하고 억울해 남영동분실 갇힌 방 벽에 손톱 뽑힌 손가락에서 흘러나오는 피로 '나는 공산당이 아니다'라고 쓴 얘기, 몰래 모은 고문 흔적(뽑힌 손톱 발톱과 피가 응고된 피딱지)과 그의 육성 폭로를 친구인 재미교포 심기섭이 이미자 노래 녹음테이프에 담아 미국으로 갖고 가 해외 민주화 투쟁을 이끌었다는 얘기….

그는 민주화운동의 대부로 불리는 상징적 인물이었다. 그런 민주 투사가 정치인으로서 수모를 받으며 처절하게 패배를 맛보는 것을 지켜보게 된 것이다. 그는 결국 울산 경선을 끝으로 경선 레이스를 접었다. 유종근 전북도지사도 다음 차례인 광주 경선을 이틀 앞두고 경선을 포기했다.

이제 남은 후보는 이인제, 노무현, 한화갑, 김중권, 정동영 5명이다. 피 말리는 진검 승부가 본격적으로 시작된 것이다.

민주당의 역동적인 대선후보 경선은 국민의 관심을 사기에 충분했다. 순회 경선지마다 탈락자가 나오고, 이변도 속출했다. 지금까지 없었던 새로운 방식이었고 처음으로 일반국민의 참여도 보장됐다. 경선은 돌풍을 일으켰고 흥행에 성공했다. 언론은 주말과 휴일이면 어김없이 펼쳐지는 16부작 '주말 드라마'라고 했다.

제22화

노무현이 1등 못 하면 손에 장을 지질 거요

"큰일 났습니다. 총장님!"

광주 경선 전날인 2002년 3월 15일 밤 9시, 전화 벨소리가 요란하게 울렸다. 캠프 요원 신삼식이었다. 신삼식은 내가 노무현의 광주 경선 승리를 위해 일찌감치 고명균을 도우라고 보낸 책임자였다.

"고명균 씨가 지금 광주 지역을 동서로 나눠서 한쪽은 '이인제', 한쪽은 '노무현'으로 오더를 내리고 있습니다."

"뭐…, 뭐라고?"

고명균은 고재유 광주시장의 아들로 서울에서 명문대학을 나와 광주에서 사업을 하며 아버지 선거조직을 관리하고 있었다. 광주시 광산구청장 출신으로 1998년 예상을 깨고 광주시장에 당선된 고재유는 당시 광주에서 대단히 견고한 조직을 갖고 있었다.

나는 고명균을 경선 1년 전부터 서울과 광주에서 수차례 만났다. 그에게 '노무현이 광주에서 승리하면 민주당 대통령후보가 되고, 이어서 본선에서도 승리할 수 있는 유일한 카드'라며 노무현을 도울 것을 설득했다. '이번 경선은 광주에서 노무현 1등 여부가 판세를 결정한다. 대한민국의 운명이, 대한민국의 역사가, 대한민국의 미래가 당신 손에 달려 있다'고 강조했다. 고명균은 1년의 장고 끝에 내 제안을 받아들였다.

고명균은 경선 전날 일반시민 선거인단 명부에서 파악된 고 시장 지지자들과 고 시장 측 당 대의원들에게 일제히 전화를 걸었다. 그런데 애초 나와의 약속과는 달리 절반은 이인제를 지지하라고 당부하고 있었다.

"고명균 씨 바꿔!"

고명균이 전화를 받았다.

"후대에 영원히 기록될 시간이네. 다시 한번 생각해보시게! 이인제 후보가 설령 광주에서 1등을 한다 해도 과연 민주당 후보가 될 수 있다고 생각하는가? 또 후보가 된들 본선에서 이길 수 있겠는가? 이제 대한민국의 미래가 자네에게 달려 있네! 이 중차대한 시점에 냉철한 판단을 해주길 바라네!"

나는 광주 경선의 중요성을 강조하며 그를 설득했다. 아니, 울부짖는 심정으로 그에게 간절히 매달렸다.

"광주의 선택은 호남의 선택으로 발전될 것이고, 호남이 선택한 영남후보만이 본선 경쟁력을 담보할 수 있네. 그래서 이번 선택이 중요하네! 절체절명의 시간에 젊은 사람이 국가의 미래를 담보할 선택을 해야 하지 않겠나!"

무려 1시간쯤 통화가 이어졌고, 결국 고명균은 다시 내 의견을 받아들였다. 그리고 고 시장 지지자들과 당 대의원들에게 이번 경선에서 제1표를 노무현에게 찍으라고 당부했다.

나는 1년 전부터 틈만 나면 광주에 내려가 "정권 재창출은 노무현만이 가능하다. 광주의 선택이 정권을 재창출하는 것이다!"며 여론전에 박차를 가했다. 당시 광주지역 오피니언 리더들을 만나면 이렇게 설득했다.

첫째, 이인제는 한나라당 당내 경선에서 이회창 후보에게 패배하고도 승복하지 않았다. 민주적 절차에 따른 결과를 승복하지 않은 사람에게 본선에서 국민들이 표를 주겠는가? '민주주의 성지' 광주에서 이인제를 선택하는 것은 언어도단이다.

둘째, "3당 합당은 호남을 고립시키는 정치적 야합이다"라며 YS와 결별한 의로운 정치인 노무현, 부산에서 인기 없는 DJ 깃발을 들고 끊임없이 도전하면서 낙선했던 정치인 노무현! 심지어 천신만고 끝에 얻은 종로 지역구를 버리고 부산으로 내려간 노무현! 광주가 이제 노무현에게 보상해야 한다.

셋째, 노무현은 부산에서 인기 없는 민주당 간판으로도 시장, 국회의원에 출마해 매번 30% 이상의 득표율을 얻어냈다. 하물며 본인이 자기 동네에서 대선 후보로 나서는데 30% 이상을 득표하지 못하겠는가? 결국 영남에서의 한 표는 우리에게 두 표가 되는 것 아닌가?

광주의 교수, 변호사, 의사, 언론인 등 전문가 집단은 광주 경선일 1개월 전부터 노무현 후보 지지선언을 잇따라 발표했다. 더구나 1주일 전 울산 경선에서 노무현이 1등을 차지하자 광주 분위기는 크게 달라졌다. 오피니언 리더들은 물론이고 우리가 접촉했던 대의원들, 일반 시민들 사이에서 노무현 대세론이 형성되기 시작했다. 울산 경선 직후 나는 광주에서 사흘 정도 머무르면서 변호사, 교수, 언론인 등 오피니언 리더들을 만나 "울산에서 증명됐다. 이제 광주가 표를 주면 우리는 승리한다"고 설득하고 다녔다.

"염 총장님! 울산에서 1등 했더구먼! 그런데 지금은 선두를 달리지만 광주에선 아마 힘들지 않겠소?"

3월 13일, 광주 경선 3일 전 서울에서 우연히 만난 유인태 전 의원은 내게 이렇게 말했다. 나는 광주에서 올라와 금강캠프에서 전국 경선 상황을 지휘하고 있었다.

"광주에선 동교동이 미는 이인제가 1등을 하고, 거기 출신인 한화갑이 2등 할 게고…, 노무현은 3등이지? 그렇게 되면 (노무현은) 총 득표수 1등에서 내려올 거고, 그러면 이인제와 표차가 얼마나 날까요?"

유 전 의원은 광주 경선에서 노무현은 아무래도 질 거라면서 3위로 예측했다. 그런 그를 나는 정면으로 쳐다보며 말했다.

"광주에서 노무현이 1등할 겁니다. 유 의원!"

"뭐? 노무현이 1등? 무슨 소리? 나도 광주 얘기 들어서 다 알고 있어요. 허풍 치지 마시오!"

그는 내 말을 도무지 믿으려 하지 않았다. 하지만 나는 잘라 말했다.

"만약에 노무현이 1등 못 하면 내 손에 장을 지질 거요!"

"뭐라고? 손에 장을 지진다고!"

유 전 의원은 화들짝 놀랐다. 비록 노무현에게 호감을 갖고는 있지만 힘이 부칠 것이라는 자신의 생각과 너무 달랐던 것이다.

더구나 서로 신뢰하는 사이인 데다 내가 빈말하는 사람이 아니라는 것을 잘 알기에, 그는 내가 이토록 강한 자신감을 드러내는 데 대해 상당한 관심을 표명했다.

경선 초반 앞서가는 기세를 몰아 모든 경선 후보들이 사활을 걸고 있는, 민주당의 핵심 지지기반이자 '호남의 심장'인 광주에서 승리하려면 표를 좀 더 많이 확보해야만 했다. 광주지역 캠프 책임자인 양길승 등 우리 요원들은 표밭을 다지기 위해 죽을힘을 다해 뛰었다. 나는 과거에 몸담았던 JC와 연청 회원 등을 최대한 끌어들였다.

여론조사에서도 여야 대선 판도의 변화가 감지됐다. 3월 13일 문화일보와 SBS가 공동으로 실시한 조사에 따르면, 노무현과 이회창이 양자 대결을 벌일 경우 노무현이 41.7%로 40.6% 지지율의 이회창을 앞서는 것으로 조사됐다. 당시 대선주자 지지도 여론조사에서 이회창이 민주당 후보에 뒤처지는 결과가 나온 것은 그때가 처음이었다.

모든 것이 전략대로 맞아 떨어지고 있었다. 경선 당일까지 천재지변 같은 이변만 없으면 됐다 싶었다. 국민경선 참여를 신청한 일반시민 선거인단의 명부는 경선일 이틀 전에야 공개됐다. 예상대로 고명균이 관리하는 고재유 시장의 조직이 엄청나게 많았다. 그런데 믿었던 고명균이 경선 전날 밤에 당초 약속과 달리 오더를 냈고, 그 바람에 나는 그토록 애절하고 간곡하게 매달렸던 것이다. 고명균은 결국 오더를 바꿨고, 그렇게 길고 긴 밤이 지났다.

제23화

부메랑이 된 이인제의 음모론

3월 16일 광주 경선일의 해가 떠 올랐다. 노무현은 광주 염주체육관에 마련된 국민경선장 단상에 올랐다.

"…(상략). 저는 92년 총선, 95년 부산시장 선거에 민주당 깃발 들고 싸웠습니다. 저 노무현이어야 이회창 총재를 무너뜨립니다. '서민 후보' 노무현이 나가야 '귀족 후보, 특권층 후보' 이회창 총재를 무너뜨릴 수 있습니다.

제가 여러분들의 말을 들어보니 여태까지 영남이 계속 집권했는데, 다시 영남후보 노무현에게 넘겨주기가 정말 섭섭하다고 합니다. 그러나 그래서는 문제 해결이 안 됩니다.

영남후보라고 다 영남후보가 아닙니다. 영남후보 중에서 1980년 광주항쟁 이후 '임을 위한 행진곡'을 함께 부르며 열심히 싸우고, 90년 3당 합당 때 김영삼 거부하고, 97년 대선에서 김대중 대통령 목이 터져라 외친 영남후보도 있습니다.

저는 영남사람들에게 간곡히 호소했습니다. 제가 '37년간 호남사람들을 따돌리지 않았느냐? 우리 정권을 정통민주세력의 계승자 김대중 대통령에게 주자'고 호소했습니다. 이회창 총재가 장외집회에서 지역감정 부추기는 것에 맞서 싸우기 위해 2000년 총선 때 부산으로 내려갔습니다. 이래도 제가 단순한 영남사람입니까?

저는 여러분과 아픔과 고통을 함께했습니다. 제가 이렇게 고생했으니 빚 갚으라고 말하는 게 아닙니다. 어떤 유권자를 만나니 '찍어 줄 테니 배신하지 말라'고 하셨습니다. 네, 약속합니다. 저 배신한 적 없습니다. 제가 광주에서 이긴다고 생각해보십시오. 이게 얼마나 큰 빚이겠습니까? 저 신세 갚겠습니다. 저뿐만 아니라 저를 지원해준 많은 영남사람들이 여러분의 손을 함께 잡을 것입니다. 그러면 동서화합이 됩니다!

저보고 학벌이 낮다고 하는 사람이 있는데, 김 대통령이 학벌이 좋아서 대통령 했습니까? 제가 과격하다는 소리도 하는데, 그 소리도 김대중 대통령이 많이 듣던 말 아닙니까? 그리고 보니 제가 김 대통령을 가장 많이 닮은 사람인가 봅니다. 감사합니다."

노무현은 광주 경선에서 당당히 1위를 차지했다. 총 1,572표 중 595표(37.8%)를 차지해 이인제(491표, 31.2%), 한화갑(280표, 17.8%), 김중권(148표, 9.4%), 정동영(54표, 3.4%) 후보를 모두 제친 것이다. 우리에게는 각고의 노력 끝에 얻은 값진 수확이었지만, 당시로선 아무도 예측하지 못한 기적 같은 일이었다. 유치원생이 대학생과 씨름을 해서 이겼다고나 할까. 당의 기둥뿌리를, 당내 기득권을 온통 거머쥐고 있는 상대를 그냥 한 방에 뒤집어엎은 것이다. '신이 만든 드라마'라고 모 언론은 표현했다.

그러나 '이인제 대세론'이 꺾이고 광주의 돌풍이 '노무현 대세론', 이른바 노풍盧風으로 바뀌게 된 결정적 계기는 아이러니하게도 이인제 후보의 잘못된 대응 덕택이었다고 나는 분석한다. 천지개벽의 돌풍 탓이 아니었다.

이 후보는 '광주시민의 마음을 얻지 못했습니다. 광주경선에 참여한 시민과 당원 여러분의 뜻을 무겁게 받아들이고, 남은 기간 열심히 해서 경선 승리로 보답하겠습니다'라고 말했어야 했다. 만일 광주 경선 직후 이인제가 '청와대의 노무현 후보 지원설', 이른바 '음모론'을 제기하지 않았으면 광주 돌풍은 찻잔 안의 태풍에 그치고 말았을 것이다. 하지만 그가 음모론을 제기하자 대다수 당원과 국민들은 '이인제 대세론'을 의심하기 시작했다.

'이인제는 지난 대선에서 한나라당 후보로 나섰다가 경선을 불복하고 뛰쳐나와 말을 갈아타고 본선에 출마해 적장(DJ)에게 어부지리를 주더니, 민주당 후보로 나선 이번 대선에도 자신이 이기지 못하면 또 뛰쳐나가겠다는 얘긴가!'라는 우려를 사게 된 것이다.

이런 우려는 당원과 국민들 사이에 급속히 퍼졌다. 결코 쉽게 꺾이지 않을 것 같았던 철옹성 같은 대세가 급격히 기울기 시작했다. 작은 전투에서 졌다는 사실 앞에서 깨끗이 승복하지 못하고 오히려 고압적인 자세로 음모론을 제기한 이인제의 태도는 당원과 국민에게 실망을 안겨줬다.

앞서 '호주식 선호투표제 순회 경선' 방식이 발표된 직후에 노무현
과 나는 이번 경선 전략의 핵심이 '광주'라는 데 의견이 일치했다. 민
주당에는 호남 출신 당원들이 많고, 이들은 전국 곳곳에 분포돼 있다.
따라서 순회 경선 초기에 진행되는 광주 경선의 결과는 전국 표심에
영향을 미칠 것이라고 본 것이다.

이인제는 충청권과 경기, 인천, 강원에서 강세를 보일 것이고, 반면
에 노무현이 영남과 호남에서 강세를 보이면, 결국 마지막 경선지이
자 선거인단 규모가 가장 큰 서울에서 두 후보가 건곤일척의 승부를
펼치게 될 것이라고 내다봤다.

그렇지만 노무현이 영호남의 표를 아무리 많이 모아도, 이인제가
모은 충청, 강원, 인천, 경기의 표에 비슷하거나 밀리는 형세가 돼 쉬
운 싸움이 아니라고 판단했다.

나는 지지자들이나 캠프 요원들에게 '이번 경선은 결국엔 우리가
이긴다. 그러려면 지금 당장 최선을 다하자'고 독려하고 있었다. 그런
데 광주 경선에 패한 이인제가 결정적인 실수를 한 것이다. 그걸 지켜
본 당원들과 당 지지자들 사이에 '이인제로는 안 되겠다'는 부정적인
기류가 형성되기 시작했다.

이런 기류로 인해 이인제는 광주 경선에 이어 자신의 강세 지역으
로 분류되는 대전과 충남 경선에서 당초 우리가 예상했던 것만큼 표
를 얻지 못했다. 상황은 생각지도 못한 곳으로 급하게 변화했다. 우리

는 물론 애를 쓰긴 했지만, 그런 노력보다도 다른 이유로 쉽게 승부가 나기 시작한 것이다.

광주 경선이 끝나고 나니 국회의원들이 팀을 만들어 돕겠다고 캠프에 왔다. 서울에서 노무현 후보를 돕기 위해 20여 명이 모였다. 당시만 해도 노무현 후보 캠프에 합류한 국회의원은 제주 경선 한 달 전까지 천정배 의원이 유일했다. 그렇게 도와달라고 애원해도 외면했던 국회의원들이었다. 요지부동하다가 광주 경선 승리로 대세가 기우는 것을 보면서 결정을 내린 것이다. 늦었지만 한편으로 고맙고 한편으로 야릇한 심정이 교차했다.

광주 경선은 기적이었다. 진인사대천명盡人事待天命이라고는 하나 하늘의 뜻이 없으면 큰일은 결코 이뤄지지 않는다고 하지 않는가. 광주 경선 후에 이인제가 그런 말을 할 것이라고는 상상도 하지 못한 일이었다. 이인제는 연청의 경선 개입 의혹을 제기하며 청와대에 해명을 요구하기에 이르렀다. 하지만 연청은 사실상 해산됐고, 해산된 연청의 사무총장 출신이었던 내가 1년 6개월 전부터 노무현 캠프를 꾸리고 노무현의 경선 승리를 위해 불철주야 일해 왔다는 것은 세상 사람들이 다 아는 사실이었다.

노무현이 후보경선에서 앞서 나가자 '재산이 많고, 요트를 즐긴 귀족'이라는 의혹이 다시 제기됐다. 이인제 후보 진영에서 "노 후보의 재산이 이 후보에 비해 두 배 가량 많고, 형이 부동산을 많이 갖고 있다는 얘기가 있으며, 부산에서 변호사를 할 당시 요트를 즐겼다는 것은 팩트(사실)"라며 '서민의 탈을 쓴 귀족'이라고 폄하한 것이다.

앞서 제14대 총선에 출마했을 때는 선거를 5개월 앞둔 1991년 10월에 〈주간조선〉이 '국회의원 노무현의 재산이 상당하고 인권변호사 활동은 과장됐으며, 고급 요트를 즐겼고 노사분규 중재 과정에서 노사 양쪽에서 돈을 받았다'고 보도했다. 노무현은 이에 대해 명예훼손 소송을 제기해 1년여 만에 2,000만 원의 손해배상 판결을 받아냈다.

당시 '고급 요트를 즐긴 재산가'라는 근거 없는 비난이 10년 뒤 민주당 대선후보 경선에서 다시 불거진 것이다. 노 후보는 이에 대해 "대꾸할 가치조차 없는 발언"이라며 "그 같은 주장은 이미 법원에서 판결이 난 것"이라고 일축했다. 1992년 법원의 판결문과 언론의 보도 등을 통해 이 후보 측의 비난은 '진실과는 상당한 거리가 있다'는 판정을 받았다. 결국 경선에 미치는 파급력은 그리 크지 않았다.

사실 대통령후보 경선 전에 나도 일본으로 건너가 훈련장에서 그 요트를 봤다. 노무현이 변호사를 하던 1980년대 초반, 취미로 즐기던 2인용 '딩기dinghy'는 길이 3~6m로, 엔진과 선실이 없고, 외대박이 돛대에 돛을 한두 장 단 가장 작은 경기용 요트였다. 제작비는 겨우 120만원 수준이었다. 요트라기보다는 거룻배(조그만 배)에 가깝다. 그걸 '고급 요트'라고 우겨댔으니 치졸하기 이를 데 없었다.

정치에 입문하기 전 노무현은 한국요트동호회의 일원으로 일본요트동호인들의 초청을 받아 일본에 건너간 적이 있었다. 노무현은 당시 일본말을 한마디도 못했다. 그는 일본요트동호인들에게 1년 뒤 한국에 오면 자기가 직접 가이드를 하겠다고 말했다. 그리고 부단한 노력으로 일본어를 익혔고, 실제로 1년 후 그들이 한국을 찾아오자 일본어로 가이드 역할을 충실히 해냈다. 일본요트동호인들은 "대단한 사람"이라며 놀랐다고 한다.

그런 노 변호사가 정치인이 돼 민주당 대선후보 경선에 뛰어들자 일본요트동호인들은 십시일반으로 모은 7만 7,000엔(약 70만 원)과 한일 요트동호인들의 활동을 담은 비디오테이프를 들고 한국에 왔다. 일본요트동호인들은 금강캠프까지 찾아와 내게 그것들을 전달했다. 엔화를 담은 봉투에는 '필승必勝'이라는 한자가 쓰여 있었고, 빨간 리본이 감겨 있었다.

제24화

승부의 저울추가 기울다

광주 경선이 끝난 다음 날 3월 17일은 대전 경선이 열리는 날이었다. 노무현 후보는 아침에 대전 유성 호텔에서 금강캠프 요원 10명과 조찬을 함께했다. 식탁에 앉은 그는 몹시 상기된 표정이었다.

"어제 광주에서 혁명이 일어났습니다! 광주 시민은 위대합니다. 우리는 승리의 시그널을 받았습니다." 노무현은 비장한 어조로 말을 이었다. "마지막까지, 최후의 순간까지, 최선을 다해 위대한 광주 시민의 결정을 승화시켜 나가야 합니다."

노무현은 민주당의 심장 격인 광주에서 일등을 했다는 사실에 적잖이 놀랐고, 스스로 고무돼 있었다. 문득 자고 일어나보니 그를 바라보는 세상이 달라졌고, 민주당 지지자들 사이에서 영웅이 돼 있는 상황이었다.

민주당 후보 경선은 광주 경선 직후부터 새로운 흐름이 형성됐다. 마치 평야를 흘러가던 강물이 일순간에 솟구쳐 도도히 방향을 트는 듯한 분위기였다. 매스컴들이 가장 먼저 그런 흐름을 감지하고 대서 특필했다. 바로 전날 저녁 우리 캠프 요원이 적발해낸 상대 캠프의 비리는 이제 큰 물줄기에 밀려가는 작은 에피소드에 지나지 않는 듯했다.

"총장님! 제가 제대로 잡았습니다."

전날 밤 8시께 정이택 조직팀장은 서울 금강캠프에 있던 내게 전화를 걸어왔다.

"무슨 일이야?"

"이인제 사람들이 돈 뿌리다가 저한테 딱 걸렸어요. 사람도 돈도 모두 확보했습니다!"

정이택은 대전에서 이인제 측 사람들이 다음날 경선을 앞두고 돈질을 한다는 첩보를 입수하고, 오후에 조직원 4~5명과 함께 현장 근처에서 잠복했다. 아니나 다를까 저녁시간 무렵 이인제 측 운동원으로 보이는 사람들이 하나둘 모여들었다.

다 모였다 싶어 밤에 현장을 덮치니 이인제 측이 40여 명의 대의원들에게 돈을 나눠주고 있었다. 삽시간에 현장은 아수라장이 됐고, 이인제 측 인사들과 대의원들은 달아나려 했지만 이미 출입문은 밖에서 단단히 잠겨 있었다.

"누구냐?"

"노무현 캠프 사람이다!"

"갑자기 닥쳐 우리 회합을 방해하고 이래도 되는 거냐? 야! 경찰에 신고해!"

"내 참! 방귀 뀐 놈이 성질낸다고···, 너희들 딱 걸렸어!"

그런데 이를 지켜보던 인사들 중에서 정장 차림의 한 사람이 정이 택에게 다가왔다.

"나 국회의원이야! 너희들 노 후보 캠프 애들이라고 했지!"

정이택은 놀랐지만 위세에 밀리지 않았다.

"어디서 되레 큰소리? 아니, 국회의원이면 이래도 되는 겁니까?"

한참 실랑이를 벌이다 양측의 충돌이 잠시 잦아들자, 정이택은 그 자리에서 내게 전화를 걸어온 것이다. 수화기 너머로 간간이 고성이 들리는 현장에서 정이택은 상황을 보고했다. 나는 그 얘기를 다 듣고 나서 이렇게 말했다.

"어이, 자네 밤중에 고생했는데···, 그냥 철수해!"

"예? 총장님?"

"철수하고···, 선관위 같은데 신고하지 말고 덮어!"

"아니, 무슨 말씀을···."

"잘 들어! 지금 우리가 대세를 잡았는데 이인제 측에서 오늘 돈 뿌린다고 내일 선거판이 달라지겠어? 이거 들추면 당 경선 분위기를 망칠 수도 있어? 우리 당 경선이 금품 살포로 얼룩져 국민에게 추잡하게 보일 수도 있다고! 그렇게 되면 누구한테 도움이 될까? 우리 후보든 이인제든 모두에게 이로울 게 없을 거야, 그러지 않겠어? 잘 생각해봐!"

"···."

"자네 오늘 수고 많았어! 그건 내가 잊지 않을 거야!"

통화가 끝난 뒤 정이택은 현역 국회의원에게 다가가 이렇게 말했다.

"본부에 연락했더니 우리 당 위신을 생각해서 덮어주라네요. 운 좋은 줄 아세요!"

"…."

"이런 일을 저지르고도 국회의원이라고 목소리나 높이고…. 앞으로 조심하세요!"

나는 다음 날 새벽 열차를 타고 내려가 대전 경선 현장을 찾았다. 당시 전국 경선 일정을 통틀어 내가 경선장을 찾아가 노 후보를 대면한 것은 그때를 포함해 딱 세 차례에 불과했다. 나는 늘 사전에 경선 예정 지역을 수차례 방문한 뒤 경선 당일에는 금강캠프로 돌아와서 전체 상황을 총괄해온 터라, 노 후보와 유세일정을 함께하는 경우가 흔치 않았다. 내가 대전에 간 것은 이인제가 노무현에 대한 의혹을 폭로할 것이라는 첩보 때문이었지만, 폭로는 없었다.

이날 노무현은 애초 예상한 대로 큰 표 차로 참패했다. 이인제 후보가 경선 선거인단의 67.5%를 얻어 1위를 차지한 반면, 2위를 한 노무현 후보는 16.5%를 얻는데 그쳤다. 이에 따라 누적 총 투표수에서 이 후보는 노 후보를 크게 앞섰다. 그런데 이날 경선 결과가 발표된 후 기자들 대다수가 승자인 이인제가 아닌 노무현에게 달려들어 인터뷰를 요청했고, 여러 가지 질문을 던졌다. 나는 그들 중에 평소 가깝게 지낸 몇몇 기자에게 물었다.

"이제 (순위가) 뒤집어졌는데, 왜 모두 우리 후보에게 인터뷰를?"

그러자 그들은 이렇게 묻는 내가 이해가 되질 않는다는 듯이 바라보면서 "당연한 것 아닙니까?"라고 반문했다.

"아니, 이긴 이인제를 찾아가야지?"

"결론은 광주에서 이미 났잖아요!"

안타깝게도 한화갑 후보가 이날 대전 경선을 끝으로 레이스를 포기했다. 한화갑은 당사에서 기자회견을 갖고 "사퇴 결정은 국민 화합을 바라는 위대한 광주 시민과 당원 동지들의 뜻을 겸허히 수용한 것"이라며 "이른바 '호남 출신 후보 불가론'을 정면으로 돌파하려 했으나 아직은 제가 나설 때가 아니라는 것을 확인했다"고 밝혔다. 결국 내가 이슈화한 '영남 후보 필승, 호남 후보 필패'론이 광주 경선으로 정점을 찍으면서 한화갑이 후보를 사퇴한 배경이 되고 만 것이다.

3월 23일 충남 경선에서도 이 후보는 노 후보를 크게 이겼다. 이 후보가 73.7% 얻은 반면 노무현은 14.2%를 얻는데 불과했다. 승패가 확연한 이런 결과에도 이인제는 풀이 죽어 있는 반면, 노무현은 즐거운 표정이 역력했다. 경선 현장 인터뷰 요청은 해당 지역에서 1위를 한 후보를 대상으로 하는 게 상례였지만, 이날도 노 후보에게 쇄도했다. 이날 경선 결과로 인해 이 후보는 총 득표수에서 다른 후보들을 월등히 앞서갔지만 '이인제는 이제 끝났다'는 파장^{罷場} 분위기가 감돌았다.

충남 경선 이튿날인 3월 24일, 강원에서 치러진 경선에서는 노 후보가 이인제를 누르고 1위를 차지했다. 비록 7표 차였지만 애초 이

후보의 강세지역이라 그가 상당히 앞설 것이라는 예측이 뒤집힌 것이다. 강원 경선은 16곳의 전국 순회 경선 가운데 반환점도 돌지 않은 6번째에 불과했다. 이로써 노무현과 이인제의 운명은 사실상 정해졌다. 이인제가 꺼낸 음모론이 결국 그의 몰락을 이끄는 부메랑이 된 것이다.

김중권은 강원 경선 직후 후보직을 내려놓았다. 기자회견에서 그는 "일부에서는 선전했다고 하지만 역부족이었음을 실감했다"며 "특히 광주의 선택을 무겁게 받아들이지 않을 수 없었다"고 말했다. 그는 또 "지역통합과는 너무 동떨어지게 충남, 대전에서 그 지역 출신 후보에게 무작정 던지는 몰표 현상에 크게 낙담했다"며 "다음 정권은 동서연대 정권으로 전 지역과 전 계층의 고른 지지를 받는 후보가 지도자가 돼야 한다"고 주장했다.

그 다음주, 3월 30일 경남에서 치러진 경선에서 노무현은 1위를 했고, 전체 득표수의 72.7%를 얻었다. 이인제 후보는 19.7%를 얻는 데 만족해야 했다. 이튿날 전북에서 열린 경선에서는 남은 주자 3인이 골고루 표를 나눠 가졌다. 노무현이 34.3%로 1위, 정동영이 33.5%로 2위, 이인제 후보가 32.2%로 3위였다. 이때까지 총득표 수에서 노무현은 이인제에게 399표를 뒤지고 있었다. 하지만 한때 1,690표 차까지 벌어졌던 두 후보의 표차가 이처럼 좁혀졌으니, 조만간 역전되리라는 것을 모두가 직감하고 있었다.

특히 이인제와 노무현 두 후보가 각각의 강세 지역으로 분류하는 충청(이 후보), 영남(노 후보)을 제외하고, 강원과 인천 등에서 '이인제 대세론'이 이어질 것이라는 애초 예상과 달리 노 후보가 승리하면서 이런 예감은 점차 사실이 됐다. 노무현 돌풍이 전국을 강타한 것이다. 결국 4월 5일 대구 경선 결과, 노무현은 총 득표수에서 이인제를 앞서기 시작했다.

4월 6일 인천 경선일이었다. 이인제가 노무현의 장인 부역 전력을 폭로할 것이라는 첩보가 들어왔다. 부랴부랴 경선장에 도착했다. 이 후보 측에서 당원들에게 신문을 나눠주고 있었다. 신문에는 노무현 장인 부역 전력이 대문짝만큼 크게 실려 있었다.

인천에는 충청도 사람들이 많이 살고 있는데다 보수 성향이 강해 일찌감치 이 후보의 절대적인 강세가 점쳐졌다. 경선장 한편에서는 우리 지지자들이 선거인단에게 신문을 배포하는 이 후보 측에 항의하며 입씨름을 하는 등 분위기가 험악했다.

이인제 후보가 연단에 올랐다. 마이크를 잡고선 "노무현 후보의 장인이 한국전쟁 때 인민위원장으로 활동했고, 김해에서 인민재판을 통해 양민을 학살했다"고 폭로했다.

이 후보가 내려가고 노 후보가 마이크를 잡았다.

"제 장인은 좌익 활동을 하다 돌아가셨습니다. 그러나 해방되는 해에 실명을 하셔서 앞을 보지 못했기 때문에 무슨 일을 얼마나 했는지는 모르겠습니다. 제가 결혼하기 훨씬 전에 돌아가셨는데, 저는 이 사실을 알고 아내와 결혼했습니다. 그리고 아이들 잘 키우고 지금까지 서로 사랑하면서 잘 살고 있습니다. 뭐가 잘못됐습니까? 이런 아내를 제가 버려야 합니까? 그렇게 하면 대통령 자격 있고, 이 아내를 그대로 사랑하면 대통령 자격이 없다는 것입니까?

여러분, 이 자리에서 여러분들께서 심판해주십시오. 여러분이 그런 아내를 가지고 있는 사람은 대통령 자격이 없다고 판단하신다면 저 대통령 후보 그만두겠습니다. 여러분이 하라고 하면 열심히 하겠습니다."

노무현이 장인 부역 전력에 대해 이렇게 말하자 청중들로부터 우레와 같은 박수가 쏟아져 나왔다. 장내 선거인단의 분위기가 급격히 달라졌다. 경선 결과는 애초 예상을 깨고 노무현이 압승했다. 이 후보의 강세지역이기에 10%포인트 차로만 져도 다행인데, 도리어 10%포인트를 넘는 차이로 이겼다. 이 후보와 이 후보 캠프는 아마도 이때 더이상 버티기 힘들다고 느꼈던 것 같다.

이어 경북(4월 7일), 충북(4월 13일), 전남(4월 14일)에서 경선이 이어졌지만 노무현은 2위 이인제와의 표차를 늘리며 1위를 굳혀갔다. 이 무렵, 이인제 후보는 당에 경선을 그만하겠다는 의사를 수차례 밝혔다. 하지만 당에서는 이인제에게 당의 대선 승리를 위해 경선을 끝까지 완주해달라고 했다. 결국 이인제는 4월 14일 전남 경선을 끝으로 후보직을 사퇴했다.

7명의 주자가 야심차게 출발했던 민주당 대선후보 경선은 이제 노무현과 정동영 둘밖에 남지 않았다. 표차가 컸고, 노무현의 압승이 확실했다. 설혹 나머지 경선지에서 패배한다고 해도 승부가 바뀔 여지는 없었다. 노무현은 이제 한결 여유 있게 경선을 치르게 됐다.

그래서인지 4월 20일 부산 경선에서 노무현은 정동영에게 표를 주라며 유세했다. "정 후보가 1등 되게 화끈하게 밀어달라!"고 말한 것이다. 노의 텃밭인 부산에서 정 후보는 무려 37.5%나 득표했다.

4월 21일 경기 경선에서는 노무현보다 정 후보가 표를 더 많이 얻었다. 노무현이 정 후보에게 표를 달라고 유세한 대로였다. 정 후보가 54.5%를 얻어 45.4%에 그친 노무현을 눌렀다. 물론 경기 경선은 20%대 낮은 투표율을 보이는 등 국민과 당원의 관심이 식은 탓도 있다.

제25화

명장도 백전백승은 어렵다

4월 27일, 새천년민주당 대선후보를 확정짓는 마지막 서울 경선일이 밝았다. 이날 잠실 올림픽체조경기장에서는 새로운 당 대표를 뽑는 전당대회가 함께 치러졌다. 당 대표 경선에서는 한화갑 고문이 선출됐다.

나는 이인제 고문의 참모를 통해 "이 고문이 잠실에 와서 노 후보의 손을 들어주는 것이 당과 이인제는 물론 모두가 사는 길이다"라고 간곡히 설득했지만 이 고문은 경선장에 오지 않고 그날 출국하고 말았다.

노무현은 전국 16개 지역 순회 경선 결과, 민주당 대선후보로 확정됐다. 김영배 선거관리위원장이 큰 소리로 "노무현 후보가 새천년민주당 16대 대선후보로 확정됐다"라고 공표하는데, 그 순간 갑자기 내가 공중으로 떠올랐다. 주변에 있던 캠프 관계자들이 어느 틈에 달려들어 나를 헹가래친 것이다.

수차례 공중에 뜨고 보니 돔dome 형식으로 된 체조경기장 내부 천정이 눈에 들어왔다. 순간 긴장이 한꺼번에 풀렸는지 나른함이 온몸에 밀려왔다. 이대로 잠들어버렸으면 좋겠다는 생각까지 들었다. 2000년 10월 캠프를 개설하던 당시부터 1년 6개월간 겪었던 온갖 일들이 주마등처럼 눈앞을 스쳐갔다. 지금도 그날 일을 회상하면 어느 틈에 목이 잠겨온다.

'다 끝났다. 늘 얘기했지만 예선이 곧 본선이다. 예선이 끝났으니 본선도 끝난 것이다. 이회창은 상대가 되지 못할 것이다!' 라고 나는 생각했다. 노무현 지지율은 각종 여론조사에서 60%까지 올랐다.

하지만 웬걸, 이때부터가 본격적인 고난의 시작이었다.

노무현 후보의 당내 경선 승리 원인을 분석해보면 모든 사실이 우연의 일치처럼 아귀가 맞는다. 우선 우리 당이 결정한 경선 룰이 노무현에게 유리했다. 당시 5공비리특위 위원으로 활동하면서 '청문회 스타'로 떠올랐고, '바보 노무현' 신드롬을 몰고 와 '노사모'라는 대한민국 헌정사에 최초의 정치인 팬클럽을 형성한 그에게 멍석을 깔아준 거나 다름없었다.

2001년 11월, 민주당이 발족한 '당 발전과 쇄신을 위한 특별대책위원회'(이하 특별대책위)는 차기 대통령선거에서 승리하기 위한 새로운 룰을 만들었다. 이른바 '호주식 선호투표제'를 도입한 것이다. 선거인이 지지후보 1명만 찍는 것이 아니라 출마한 후보 모두를 지지하는 순서대로 기표하는 방식이다.

예를 들어 후보가 5명이라면 선거인은 선호도에 따라 1·5위까지

순위를 매겨 기표한다. 1순위 표만 계산해 과반 득표자가 없을 경우, 꼴찌인 5위 후보의 2순위 표를 나머지 네 후보에게 나눠주고, 그래도 안 되면 4위 후보의 2순위 표를 1·3위 후보에게 다시 나눠주는 식으로 개표가 진행된다. 과반 득표자가 없을 경우 2차 투표를 피하기 위한 방식이다.

여론조사에서 대선후보 지지도는 크게 미흡하지만 대중적인 인기를 얻고 있는 노무현에겐 유리한 제도라고 우리는 생각했다. 더구나 녹다운되는 후보가 다른 지지 후보를 미는 형식의 '호주식 선호투표제'는, '차순위 후보들끼리 사전에 연대전선을 펴고 각자 외연을 넓힌 뒤 하나가 돼야 한다'는 내 전략과도 맞아 떨어졌다.

이인제 후보를 중심으로 한 주류 측은 애초에 이 룰이 복잡해 유권자가 혼란을 겪을 수 있다며 채택하지 말자고 했다. 하지만 노무현과 '쇄신연대'가 후보 연대 가능성을 봉쇄하는 것이라며 강력 반발하자 결국 도입을 받아들였다.

30% 안팎의 국민적 지지를 받고 있으며, 당내 주류의 든든한 뒷받침이 있는 이인제로서는 잡음 없이 순탄하게 전당대회를 치러야 한다는 생각이었다. 경선을 어떤 방식으로 하든 별 의미가 없고, 일종의 '요식행위'라고 여겼기 때문이다. 하지만, 돌이켜보면 이는 이인제의 '첫 번째 패착'이라고 해도 과언이 아니었다. 끝내 받아들이지 않았다면 경선은 그렇게 흘러가지 않았고 역사는 바뀌었을지도 모른다.

전국순회방식으로 치러진 국민참여경선제는 민주당이 헌정사에서 처음으로 도입한 대선후보 경선제도다. 당시 집권여당인 민주당은 고민이 많았다. 어렵사리 헌정사상 처음으로 정권교체에 성공한 지 5년이 다 되어가기에 차기 정권을 재창출해야 한다는 걱정이 이만저만이 아니었다.

정권 무망론無望論까지 나왔다. 소위 박지원, 권노갑, 한광옥 등 정권 실세들이 줄줄이 구설수에 오르고, DJ의 김홍일, 김홍업, 김홍걸 세 아들이 비리에 연루됐다고 보도되면서 정권의 도덕성은 땅에 떨어지고 당 지지도는 바닥을 기는 상황이었다.

이런 분위기를 전환할 묘수를 찾아야 했다. 그 중 하나가 전 국민적 관심 속에서 차기 대선 후보를 뽑는 방법이었다. 당은 고심 끝에 전국을 순회하며 경선을 치르기로 했다. 아울러 당원은 물론이고 일반 국민도 참여하게 했다. 이 제도는 결과적으로 노 후보에게 '역전의 발판'을 마련해줬다.

'호주식 선호투표제'를 도입한 것도 마찬가지였다. 국민경선과 선호투표제 모두 여론조사에서는 뒤처지지만, 국민들에게 인기가 있고 참신한 후보가 판을 뒤집을 수 있는 기회를 제공했다.

'인구비례 대의원제'도 우리에게 유리했다. 경선에서 중요한 변수 가운데 하나는 투표권을 행사하는 대의원들이었다. 당시 민주당의 전국 대의원들 중에는 텃밭인 호남 출신들이 많았고, 지방의원과 단체장 등 당연직 대의원도 호남 출신이 90% 가까이 됐다.

김태랑 최고위원은 대선후보 경선 룰을 만드는 과정에서 '인구비례 대의원제'를 제안했고, 치열한 당내 격론을 거쳐 이를 관철시켰다. 대통령후보 경선에 임하는 대의원들을 지역별 인구비율에 맞춰 선발하도록 한 이른바 '김태랑 안(案)'이다. 예를 들어 영남의 경우 호남보다 인구가 많음에도 불구하고 대의원 수에서 크게 뒤졌는데, 인구비례대의원제가 도입되면서 지역 간 불균형이 조정됐다.

금강캠프 입장에서 보면 대선후보 경선 룰인 호주식 선호투표제와 국민참여경선제, 인구비례대의원제는 영남출신이자 비주류인 노 후보에게는 겹호재였다. 하지만 이인제 캠프 측에서는 이를 간과했다. 어차피 당시로는 어떤 제도가 도입돼도 '이인제 대세론'이 쉽사리 꺾이지 않을 것으로 본 것이다.

광주 경선 노무현 1위는 천지개벽의 돌풍이었다. 그러나 '이인제 대세론'이 꺾이고 광주의 돌풍이 '노풍'으로 된 결정적 계기는 이인제 후보 측의 미숙한 대응 탓이었다. 광주 경선 직후 이인제는 '청와대의 노무현 지원설', 이른바 '음모론'을 제기했다. 그러나 음모론은 당원과 국민들로부터 '이인제는 이번에도 자신이 후보가 안 되면 또 뛰쳐나가겠다는 건가'라는 의심으로 되돌아왔다. 아무리 명장名將이라도 전투에서 백전백승하기는 어렵다. 작은 패배에서 깨끗이 승복하지 못한 이인제의 태도가 당원과 국민을 실망시킨 것이다.

둘이서 바꿔봅시다!

3

단일화
고비를 넘어
대선 승리로

"국민은 모두에게 친숙하고 대하기 편한
그런 대통령이 나와주기를 고대했습니다. 노 당선자는
상대 후보들과는 달리 이웃집 아저씨 같은 소탈한 성격에,
남녀노소를 불문하고 누구든 한번 대화하고 싶은
이미지를 갖고 있습니다. 노무현의 당선은 이 시대가 원하고
만든 것입니다. 특정의 전략 덕분이 아닙니다."

제26화

대한민국 수도를 옮기자는 거죠?

"총장님!"

민주당 대선후보 경선 준비에 박차를 가하던 2002년 새해 첫머리께로 기억한다. 대전 캠프 책임자인 박영순(21대 국회의원)에게서 전화가 왔다. 박영순은 충남대 총학생회장을 지낸 운동권 출신이었다.

"제가 총장님께 논문 한 편을 보냈습니다. 한번 보세요!"

"웬 논문?"

"총장님! 읽어보시면 알 겁니다!"

"지금 내 몸이 두 개라도 부족한데, 논문 읽을 시간이 어디 있나? 이 사람아, 간략하게 내용을 얘기해봐!"

"그게 충청권 표심과 관련된 내용인 것 같습니다. 제게 숙제 내셨잖아요?"

2000년 10월에 캠프를 개설하면서부터 머릿속을 떠나지 않았던 고민거리가 하나 있었다. '충청권 표를 얻는 좋은 아이디어가 없을까?' 반反 민주당 정서가 심한 부산·경남에서 'DJ 깃발'을 들고도 선

전했던 노무현이다. 당내 경선에서 이겨 대선 후보가 되면 본선에서는 부산·경남에서 30% 정도는 얻을 것이다. 그리고 호남의 절대적 지지를 업고 수도권에서 선전한다면 박빙의 상황이 연출된다. 결국 충청권 공략이 변수로 남는다.

충청권의 표심은 전통적으로 보수 성향이 강하다. 충청권이 노무현 아닌 다른 당 후보에게 기울어버리면 안 된다. 표가 한쪽으로 쏠리지만 않으면 승리할 수 있다. DJ도 JP와의 연대로 충청권을 껴안았지만 충청 표를 분산시켰을 뿐 몰표를 얻은 것이 아니었다. 노무현도 당시 충청권 표를 얻는 아이디어의 중요성에 대해 깊이 인식하고 있었다. 이는 3년 전 울산에서 내가 처음 영남후보론을 꺼내며 출마를 제안할 때부터 우리 두 사람에게 던져진 과제였다.

자나깨나 이 문제를 고민하면서 해결책을 찾기 위해 골몰했다. 나는 캠프를 개설하자마자 충청권에 연고를 갖고 있거나 충청권과 관련 있는 캠프 요원들에게 특명特命을 내렸다.

"어떤 것이라도 좋다. 우리가 충청 표를 가져올 수 있는 획기적인 아이디어를 찾아내!"

1년이 넘도록 충청 출신 캠프 요원들에게 만날 때마다 그 얘기를 반복했다.

특히 대전을 맡은 박영순에게는 "그거 하나 못 만들어!", "충청을 얻을 아이디어를 찾아와!", "반드시 책임지고 해결해야 하네"라고 농반 진반으로 말하며 늘 압박감을 주곤 했다.

박영순이 보내온 것은 당시 대전산업대(현 한밭대학교) 강용식 총장이 쓴 논문이었다. '수도권 인구과밀로 인한 경제적 손실'이 주제였다. 단숨에 읽어 내려갔다. 순간 내 머릿속을 스치는 아이디어가 퍼뜩 떠올랐다.

"됐다! 이거다!"

나는 무릎을 쳤다. 미국의 수도는 워싱턴 D.C.이고, 캐나다는 오타와, 호주는 캔버라, 터키는 앙카라가 수도다. 하지만 이들 수도는 그 나라의 제1도시가 아니다. 조그만 행정도시다. 제1도시와 행정수도가 다르다는 점은 많은 것을 시사한다. 우리나라는 수도와 수도 인접 도시에 전체 인구의 절반이 몰려 있다. 어떻게든 분산해야 한다. 특히 남북은 종전終戰이 아닌 휴전休戰 상태. 휴전선 코앞에 대한민국의 심장을 드러내놓고 있는 상황이다. 박정희 대통령도 수도 이전 구상을 추진하지 않았던가. 표를 얻을 명분도 되고, 국가발전을 위해 좋은 구상이 될 수 있겠다는 생각이 들었다.

강용식 총장의 논문은 수도권 인구 과밀로 인한 경제적 손실을 지적한 내용이었다. 하지만 그 논문을 읽자마자 자나깨나 충청권 표심을 의식해온 내 머릿속에 '수도 이전'이란 아이디어가 퍼뜩 떠오른 것이다. 그토록 우리를 괴롭혀온 숙제가 한꺼번에 풀리는 것 같았다. 곧바로 논문을 노 고문에게 보내고, 그에게 전화를 걸었다.

"논문 한 편 보냈으니 한번 보세요!"

"(내용이) 뭔데요?"

"잘 읽어보세요. 드디어 충청권을 공략할 아이디어가 나온 것 같습니다."

"그래요?"

"수도 이전입니다!"

다음 날 노무현은 내게 전화를 걸어왔다.

"어제 주신 논문 말입니다."

"읽어보셨어요?"

"대한민국의 수도를 옮기자는 거죠?"

"그렇습니다. 그렇게 생각하고 보낸 것입니다."

"수도 이전은 선거 전략이고 뭐고 그런 차원이 아니라 국가 백년대계 차원에서 필요한 거라고 생각합니다." 노 고문의 목소리는 여느 때보다 밝았다.

"제 생각에는, 우선 대전산업대 강용식 총장을 한번 만나보는 게 좋겠습니다." 나는 노 고문에게 강 총장과의 만남을 제안했다.

나는 박영순에게 전화를 걸었다. 강 총장이 서울로 오는 일정을 알아보고 노 고문과의 면담 일정을 잡아달라고 했다. 그렇게 노 고문과 강 총장은 2002년 1월 말 여의도 한 음식점에서 만났다. 회동이 끝나자, 배석했던 박영순은 전화로 "노 고문께서 매우 좋아하시는 것 같습니다"라고 분위기를 전했다. 캠프로 돌아온 노무현은 내게 이렇게 말했다.

"이것은 내 개인의 선거 공약이 아니라 국가의 미래를 위해 반드시 가야 할 길입니다."

청와대에 입성하면 이 구상을 반드시 실천하겠다는 강한 의지를 읽을 수 있었다. 수도 이전은 그렇게 노무현의 신념과 가치가 됐다. 내가 이 구상을 채택한 것은 충청권 표를 얻기 위한 선거용이었지만, 그저 선거를 위한 전술이 아니라 국가의 백년대계로 구체화되기 시작한 것이다. 지금 와서 무엇을 감추고 무엇을 보태서 얘기하겠는가. 수도 이전 구상은 그렇게 마련됐다. 비록 그 출발이야 어찌됐든 간에, 수도 이전은 수도권 인구 과밀을 해소하고 국토 균형발전을 위해 꼭 필요한 국가발전전략이다.

그러나 수도 이전은 노무현 대통령 임기에는 청사진을 그리고 못을 박는 데 그쳤다. 찬반양론이 팽팽하게 맞서면서 자칫 국론 분열이 우려돼 재임기간에는 구체화되지 못했다. 헌법재판소에서 서울의 관습헌법론을 제시하며 신행정수도의 건설을 위한 특별조치법이 헌법에 위반된다고 결정함으로써 2004년 대한민국 행정수도 이전 계획이 취소되고 하마터면 그 못마저도 뽑혀 나갈 상황까지 갔다.

다행히 신행정수도 후속대책을 위해 '연기·공주지역 행정중심복합도시 건설을 위한 특별법'이 제정될 수 있었던 것은 국회에서 한나라당 박근혜 대표가 지지한 덕분이었다. 이것은 2012년 대선 때 박 대표가 충청 표심을 얻는 결정적인 동력이 됐다.

제27화

변방의 장수에게 '옥새'를 내놓지 않다

　　　　　　　　노무현은 2002년 4월 27일 새천년민주당 제16대 대통령후보가 됐다. 든든한 뒷배경도, 이렇다 할 우군도 없이 악조건 속에서 치른 당내 경선이었다. 고단한 전투 끝에 마침내 승리를 거둔 장병처럼 오랜만에 달콤한 휴식을 만끽할 기대에 부풀어 있었다.

　"됐다! 이제부턴 당이 뽑은 대선후보니, 당에서 알아서 하겠지!"

　하지만 그런 기대는 채 며칠이 가지 못했다. 꽃비가 날리는 완연한 봄이건만 당 내부에는 시베리아 북풍 같은 찬바람이 감돌았다. 아니 그렇겠는가! 당의 주류가 미는 후보가 보기 좋게 떨어져나가고, 도무지 경선을 이길 가망이 없어 보였던 후보가 돌연 승리했으니 말이다.

　주지하다시피 노무현은 YS계로 정치에 입문한 탓에 주류세력과 당을 함께한 지 오래되지 않아 소수파에 불과했다. 변방의 장수나 다름없었던 그가 하루아침에 '왕세자'로 책봉됐으니….

　그저 놀라워하는 정도에 그칠 일이 결코 아니었다. 동교동계 의원들, 중앙당 당직자들은 당당히 대선후보로 선출된 노 후보와 그의 당선을 도운 금강캠프 요원들을 응당 당의 주류로 받아들여야 했다. 그들이 차지하고 있던 자리를 내어주고, 노 후보와 캠프 요원들을 새 식구이자 민주당의 가업을 이어나갈 '맏아들'로 말이다.

하지만 그들은 그렇게 하지 않았다. 그들은 시기 어린 눈으로 상황을 지켜보며 눈치를 살폈다. 마치 외계인들을 대하는 듯했다. 이런 반응은 어느 정도 예상된 일이었다. 당의 주류인 동교동계와 중앙당 당원들이 노무현 후보를 열렬히 환영하는 것은 물론 옥새를 이어받을 귀하신 몸으로 기꺼이 모실 것이라고 나 역시 확신하지 못했다.

그들의 냉담한 태도를 전혀 이해하지 못하는 것은 아니었다. 당내 세력이 전무하다시피 한 노 후보가 두 달 사이 전국 순회 경선에서 욱일승천의 기세로 쟁쟁한 후보들을 모두 거꾸러뜨리고 최후 승자가 됐다. 그로 인해 철옹성 같았던 민주당의 기득권 세력은 광주 경선 이후 야금야금 쪼그라들더니 급기야 무너져버린 것이다. 단말마의 비명조차 지를 새도 없이….

혹자는 당시 노무현이 집권여당의 대선 후보가 된데 대해 '세계역사에 전무후무한 사건', '민주주의 국가에서 유례 없는 일'이라고 표현할 정도였다.

그래도 나는 독재와 맞서 싸워온 우리 동교동계 의원과 당직자들이, 그토록 목 놓아 외쳐온 '민주적 절차'에 따라 전당대회에서 뽑은 대선후보이니 머지않아 결과에 승복할 것이라는 기대를 버리지 않았다. 그들이 스스로 마음을 진정하고 제자리를 찾는 데 시간이 좀 걸릴

뿐이라고 생각했다.

그런데 그들은 어느 틈엔가 냉담함을 넘어서고 있었다. 노 후보와 금강캠프 요원들에게 겉으로는 내색하지는 않지만 속으로는 그들이 마땅히 받아들여야 할 일을 완강하게 거부하고 있었다.

'노무현이 대통령이 되겠어?', '광주에서 어쩌다 승리했지만, 노무현이 대선후보라니 말이 돼?', '노무현으로 선거 치러선 못 이겨, 이길 수 있겠어?', '당 주류인 동교동이 지지하지 않는데, 후보를 바꿔야 해!', '안 될 사람이 된 거야!'….

DJ 친위조직인 연청을 이끌었고 동교동 식구였던 나는 민주당 당원들 입장에서 금강캠프 사람들 가운데 비교적 잘 아는 유일한 사람이었다. 그들의 입장에서 보면 나는 '배신자'였다. 대의를 위해 하나로 단결했고, 결코 흐트러짐을 용납하지 않았던 동교동계의 이단아였다. 모두가 이인제를 밀었는데, 내부자가 성 안에서 돌연 자명고自鳴鼓를 찢은 것이나 다름없었다.

경선이 끝나자마자 내 입지는 굉장히 좁아졌다. 경선 전만 해도 형님, 동생 하며 지내던 사이였는데 갑자기 어색한 분위기의 공적인 관계로 바뀌었다. 그들은 인사를 나누기가 무섭게 피했다. 더러는 말을 섞는 것조차 어색해했다. 사방이 얼음벽이었다.

나로서는 그들의 마음을 알기에, 먼저 나서서 뭐라고 얘기하기보다는 '좀 기다리면 달라질 거야. 당이 어련히 알아서 하겠지' 하는 입장이었다. 그들과 가장 가까운 내가 이런 상황이었으니 노무현과 금강캠프 요원들은 오죽했겠는가!

당에서는 30대가 주축인 금강캠프 요원들을 아는 사람이 거의 없었다. 노무현의 보좌관인 안희정과 이광재에 대해서는 정체성을 의심했다. 보좌관 생활을 한나라당 의원이나 YS계 의원들로부터 시작했기에, 민주화투쟁을 거치며 잔뼈가 굵은 당직자들 입장에서 보면 '근본을 알 수 없는 애들'에 불과했다.

당시 민주당 당직자들은 일당백의 결기가 있었기에 당 소속 국회의원들도 그들에게 함부로 대하지 못했다. 모 초선 국회의원이 당선 후 처음 당사에 가서 물정 모르고 건방을 떨다가 당직자에게 뺨을 맞고 도망쳤다는 일화가 전할 정도다.

캠프 요원들은 대의원 명부조차도 구하지 못했다. 예나 지금이나 경선을 앞두고는 대의원 명부 유출이 금지돼 있지만, 당 내부를 아는 사람들은 다 빼간다. 그렇지만 당에 접근할 래야 접근할 수 없는 캠프 요원들에게 명부를 가져오라고 무리한 요구를 할 수 없었고, 결국 명색이 캠프 좌장인 내가 그런 일까지 해야 했다.

그런 실정이니 노무현이 당 대선 후보가 됐다고 그 젊은 요원들이 당에 가서 뭐라고 큰 소리를 칠 수 있는 상황이 아니었다. 그랬다간 '완장 찬 점령군'으로 공격 받기가 십상이었다.

2002년 5월 어느 날, 지인과 함께 여의도 당사 인근 커피숍을 찾았을 때였다. 여느 때처럼 당 사람들이 많았다. 나와 친한 후배들도 모여 있었다.

"여기들 모여 있네! 무슨 일이야?"

나는 여느 때처럼 반가운 마음에 인사를 건넸다.

"아따~, 목소리에 힘 들어가네요!"

여럿과 인사를 나누는 중에 한 후배가 목소리를 높였다.

"그거, 무슨 소리야?"

나는 가볍게 웃으며 물었다.

"아니, 개선장군이 돼 오셨으니, 우리는 이제, 형님한테 줄 안 서면 어렵겠네요?"

후배의 말에는 날이 서 있었다.

"줄 잘 서야 돼!", "암~ 그래야 되겠네!", "잘못하면 큰일 나!" ….

곁에 있던 후배들도 고개를 돌리며, 빈정거리는 어투로 말을 보탰다.

기가 막혔다. 평소 같으면 이 대목에서 그냥 넘어갈 내가 아니었다. 버르장머리를 고쳐야겠다고 마음먹으면 면전에서 혼쭐을 내곤 했다.

하지만 지금은 안 된다. 평소처럼 대했다간 '염동연 위세가 대단하더라'는 소문이 삽시간에 당내에 파다할 게 뻔했다. 애써 화를 가라앉히며 이렇게 말했다.

"이 사람들이…, 나를 몰라서 하는 얘긴가? 우리가 정권을 재창출하는 일일세, 함께해줘…."

그러고서 나는 후배의 어깨를 두드리며 자리를 옮겼다.

당이 공식 절차를 거쳐 선출한 대선후보이지만 노무현을 차마 인정할 수 없으니 대놓고 말하지 못하고 뒤에서 비꼬는 것이었다. 그런 상황에서는 내 집처럼 드나들었던 당사도 방문하기가 쉽지 않았다. 자칫 '점령군'으로 여길 우려가 컸다. 오해를 사게 되면 노 후보에게 좋을 리가 없었다. 나로서는 협의하거나 협조를 구할 일이 생기면 해당 당직자에게 전화를 걸어 차나 한잔하자며 밖으로 불러내야 했다.

제28화

YS 시계와 노무현의 이상주의

노무현은 2002년 3월 9일부터 4월 27일까지 두 달 동안 치러진 새천년민주당 경선에서 승리해 당당히 대선후보로 선출됐다. 하지만 이인제를 밀었던 동교동계를 비롯한 당의 기득권 세력들은 경선 결과에 승복하지 않았다.

이때만 해도 노무현 후보를 드러내놓고 반대하진 않았다. '주말 드라마'라고 불리며 국민의 관심 속에 민주당 전국 순회 경선에서 노무현이 당선되고 각종 여론조사에서 대선후보 지지도가 60%까지 올라 이회창을 크게 앞서는 상황이었다.

하지만 당내에서는 암암리에 노 후보를 끌어내리려는 불순한 의도를 가진 무리들이 생겨나기 시작했고, 점차 세력이 커졌다. 그들은 소수세력인 노무현에 비해 주류이자 다수 세력들이었고, 어떤 명분을 찾아서라도 대선 후보직을 사퇴시키고야 말겠다며 숨죽이며 기회를 엿보고 있었다.

노무현이 민주당 대선후보에 당선된 바로 그날 당 대표로 선출된 한화갑도 예외가 아니었다. 당 대선후보인 노무현을 돕지 않았다. 그런데 이는 노무현에게도 책임이 있었다. 노무현이 당의 주도권을 한 대표에게서 건네받았어야 했다. 대통령 후보가 선출되면 당 대표는 당면과제인 대선 승리를 위해 전적으로 후보를 지원하고 후보의 뜻을 따르는 것이 상례였다. 그런데 노무현은 자신을 달갑게 생각하지 않는 한화갑이 당권을 제 뜻대로 행사하도록 내버려뒀다. 호기를 부린 것이다.

다가오는 대통령선거에 대한 지원 업무는 물론 선거조직의 재정과 조직, 홍보 업무 전부를 한 대표가 주도했다. 노무현 후보가 한 대표에게 당을 직접 운영하도록 맡긴 것이다. 그가 자초한 일이었고 커다란 실수였다. 그것은 결국 당원과 국민이 뽑은 대선후보가 당을 온전히 장악하지 못하는 결정적인 원인이 됐다.

노 후보는 기자들이 이에 대해 물을 때마다 "후보는 당을 장악할 이유가 없으며 필요할 경우 정강 정책을 맞춰나가면 된다"고 말하곤 했다.

나는 냉랭한 당 기류와 노 후보의 이런 태도에 속이 타들어갔다. 국회의원들과 핵심 당직자들을 만날 때마다 한 사람씩 붙잡고 지원을 요청했다.

"노무현 후보를 좀 도와주세요, 이제 당 후보가 됐으니…"

그러면 대다수가 이렇게 답했다.

"그래요, 도와드려야죠, 알겠습니다."

더 이상은 얘기가 없었다. 자신은 그럴 생각이 없다거나, 내키지 않는다고 면전에서 속내를 드러내는 사람은 거의 없었다. 대부분 마음에도 없는 기계적인 대답이었다.

"예, 잘 알겠습니다"라거나 또는 "잘해보세요"라며 인사치레나 건성으로 하는 대답이 많았다. 노 후보를 진심으로 돕겠다는 이는 찾기가 어려웠다.

나와 오랜 동지인 DJ의 장남인 김홍일 의원은 '도와달라!'고 하자 이렇게 말했다.

"잘해보세요, 험난할 것입니다. 분위기가 그렇습니다. 생각보다 앞으로 참 지난한 길이 될 것 같습니다."

노무현은 대선후보에 당선되자마자 '정계개편' 얘기를 꺼냈다. 그가 정계개편을 주장한 것은 오랫동안 궁리해온 나름의 정치적 결단이었다. 지방선거에서 YS계를 끌어안아 옛 민주세력을 하나로 만들겠다는 목표를 세우고 김영삼 전 대통령을 찾아간 것이다.

노무현 후보가 김영삼 전 대통령을 찾아간 것은 결코 즉흥적인 게 아니었다. 2001년 덕유산 수련회에서 그는 "PK(부산경남)지역 3개 광역단체장(부산광역시장, 울산광역시장, 경남도지사) 가운데 한 사람도 당선이 안 되면 대통령후보를 내놓겠다"고 연설했다. 비록 당은 다르지만 '과거 반反독재 투쟁에 앞장섰던 동교동과 상도동의 민주 세력들이 하나가 돼야 한다!'며 YS를 설득하면 분명히 성과가 있을 것이라고 노무현 후보는 확신했던 것 같다.

YS 문하생으로 정치에 입문했고, DJ를 대통령으로 만드는 데 전력을 다했던 그였기에, 자신이 민주당 대선후보가 되면 두 세력이 하나로 뭉쳐 '반독재 민주세력 재결집'을 이뤄 지방선거에서 승리할 것이라고 생각했다. 덕유산에서 장담한 배경에는 자신이 이를 통해 우리나라 민주주의 세력을 통일해 민주화를 온전히 실현해나가는 시대적 명분을 쥘 것이라는 강한 신념이 있었던 것이다. 특히나 노무현은 YS로부터 가장 신뢰 받는 박종웅 의원을 민주당 부산시장 후보로 달라고 하면 YS가 들어줄 것이라고 기대했다.

한 대표는 5월 9일 "노 후보의 정계개편 추진에 찬성한다"고 밝히면서 "민주당의 기득권을 포기하고 신당을 추진하겠다"고 밝혔다. 겉으로 보면 한 대표가 마치 노 후보의 주장에 힘을 실어주는 것처럼 보였지만 실은 그렇지 않았다. 노 후보의 정계개편과 한 대표의 신당 추진은 각각 구상을 하게 된 배경부터가 서로 달랐다.

노 후보는 DJ와 YS로 분화된 민주화 세력의 대동단결을 꾀해 정국에 새 바람을 일으키겠다는 얘기였고, 한 대표는 당 밖에 새 당을 만들어 다른 정치세력까지 끌어들여 새로운 대선후보를 다시 선출하는 데 초점이 맞춰 있었다.

다만 그 원인은 같았다. 김대중 대통령의 레임덕이 가장 큰 원인이었다. 김대중 대통령은 5월 6일 탈당을 선언하고, 자신의 참모들과 세 아들이 비리에 연루되는 등 물의를 빚은 데 대해 국민에게 사과했다. 당시 레임덕으로 당 지지율이 떨어지고, 대통령이 탈당해 당의 중심이 무너지니 당을 새로 구축하는 일이 시급한 상황이었다.

YS는 노무현의 기대와 달리 노무현이 부산시장 후보로 요청한 박종웅 의원을 추천하지 않았다. 지방선거를 계기로 양분된 민주세력을 하나로 합치겠다는 노 후보의 전략은 사실상 무산된 것이다.

어찌 보면 노무현 후보의 순진한 생각이었다. 노무현은 한때 한 배를 타고 민주화운동을 함께했던 선배이자 그를 정치권에 입문시킨 YS에게 큰 기대를 걸었지만, 엄연히 그는 서로 경쟁하는 상대 정당의 전직 대통령이었다. 상상 속에서는 세인이 놀랄 만한 기적이 가능하겠지만, 현실의 답은 역시 그렇지 않았다. YS는 묵묵부답이었다. 노무현은 이렇게 되자 박 의원을 직접 설득했다. 하지만 실패했다. 6·13 지방선거가 겨우 한 달 앞이었다.

노 후보는 정계개편의 불씨를 살리려고 "DJ·YS 후배들끼리라도 뭉쳐야 한다"며 안간힘을 썼지만, 소용이 없었다. 오히려 당 지지자들로부터 원성만 커졌다. 노무현은 5월 말에 당에 '제2의 혁신'이 필요하다며 대대적인 개편을 추진하겠다는 발언을 했다. 이에 대해 언론에서는 노 후보가 6월 지방선거가 끝나면 당을 자기중심으로 탈바꿈해 나갈 것이라고 해석했다. 자고로 여느 정당이나 대선후보가 선출되면 기존의 당 지도부는 뒤로 물러나고, 대선후보 중심으로 새 틀을 짜기 마련이다. 한 대표가 꾸린 지도체제를 대신해 노 후보 중심으로 당을 혁신할 것으로 풀이한 것이다.

그런데 이 당시 노무현에게는 커다란 심경 변화가 닥쳤다. 그가 내색하지 않아 다른 사람들은 눈치 채기가 어려웠지만 오랫동안 함께해 온 나는 직감했다. 당시 나는 노 후보가 YS를 찾아가 박종웅 의원을 민주당 부산시장 후보로 달라고 했다는 얘기를 듣고 좀 신중하게 생각해달라고 말하고 싶었다. 그렇지만 그 얘기를 노 후보에게 대놓고 하기는 어려웠다. 그가 오랫동안 생각하고 결행에 옮긴 일이라는 것을 누구보다 잘 알고 있어서였다.

그러던 차에 노무현과 만났다. 나와 마주 앉은 노 후보는 내가 그 일에 대해 한마디 묻지도 않았는데, 먼저 말을 꺼냈다.

"뜻대로 안 되네요…."

"뭐가요?"

"세상이 바뀔 수도 있다고 생각했는데…."

"…?"

"민주세력이 다시 하나가 되면 말입니다, 우리나라가 건강해지고 세계에 우뚝 서는 강국이 될 수 있는데…."

YS를 찾아갔다가 실망이 컸다는 고백이었다. 김영삼 전 대통령은 자신을 정치에 입문시킨 아버지이고, 김대중 대통령은 자신의 정치적 입지를 키워준 양아버지였다. 그가 YS를 찾아간 이유는 1990년 3당합당으로 갈라선 두 민주세력이 다시 하나가 되길 고대하는 순수한 열정이었다. 정치는 냉엄한 현실인데…. 나는 그의 심정을 십분 이해는 하지만 마냥 '순수의 강'에 빠져 상념에 젖어 있는 노 후보를 그대로 방치할 수는 없는 노릇이었다.

"빨리 잊으세요!"

"총장님!"

"노 후보께선 혁명가입니까? 사상가이세요? 이상주의자이십니까?"

"무슨 말씀이세요?"

"후보께선 현실 정치인입니다."

"…"

"훌훌 털어내고 다시 일어서야 합니다. 길은 또 있습니다!"

"어떻게요?"

"당장 뾰족한 수가 없다고 포기하면 안 됩니다. 비록 열세지만 이럴 때일수록 최선을 다하는 모습을 국민들에게 보여줘야 합니다. 그것이 대통령이 되는 길입니다."

그 무렵 내가 내밀히 PK(부산·경남)에서 우리 당 후보로 내세울 수 있는 사람들을 찾아 여론조사를 해보니 부산시장의 경우 1등은 이기택, 2등은 신상우, 3등은 문재인이었다. 정치인도 아닌 문재인이 시장 후보로 급부상한 것은 노무현이 민주당 대선후보가 된 후 쇄도한 인터뷰에서 '친한 친구가 누구냐'는 물음에 '문재인 변호사'라고 대답해서다.

그는 당시만 해도 일부 운동권에서만 아는 인사였다. 노무현에게 여론조사 결과를 전했다. 당시 노무현은 부산상고 선배인 이기택을 싫어했다. 때문에 부산시장 후보로 이기택을 밀 수 없었다.

"여론조사 결과는 이렇습니다. 물론 셋 다 당선 가능성이 있다는 건 아니지만…"

"그래요…?"

"누굴 내어도 된다는 보장이 없다면 젊고 신선한 카드로 갑시다. 문재인으로 합시다!"

경남지사 선거에는 이장 출신 김두관을 내고, 울산시장 선거에는 인권변호사 출신으로 민주노동당 당적을 가진 젊은 진보인사 송철호를 밀기로 했다.

김두관과 송철호는 지방선거 출마 제안을 받아들였지만, 문재인은 끝까지 '죽어도 못 하겠다'며 고사했다. "변호사나 하겠다. 날 정치권으로 끌어들이지 말라"고 버틴 것이다. 문재인은 주변 사람들에게 "설령 노 후보가 대통령이 된다고 해도 나는 그 근방에 얼씬도 하지 않겠다"고 말하며 노 후보의 제안을 일축했다.

제29화

바람 앞에 외로운 등불

　　마침내 6월 13일. 지방선거 투표가 시작됐고, 결과는 부산·울산·경남 모두 패배했다. 노무현 후보의 체면이 말이 아니게 됐다. 민주당은 전국에서 참패했다. 한나라당은 16개 시·도 가운데 11곳을 차지한 반면, 집권여당인 민주당은 4곳, 자민련은 1곳에서 당선자를 내는 데 그쳤다.

　　특히 노무현이 덕유산에서 국민과 당원에게 호언했던 부산·울산·경남에서 비참하기 그지없는 성적표를 받았으니, 바람 앞에 등불 신세가 됐다. 당내에서는 약속대로 대선후보직을 내놓으라는 얘기가 여기저기서 터져 나왔다.

　　노무현이 한 달여 전 대선후보로 확정되면서 각종 여론조사에서 60% 가까이 치솟았던 대선후보 지지율이 30% 이하로 곤두박질쳤다. 민주당 지지층에서 거센 비난이 일어났고, 특히나 당내 반노·비노(反노무현, 非노무현) 의원들이 약속을 지키라고 노무현을 몰아세우며 분열상을 보인 탓이다.

YS를 찾아간 것은 노무현에게는 대단한 승부수였지만, 대선후보가 된 그를 못마땅하게 여기면서도 내놓고는 말도 못하고 속으로 끙끙 앓던 당내 세력들에게는 대단한 호기好機였다.

'우리 당 대선후보가 되자마자 상대 당 직전 대통령에게 추파를 던지다니.'

그들은 노의 승부수가 실패할 게 뻔하니 지방선거 결과가 나오면 이를 구실 삼아 후보직을 박탈하겠다는 음모를 키우기 시작했다. 당시 민주당내 최대 계파모임이자 김대중 대통령을 지지하는 핵심세력이었던 '중도개혁포럼'은 호시탐탐 이런 생각으로 지방선거 결과가 나오길 벼르고 있었다.

노 후보는 선거가 끝난 직후에 내게 이렇게 물었다.

"어떻게 하면 좋겠어요?"

"버텨야 합니다. 당 후보직을 스스로 내려놔선 안 됩니다."

"PK에서 하나도 안됐다고, 약속을 지키라고 저렇게들 목청을 높여대는데."

"선제적으로 공을 당에 넘깁시다!, 당에서 후보직 거취 문제를 알아서 하라고 하면, 내치지는 못할 게고, 후보직 박탈은 안 될 겁니다."

나는 노무현에게 이렇게 조언했다. 그렇게 내려놓으면 합법적 절차로 선출된 대선후보를 당이 재신임할 수밖에 없는 상황이라고 생각했기 때문이었다. 노무현은 다음 날인 14일 당사에 나가 "재신임을 받겠다. 절차와 방식은 당에 일임한다"고 천명했다.

하지만 내심 나로서는 참담한 심정을 가눌 길이 없었다. 나 자신이 그렇게 초라할 수 없었다. 성난 파도에 휩쓸려가는 무력한 일엽편주一葉片舟에 다름 아니었다. '내가 금배지(국회의원)를 달고 있었으면 나름의 역할이 있었을 텐데' 라는 생각까지 들었다. 노무현의 최측근이자 동지로서 비참한 현실을 절감했다.

그러자 한화갑 대표는 다음 날인 15일 "노 후보에 대한 재신임을 조기에 추진하는 한편 당 지도부도 사퇴하지 않겠다"고 선언했다. 하지만 기다렸다는 듯이 일부 의원들은 노 후보에 대한 '엄격한 재신임'을 요구했고, 이인제계와 동교동계는 '노무현 대선후보-한화갑 당대표 체제로는 대선 승리를 못한다'며 새 판을 짜자고 일제히 목소리를 높였다. 당이 요동을 쳤다. 비주류들은 노 후보의 즉각 사퇴까지 요구했다.

그렇지만 당으로서는 당장에 뾰족한 수가 없었다. 6월 17일 민주당은 최고위·상임고문 연석회의를 열어 노 후보 재신임을 의결했다. 노후보는 이날 "8·8 재보선 후 원점에서 모든 기득권을 포기하고 누구든지 입당해 대통령후보 국민경선을 다시 해도 좋다"고 밝혔다.

18일 열린 당무회의는 노 후보 재신임 의결을 추인했다. 지방선거 참패 이후 당내 논란을 일단락짓고, 노 후보가 제안한 '8·8 재보선 후후보 재경선' 안을 수용하기로 한 것이다. 비록 재신임을 받았지만, 그럼에도 불구하고 당 일각에서는 노 후보에 대한 사퇴 요구가 끊이지 않았다. 19일 당내 최대 의원모임인 '중도개혁포럼'은 노 후보의 후보직 사퇴를 공개적으로 요구하기도 했다.

당은 곧바로 8·8 국회의원 재보선 체제로 전환됐다. 전국 13개 지역에서 치러지는 이번 재보선은 12월 대선을 앞두고 정국 풍향을 가늠할 수 있는 중요한 선거였다. 하지만 민주당은 지방선거 이후 채 두 달도 못돼 치른 8·8 재보선에서 광주 북구갑과 전북 군산(을) 단 두 곳을 제외한 11곳에서 모두 패배했다. 2대11의 스코어였다. 호남을 제외하고 모두 진 것이다.

다시 노무현 대선후보에 대한 재신임이 거론됐다. 노무현의 대선후보 지지율은 크게 떨어졌고, 후보교체설이 거론되며 또다시 당이 요동쳤다. 비주류들은 노 후보의 사퇴를 요구했고, 거부하면 집단탈당을 하겠다고 으름장을 놓았다. 노무현 후보로서는 곤혹스런 나날이었다. 그럴 때 노무현을 만나면 그의 무력한 모습이 보기에도 안쓰러울 정도였다.

"죽겠습니다. 이거 원? 피하고 싶어도 피하지 못하니…."

자존심 강한 그였지만, 얼마나 마음고생이 심한지 그만 내게 속내를 드러냈다.

나는 한참 그를 위로하다가 이렇게 얘기했다.

"노 후보님은 누가 뭐라 해도 대통령이 됩니다!"

"아니, 총장님! 지금 여론조사에서 지지율이 곤두박질치고, 당에서는 나더러 후보직 사퇴하라고 난리들인데."

"그런 얘기 들을 필요 없습니다! 대선에서 우리가 이깁니다!"

"다른 사람들은 다들 노무현은 절대 안 된다고 하는데, 총장님은 어떻게 그렇게 자신만만하세요?"

"제가 후보님 힘을 실어주기 위해 그저 하는 빈말이 아닙니다."

"도대체…?"

"처음에 대선에 도전하라고 할 때부터 단 한번도 다른 생각을 해본 적이 없습니다. 우리는 이깁니다. 후보께서 스스로 포기하거나 주저 않지만 않으면 됩니다!"

노무현은 믿기지 않아 하는 표정이었다. 나는 재차 말했다.

"남들이 '노무현은 가망이 없다'고 했지만 당내 경선을 이겼습니다. 이건 '우리가 이런 플랜을 가지고 있다. 본선에서 이런 경쟁력이 있다'는 것을 인정받은 겁니다. 지금은 힘들지만 피하지 말고 강건하게 갑시다. 되고 나서 생각하면 이 힘들고 외로운 순간들은 추억이 될 것입니다."

노 후보가 당시 겪은 무기력함은 어쩌면 당연한 것인지도 모른다. 그는 열정과 기개에 있어서는 정치인 어느 누구에게도 결코 지지 않을 만큼 훌륭했다. 하지만 그는 맨파워가 부족했다. 노무현 스스로는 일당백의 능력을 가졌지만 그를 따르는 사람들, 돕는 사람들, 이끌어주는 사람들이 거의 없었다. 또 돈을 만들 힘이 없었다. 당시 선거에는 돈이 많이 들었기에 대선에 출마하려면 돈 만드는 능력이 있어야 했다. 그는 그런 면에서도 이렇다 할 능력을 보여주지 못했다.

제30화

당을 정리할 어른이 필요합니다

당시 치러진 8·8 재보선에서 꼭 짚고 넘어갈 얘기가 있다. 광주 북구갑 공천이다. 새천년민주당 재보선 공천심사위원장은 김근태 의원이었다. 김근태 위원장은 전교조 초대 위원장을 역임한 정해숙을 염두에 두고 있었고, 노무현 후보는 박석무 전 의원을 출마시키려 했다.

그런데 금강캠프 요원들 대다수는 나를 내보내야 한다고 입을 모았다. 노무현이 이토록 고생하는 것은 국회의원 중에 핵심 측근이 없어서 그러니, 염동연을 내보내 배지를 달게 해야 한다는 논리였다.

그런 얘기를 어떻게 들었는지 기자들의 문의가 쇄도했다.

기자들에게 나는 "전쟁터 나가는 군인이 산짐승이 보인다고 산짐승에게 총을 쏘겠느냐?"고 반문해 출마하지 않겠다는 의사를 에둘러 표현했다.

그런데 어느 날 대통령후보 대변인인 유종필이 날 찾았다.

"총장님! 광주 출마 안 하기로 하셨다고요?"

"어딜 출마해? 그런 거 안 하네!"

"안 나가신다면 제가 나가면 안 되겠습니까?"

"당신은 노 후보의 입이잖아! 선거에 나가 두세 달을 그냥 낭비하면 되겠어?"

그렇지만 유종필은 당내 후보경선에 참여하겠다며 광주로 내려갔다.

광주 북구갑 후보 공천이 이토록 복잡하게 꼬이자, 나는 당내 문제를 정리할 어른이 필요하다는 것을 새삼 느꼈다. 경선을 통해 공식적으로 선출된 대선후보를 외면하는 당내 이상기류와 난립한 광주 북구갑 후보들을 정리할 묘안을 찾다보니 '김상현 전 의원(호 후농)을 공천하면 어떨까' 라는 생각에 도달했다. 그런데 때마침 김 전 의원에게서 연락이 왔다.

2018년 세상을 떠난 김 전 의원은 군부독재 시절인 박정희 정권 때 유신 반대운동과 '김대중 내란음모사건'으로 연거푸 옥고를 치른 민주화운동의 거물이다. 전두환 신군부의 5공화국 시절에 1984년 양김(兩金: 김대중, 김영삼)을 주축으로 민주화추진협의회가 결성되자 당시 미국에 체류하고 있던 DJ를 대신해 공동의장 권한대행을 맡기도 했다. 구구절절한 설명보다는 그의 진면목을 짐작할 만한 일화를 소개한다.

후농 김상현은 1993년 민주당 전당대회에서 이기택 전 총재와 당권을 놓고 대결했지만, 동교동이 전폭 지원한 이기택 전 총재에게 졌다. 그런데, 전당대회 3일 후 김 전 의원에게서 전화가 왔다.

"날세!"

"…아이고 예, 의장님."

민추협 공동의장을 맡았던 그였기에 나는 늘 그를 의장님이라고 불렀다.

이번 전대에서 동교동은 이기택을 지원했고, 나는 연청을 총동원해 이기택의 승리를 위해 최선을 다했다. 그때 김 전 의원은 가끔 내게 전화를 걸어 "너무 지나치게는 하지 말게!"라고 말했다. 그럴 수밖에 없는 내 처지를 이해하지만 자신이 서운하게 느낄 정도는 하지 말라는 뜻을 전한 것이다.

김 전 의원에게는 여간 죄송하지 않았다. 그동안 정치권에서 쌓은 인연으로만 봐도 김 전 의원과 더 깊지, 이기택과 깊었겠는가.

"저, 동연입니다!"

내 목소리는 마치 죽을죄라도 진 사람처럼 가라앉아 있었다.

"나하고 저녁이나 하세!"

"예. 언제 할까요?"

"어, 바로 하지 뭐, 낼 시간 있으면 만나! 소공동 롯데호텔로 와!"

롯데호텔 양식당에서 김 전 의원과 저녁을 함께하는데, 아무런 말씀이 없었다. 김 전 의원이 서운해서 나를 보자고 했을 텐데, 그저 말없이 식사만 하니 밥맛이 통 나지 않았다.

"왜 식사를 제대로 안 해?"

"제가 속이 좀 불편합니다!"

"아픈가?"

"아프진 않은데, 그냥 불편하고 안 좋네요! 근데 의장님이 절 보자고 하신 것은?"

김 전 의원은 별 대답이 없었다.

"의장님! 매를 언제 들지 모르니 긴장돼서 밥이 넘어가겠습니까?"

"무슨 매?"

김 전 의원은 잠시 식사를 멈추고, 양복 안쪽 주머니에서 작은 봉투를 하나 꺼내 내 앞으로 밀어 놓았다.

"며칠 전에 누가 양복티켓을 선물했네! 이거 자네 주려고 보자 한 거야! 자네 생각이 나서."

"아니, 다른 분 드리지, 왜 저를?"

몇 차례 사양하는 나를 물리치고, 김 전 의원은 내 손에 봉투를 꼭 쥐어 주었다

집에 돌아와서 보니, 양복 티켓 한 장과 100만 원짜리 수표가 함께 들어있었다. 자신의 반대편에 서서 전대를 치른 후배에게도 이렇게 대한 것이다. 여의도 정가에서 많은 젊은 동지들이 후농을 '낭만의 정치인'이라며 따르는 이유를 알만했다.

나는 이런 김 전 의원이 국회에 다시 들어가길 바랐다. '김 전 의원의 친화력은 온 국민이 잘 알지 않는가. 풍전등화 같은 노무현의 처지를 해결하는 데 큰 힘이 될 것이다!'라고 생각했다. 김 전 의원은 내게 광주 북구갑 출마 의사를 밝혔다. 나는 노무현 후보를 만나 이야기

했다.

"후보님은 박석무 전 의원을 의중에 두고 계신 것 같은데, 공심위원장은 정해숙 전 전교조위원장을 생각하는 것 같습니다. 당내 상황을 생각해보면 박석무, 정해숙보다는 김 전 의원이 낫겠습니다. 제 생각에 김 전 의원은 꼬인 실타래를 풀어낼 수 있는 사람입니다."

"총장님 뜻이 그렇습니까?" 묵묵히 듣고 있던 노무현이 답했다.

"후보님 입장에서 보면 현재 당내에 이런저런 복잡한 상황들을 정리해낼 수 있는 사람이 꼭 필요합니다!"

"그래요, 일리가 있는 말 같네요!"

"그럼, 그렇게 추진하겠습니다."

이렇게 못을 박아 말하는 데도 노무현은 반대하지 않았다. 묵시적으로 승인한 것이다. 나는 김근태 공심위원장을 만나 김 전 의원을 추천했다. 당은 그럼에도 불구하고 광주 북갑에서 후보 경선을 실시했고, 당시 경선 상황은 김 전 의원에게 유리한 구도였다. 결국 김 전 의원이 경선을 이겼고, 재보선에서 당선됐다. 김 전 의원은 16대 공천을 받지 못하자 "거꾸로 물구나무를 서서라도 기필코 국회에 들어가겠다"고 했던 호언을 이로써 이뤄낸 것이다. 여의도에 들어온 김 전 의원은 노무현을 위해 많은 노력을 했다.

제31화

나도 용납할 수 없다

이후로도 당내에서는 '노무현으로 는 대선을 치를 수 없다'며 그를 끌어내리고 다른 후보를 옹립하려는 시도가 끊이지 않았고, 이런 시도들은 반노와 비노 세력들의 결집으로 구체화됐다. 결성 시기가 다소 차이가 있긴 하지만 중도개혁포럼, 구당모임, 후보단일화협의회 등이 대표적이다.

당 분열이 시작된 것은 김대중 대통령이 세 아들과 측근의 비리에 대해 책임을 지고 5월 6일 당을 떠나면서부터다. 이때부터 당은 구심력을 잃었다. 이를 해결하기 위해 신당을 창당하자는 주장들이 점차 커졌고, 민주당은 8월 10일 신당 창당을 결의하기에 이른다. 노 후보 측도 8월 초 '개혁신당'을 창당하자며 맞섰다. 이후 친노(친노무현) 세력과 반노(반노무현) 세력의 규합이 가속화되면서 당은 사실상 둘로 쪼개졌다.

신당 창당 방법을 놓고도 두 갈래로 의견이 나뉘었다. '통합신당론'과 '2단계 창당론'이었다. 통합신당론은 민주당과 자민련, 제3세력 등 반창(反이회창) 세력을 모두 통합해 새로운 당을 창당하자는 것이었다. 반면에 2단계 창당론은 먼저 외부에 신당을 창당한 뒤 민주당과 통합하자는 것이었다. 노 후보와 한 대표는 2단계 창당론 쪽이었다. 반노-비노 세력들은 통합신당론을 지지하며 맞섰다. 게다가 노 후보와 한 대표의 2단계 창당론도 겉으로는 얼핏 같아 보이지만 그 내용을 들여다보면 분명한 차이가 있었다.

신당에서의 대선후보 선출 방식을 놓고도 둘로 갈렸다. 노무현은 대선후보 재경선을 하되 재경선은 국민경선방식으로 해야 한다고 주장했다. 반면에 통합신당론을 주장하는 반노-비노 세력은 월드컵 4강신화로 인기가 오른 정몽준을 신당에 입당시켜 대선후보 경선을 치러야 한다며 대의원대회를 통한 선출을 주장했다. 8월 16일 반노 세력 중에 중진 원로인 안동선 의원이 탈당을 선언하면서 일부 의원들의 탈당 움직임이 본격화됐다.

정몽준은 8월 19일 독자적으로 신당을 만들겠다고 선언했다. 앞서 민주당은 정몽준에게 함께 신당을 만들자고 제안했고, 박상천 의원이 나서 이를 중개했지만 허사가 된 것이다. 8월 21일 민주당 당무회의는 '정몽준, 박근혜, 이한동 의원은 물론 자민련까지 함께한다는 애초 신당 추진 내용이 백지화된 것 아니냐'는 성토가 이어지면서 아수라장이 됐다.

이후 민주당은 노 후보를 중심으로 재창당을 하자는 기류가 더 커졌다. 그러자 반노-비노 세력은 통합신당이 물 건너가면 집단 탈당하겠다며 신당추진위를 발족했다.

정몽준은 9월 18일 대선에 출마하겠다고 공식 선언했다. 민주당은 '대통령선거대책위원회(선대위)'를 발족하고 9월 19일 첫 회의를 했다. 노무현이 대선후보로 확정된 지 5개월여가 돼서야 비로소 선대위가 꾸려진 것이다.

당의 분열상을 정리해보면 우선 당 주류세력 간 권력다툼부터 언급하지 않을 수 없다. 한화갑 의원이 당 대표가 돼(4·27 전당대회) 신新주류를 형성하자 당시 구舊주류인 동교동계 의원들은 한 대표와 맞섰다. 한 대표가 당 주류인 동교동계에서 보면 비주류였기 때문이다. 또 노 후보를 중심으로 그를 지지하는 세력(친노무현), 그를 반대하는 세력(반노무현), 노무현은 안 된다는 세력(비노무현)으로 나뉜다. 반노-비노 세력들은 또 경선에서 패배한 이인제를 다시 대선후보로 추대해야 한다는 세력과 정몽준을 민주당 후보로 옹립해야 한다는 세력, 이한동 등을 지지하는 세력으로 분류할 수 있다. 사분오열 혼돈의 극치였다.

△신주류와 구주류 △친노, 반노, 비노 △이인제, 정몽준, 이한동 등을 지지하는 의원들로 나뉜 민주당 국회의원들은 각각 자신들의 입맛에 맞는 신당 창당을 주장하며 세력 규합 경쟁에 나섰다. 이 과정에서 반노, 비노 세력들은 대선후보인 노무현을 끌어내리기 위해 노무현에게 신당 창당 전에 후보직을 사퇴할 것을 공공연히 요구했다. 더나아가 사퇴 요구를 거부하면 탈당하겠다고 겁박했으며, 실제로 일부는 탈당을 감행했다.

9월 18일 정몽준이 대선출마를 선언하면서 신당 창당론은 또 다시 갈래가 나뉘었다. 당 밖에서 정몽준을 비롯한 다른 대선 후보와 자민련 등 세력을 끌어 모아 통합신당을 창당하자는 세력과 노 후보 중심의 신당을 창당하자는 세력으로 재편된 것이다.

9월 24일 비노 성향의 중도파 의원들이 결성한 '구당(救黨) 모임'은 "국정감사가 끝나는 10월 5일까지 통합신당 구성을 위한 수임기구가 구성되지 않으면, 서명자 69명의 명단을 공개하고 중대결심을 할 것"이라고 예고했다. 구당파들의 이런 움직임에 대해 노 후보는 "정몽준 의원과 나는 걸어온 길이 다르고, 함께하는 사람도 다르다"며 후보단일화 주장을 일축했다.

9월 30일 노무현 후보 선대위가 발족했지만, 당내 세력들의 '노 후보 흔들기'는 계속됐고, 정몽준과의 후보단일화를 주장하는 목소리는 점점 높아졌다. 비노-반노 세력들은 급기야 노 후보의 선대위 발족을 비판하며 10월 4일 후보단일화추진협의회(후단협)를 결성했다. 특히 반노 세력들은 10월 15일 "집단 탈당하겠다"며 으름장을 놓는 한편 후단협에 이름을 올린 17명의 의원들을 중심으로 국회 교섭단체를 만들겠다고 밝혔다.

후단협은 10월 17일 정몽준과 자민련, 그리고 이한동 전 총리와 신당을 만들기로 합의하고, 조만간 25명의 후단협 소속 의원이 탈당할 것이라고 밝혔다. 그러나 반 이회창 연대를 결성한다는 이들의 연대 움직임은 자민련의 반발로 무산됐다.

오죽하면 노 후보가 10월 22일 MBC라디오 '손석희의 시선집중'에 출연해 "중도표방세력이나 동교동계 이런 분들이 더 이상 나를 흔들지 말았으면 한다"며 "그들이 '이 당이 누구 당이냐'는 말을 자주 하는데 주인이면 주인답게 성실하게 해주길 바란다"고 중도개혁포럼에 직격탄을 날렸겠는가.

노 후보는 또 후단협에 대해 "모든 것을 중단하고 민주당의 원칙과 목적에 따라 열심히 노력하면 나가라고 하지는 않을 것"이라며 "그러나 자꾸 흔들면 나도 용납할 수 없다"고 경고했다. 11월에 들어서면서 일부 탈당 의원들의 대열이 줄을 이었고, 대선후보 여론조사에서 한나라당 이회창 후보가 앞서가는 1강 구도가 굳어지면서 노무현-정몽준 후보단일화를 요구하는 목소리가 당 안팎에서 높아졌다.

그 무렵 대통령후보 여론조사에서 노 후보는 1위인 한나라당 이회창 후보, 2위인 정몽준 국민통합21 후보에 이어 3위로 내려앉았다. 10월 19일 한국갤럽이 실시한 대통령후보 지지도 전화조사에서 5자 대결 시 한나라당 이회창 후보는 33.4%, 국민통합21 정몽준 의원은 27%, 민주당 노무현 후보는 17.1%였다.

결국 노무현은 11월 3일 정몽준에게 후보단일화를 제안했다. 서울 선대위 발족식에서 "후보단일화를 요구하는 국민의 압력을 무시할 수 없다"며 "TV 토론을 통한 검증과 완전국민경선 방식을 통한 후보단일화를 공식 제안한다"고 밝혔다.

그렇다면 집권여당이 차기 대통령 선거에 나설 후보를 제 손으로 선출해두고 대선 후보 등록일 직전까지 7개월 동안 이토록 처절하게 분열한 이유가 무엇일까. 그것은 당내에서 노무현 후보를 인정하지 않으려는 세력들이 대다수였기 때문이다. 특히 당의 주류인 동교동계는 경선 결과에 승복하지 않고 노무현으로는 대선을 승리할 수 없다며 그를 흔들었다. 그에 비해 노무현을 지지하는 의원들은 소수였기에 다수의 횡포에 무력하게 당할 수밖에 없는 상황이었다.

또 노무현이 대선후보로 확정된 바로 그날, 전당대회를 통해 한화갑은 당 대표로 선출됐다. 한 대표가 노 후보 지지를 선언한 것은 10월 말이었다. 6개월 넘도록 대선후보가 당을 장악하지 않은 것은 물론이고 당 대표로부터 전폭적인 지지를 받지 못한 것이다.

김대중 대통령의 레임덕과 탈당도 사분오열에 한몫을 단단히 했다. 권력의 핵심이 빠져나가면서 당이 극심한 혼돈에 빠진 것이다.

가장 큰 원인은 노무현 후보에게 있었다. 노무현은 한 대표에게 대선후보인 자신을 적극 지원할 것을 요구하지 않았고. 그저 당이 뽑은 대선후보이니 알아서 잘 도와줄 것이라는 오판을 한 것이다. 단기필마로 시작한 노무현이었기에 그를 지지하는 세력은 한 줌에 불과했고, 어찌 보면 그럴 수밖에 없는 한계라고 여길 수도 있다.

하지만 그는 당이 두 달 동안 공정하게 치러낸 대선후보 경선의 승리자였다. 당당하게 당 대표와 당에 적극적인 지원을 요구했어야 했다. 헤드테이블 중앙에 앉아서 '자! 이제부터는 저를 중심으로 줄을 서세요!'라고 외쳤어야 했다. 그렇지만 노무현은 그렇게 하지 않았다.

제32화

내가 대통령이 되겠어요?

"아니, 끊었잖아요?"

국회 의원회관 소회의실에서 열린 '노무현 후보를 위한 비선 핵심 참모회의' 도중이었다. 참석자는 김원기, 문희상, 정동채, 천정배 등 이었다. 노무현 후보는 불현듯 자리에서 일어나 세로로 긴 테이블의 맞은편에 앉은 내게 걸어왔다. 나는 앉아서 담배를 피우고 있었다. 당시만 해도 실내 금연이 일상화돼 있지 않았다.

노무현은 내 옆에 서서 테이블에 놓여 있던 내 담뱃갑과 라이터를 자신의 주머니에 담았다. 통째로 가져가기가 미안했는지 테이블에는 겨우 담배 두 개비만 남겨놓았다.

"담배 끊었잖아요? 왜 가져가세요!"

깜짝 놀라 쳐다보는 내게 그는 이렇게 말했다.

"내가 지금 담배 안 피게 됐습니까?"

노무현 후보는 6·13 지방선거 직후부터 경선 때 끊었던 담배를 다시 피우기 시작했다. 속이 상할 대로 상했기 때문이다. 비선회의는 선대위의 공식조직이 아니었다. 노무현 후보가 필요할 때마다 소집해 당 내외 대책을 논의하는 비선 조직이었다. 이날 회의에서 참석자들은 DJ의 측근과 아들 비리 문제로 당에게 연거푸 선거패배만 안겨주고 있으니 'DJ를 밟고 가야 한다'고 목소리를 높였다.

노 후보와 나는 그저 묵묵히 듣고만 있었다. 앞서 노무현은 당 대선 후보로 확정되자마자 "김대중 대통령의 자산과 부채가 있다면 모두 안고 가겠다"고 선언했었는데 그동안 상황이 달라진 것이다. DJ는 아들과 측근들의 비리 연루설이 연일 터져 나오면서 레임 덕 lame duck 을 넘어 데드 덕 dead duck 에 이르는 상황이었다. 각종 여론조사에서 DJ 지지도는 10%대에 머물렀다. 김 대통령은 이미 5월 6일 새천년민주당을 탈당했다. 그래서 당내에서는 '국민의 정부'를 잇는 새 정권을 탄생시키기 위해서는 'DJ를 비판해야 한다', 'DJ를 밟고 가야 한다'는 목소리가 차츰 높아진 것이다.

"염 총장님! 아무 말씀도 안 하시네요?"

회의가 끝나고 의원회관 복도로 걸어 나오면서 마침 맨 앞에서 나란히 걷게 된 노 후보는 창 밖으로 무심한 시선을 던지면서 내게 '왜 의견을 얘기하지 않느냐?'고 물었다.

"제가 말할 게 뭐 있나요? 답이 뻔한데…. 아니 'DJ 자산과 부채를 승계하겠다'고 했는데…, 그런데 DJ를 밟는다? 그러면 '부채는 모르겠고 자산은 받겠다' 그런 얘기 아닙니까?"

"그렇죠? 그런데, 자꾸 (DJ를) 밟으라 하니 죽겠습니다"라고 노무현은 속내를 털어놓으며 나를 쳐다보았다.

나는 "절대 아니라고 봅니다. 밟는 순간에 천하에 의리 없는 사람이 됩니다. 국민은 물론 당원들마저도 '의리 없는 사람'이라고 손가락질하며 등 돌릴 게 뻔합니다. 노무현답지도 않습니다"라고 말했다.

"맞아요!" 노 후보는 맞장구를 치며 "내가 정리하겠습니다. 다시는 그런 말 나오지 않게 하겠습니다!"라고 말했다. 노무현은 다음 날 열린 선거대책위원회의 모두 발언에서 'DJ를 밟으라는 얘기는 전략상 옳지도 않고, 인간의 도리도 아니다'고 강변해 이 논란을 매듭지었다.

당시 당내 대다수 사람들이 '정권재창출과 선거 승리를 위해서는 DJ를 밟아야 한다'고 주장했지만 노무현은 끝까지 의리를 지켰다.

만에 하나 노무현이 회의 참석자들의 의견에 동조해 'DJ를 비판해야 한다'는 얘기를 꺼낸다면 그때는 내가 나서려고 했다. 노 후보는 그러나 끝까지 참석자들의 의견에 동조하지 않았다. 노무현의 일관된 소신과 뚜렷한 정치철학을 보여준 한 단면이다. 노 후보가 그 당시 DJ를 정면으로 비판하지 않은 일은 이후 줄곧 정가에서 단골 화제 중 하나가 됐다. 만일 그때 노무현이 DJ를 밟았다면 아마도 그의 운명은 180도 달라졌을 것이다.

8·8재보선을 치르고 나서 노 후보는 큰 좌절에 빠졌다. 당 안팎에서 그를 대통령후보직에서 끌어내리려는 시도가 점차 노골화됐고, 반노와 비노 세력들의 결집은 날이 갈수록 세를 더했다. 노무현은 그토록 당당했던 패기를 잃은 것은 물론이고, 점차 자신감도 바닥을 드러

냈다. 권투선수로 치면 그로기 상태가 돼 KO 당하기 직전이었다.

그는 수차례 "피하고 싶어도 피할 수 없다!"며 "이제 더 이상은 어려울 것 같다!"는 심정을 내게 토로했다. 자존심 강한 노무현 후보였지만, 버텨내기가 여간 쉽지 않은 상황이었다. 그럴 때마다 나는 "후보님은 누가 뭐라 해도 대통령이 될 것"이라며 응원하는 한편 "약한 모습을 보여서는 안 됩니다!"라고 담금질을 했다. 그렇지만 노 후보는 내 말을 도통 믿지 못하겠다며 알 수 없는 표정을 짓곤 했다.

노무현은 이런 얘기를 내게만 한 것이 아니었다. 여러 사람에게 했다. 그 중 유인태 전 의원이 내게 했던 얘기를 소개한다.

"당내 상황을 보니, 제가 후보직을 더 유지할 수도 없고, 대통령이 될 수도 없을 것 같습니다."

"…"

"그렇지만 이회창의 집권만은 막아야 합니다. 유 의원께서 정몽준 측과 접촉을 해주세요!"

"무슨 말씀을, 혹여 단일화 얘기인가요?"

"예! 맞습니다!"

"면밀한 검토를 거쳐 공식 채널로 제안하시는 게 좋지 않겠습니까?"

"우선 유 의원께서 정몽준 측과 만나 타진을 해주세요!"

"예, 그러면 그렇게 하겠습니다!"

"정몽준과 단일화를 하면 월드컵 효과 덕에 지지율이 나보다 월등히 높은데, 제가 되겠어요? 질 게 뻔한데…, 그러면 후보직을 내려놓아야죠!"

　실제로 당시 후보단일화를 했다면, 인기 절정의 정몽준과는 달리 각종 여론조사에서 지지율이 크게 떨어진 노무현이 대통령후보직을 잃게 될 가능성이 높았다. 그럼에도 불구하고 노무현은 당 안팎에서 후보직 사퇴요구가 연일 거세지자, 그럴 만한 명분과 절차가 갖춰진다면 기꺼이 후보직을 내려놓겠다고 생각한 것이다.

　유인태는 정몽준의 최측근인 강신욱 전 의원을 만나 노무현의 뜻을 전했다. 그는 강신욱 전 의원과 친분이 있어 언제든 대화가 가능했다.

　그러나 정몽준은 노무현의 단일화 제안을 단칼에 거절했다. 정몽준은 "후보단일화를 하면 내가 '호남 프레임'에 갇히는 것이기에 나는 (단일화를) 안 한다"고 답했다고 유 전 의원은 전했다.

　정몽준의 말은 두 갈래로 해석된다. 우선 그가 후보단일화를 하지 않아도, 지지율이 떨어진 노무현을 지지하는 주요 세력기반은 호남이니, 노무현이 호남과 함께 묻히면 자신이 대선에서 승리할 수 있다는 얘기이다. 또 만일 노무현과 후보단일화를 한다면 자신의 비非호남 지지기반이 이탈해 붕괴될 우려가 높으니 결코 응할 수 없다는 주장이다.

　노무현은 속마음을 털어 놓을 수 있는 몇 사람에게 '나는 (대통령이) 안 될 것'이라고 몇 차례 토로했다. 그런 상황 속에서 정몽준과 접점을 찾지 못하고 두 달 넘게 시간을 허비했다.

제33화

이상한 분이 오셨어요!

"좀 이상한 분이 오셨어요!"

2002년 노무현이 민주당 대선후보가 되고 나는 노 후보의 정무특보를 맡아 일하던 때 얘기다. 어느 날 손님과 대화를 나누고 있는데 여비서 백수경이 내 방에 불쑥 들어왔다. 긴급한 상황이 발생한 모양이었다. 비서는 겁에 질려 있었다.

"뭐가 이상해?"

"글쎄, 까맣고 기다란 지팡이를, …굉장히 길어요! 2m는 족히 넘을 거예요."

"그래서?"

"꼭 염 특보님을 뵈어야 한대요!"

비서는 요상한 차림의 그에게 일단 "안에 손님이 계십니다"라고 전하고는 이 상황을 어떻게 해야 좋을지 몰라 들어온 것이다. 날 만나게 해야 좋을지, 핑계를 대고 돌려보내야 할지를 내게 묻는 것이었다. 그러는 참에 살짝 열린 문으로 까만 지팡이가 맨 끝 부분부터 먼저 들어왔다. 지팡이가 점점 커지더니 문이 크게 열렸고 그의 모습이 나타났다. 승복을 입었고, 염주와 목탁을 들었는데, 수염이 무척 길었다. 부득이 손님을 배웅하고 그와 마주 앉았다. 그는 후보실과 특보실이 있는 당사 8층까지 엘리베이터를 이용하지 않고 계단으로 걸어서 올라왔다고 했다. 그도 그럴 것이 그 기다란 지팡이를 가지고서는 엘리베이터를 탈 수 없었을 것이다. 강원도 태백산에서 왔다고 했다.

"제가 노 후보님을 만나야 하는데 바쁜 일정을 소화하는 후보님의 시간을 차마 뺏을 수 없어서…, 대신 염 특보님을 만나야겠다고 마음먹었습니다."

"아, 그렇습니까."

"제가 특보께 기氣를 넣어주면 특보님이 후보께 그 기를 전달할 것 아닙니까. 제 기가 그렇게 노 후보께 잘 갈 것입니다."

"그럼 어떻게 해야 합니까?"

"그냥 가만히 마주 앉아 단 10분만 제게 주면 됩니다. 말씀은 안 하셔도 됩니다!"

비서가 가져온 녹차를 탁자에 올려두고 그와 마주 앉았다. 생면부지인데다가 이런 상황에서 대화를 나누어야 한다면 어쩔 뻔 했을까. 그저 마음을 비우고 있으면 되겠구나 생각하니 그나마 다행이었다. 그런데 시간이 흐를수록 어색한 기운은 어쩔 수가 없었다. 눈을 어디둬야 할지 모를 지경이었다. 둘 사이 한 마디 말이 없으니 나는 무료한 마음에 자꾸 시계만 보게 됐다. 얼마 후 그가 갑자기 일어섰다.

"10분 됐습니다!"

"…"

"저는 제 할 일 다 했습니다. 가겠습니다. 아마 잘 되실 겁니다!"

황당했지만 속내를 감추고 뒤돌아 방을 나가는 그를 배웅했다. 그뿐만이 아니었다. 사이비 종교 관계자들, 점쟁이들이 수없이 몰려왔다.

어느 날은 '속리산 고승'을 자처하는 사람이 찾아왔는데 누더기 차림이었다. 노 후보의 지지율이 추락하고 어려운 시절이었다. 그는 속리산 몇 곳에 노 후보에게 도움이 되지 않는 혈들이 있어 그렇다며 그 혈자리에 쇠말뚝을 박아야 한다고 했다.

그는 속리산을 모두 돌아보니 그런 혈자리가 10여 곳이나 된다며, 자신이 쇠말뚝을 박을 테니 노 후보가 잘 되면 시주를 크게 해달라고 했다. 그렇게 황당한 얘기를 들었고, 그 뒤엔 나도 까마득히 잊어버렸다. 그런데 대통령에 당선된 이후에 그 속리산 고승이 다시 날 찾아왔다. 나는 시줏돈으로 100만 원을 주었다.

사이비 종교 관계자들은 그가 믿는 종교의 신도 수를 부풀려 말하기 일쑤였다. 웬만하면 100만 명이라고 했다. 대개는 이름 한번 들어본 적 없는 종교 단체 명함을 들고 와서는 자신이 교주를 모시고 있는 사람인데 교주님이 나를 만나라고 해서 왔다고 했다. 그들은 대부분 '기도하고 있으니 잘 될 것'이라고 말한다. 그러고는 후에 전화를 걸어 '열심히 기도하고 있습니다!' 라고 한다. 상당히 못마땅했지만 그렇다고 피하기도 어려웠다. 대통령 선거를 치르면서 많이 시달렸다.

제34화

한나라당 집권만은 막아야

노무현 후보는 민주당이 6·13 지방선거와 8·8 보선에서 참패한 데다 당내 반대세력의 흔들기가 본격화되자 대선후보 여론조사에서 지지율이 급락했다.

그런 가운데 2002 한·일 월드컵에서 우리나라 축구대표팀은 연전연승하며 국민의 마음을 한껏 달아오르게 했고, 4강에 오르는 기적(6월22일 스페인과의 8강전에서 승부차기까지 가는 격전 끝에 5대3으로 승리)을 일궈냈다. 축구대표팀의 선전으로 2002 월드컵조직위 위원장인 정몽준 의원의 대선후보 지지율이 급상승했다. 정몽준은 마침내 9월 17일 대통령선거 출마를 공식 선언했고, '국민통합21'을 창당하면서 거센 돌풍을 일으켰다.

이와 달리 집권여당 후보인 노무현은 갈수록 지지율이 추락하고 당내 입지마저 흔들렸다. 그러면서 대선 구도는 이회창이 앞서 달리고 노무현과 정몽준이 그 뒤를 쫓는 '1강 2중' 구도로 바뀌었다.

노무현을 대선후보에서 끌어내리려는 민주당 의원들은 10월 초

'후보단일화추진협의회(후단협)'를 결성했다. 당내에서는 노무현 대신 정몽준을 수혈해 여권 단일후보로 만들어야 한나라당 이회창 후보를 이길 수 있다며 후보 교체를 요구하는 목소리가 점차 커졌다.

노무현은 '합법적인 절차에 의해 민주당 후보가 됐고, 자라온 환경이나 정치 철학 등 모든 면에서 나와 정몽준 후보는 전혀 다르다'며 단일화를 거부했다. 국민통합21도 후보단일화 방안의 하나로 제시된 국민경선을 할 시간적 여유가 없다며 이를 거부했다.

노무현과 정몽준은 그러나 대선후보 등록일(11월 27일)이 한 달 앞으로 다가오면서 더 이상 버티기가 어려워졌다. 노무현 입장에서도 곤두박질친 지지율이 다시 올라오지 않는 상황을 돌파할 만한 뾰쪽한 수가 없었다.

정몽준은 11월 1일 '양측이 후보단일화 협상을 통해 담판을 짓자'고 제안했고, 노무현은 11월 3일 'TV토론과 국민경선을 통해 후보단일화를 하자'고 역제안을 했다.

후단협은 국민통합21이라는 정당을 결성한 정몽준에 대한 공개지지를 밝혔다. 후단협 소속 의원들은 노무현 후보를 압박하기 위해 11월 1일 2명(김명섭·강성구 의원), 3일에 2명(김윤식·이근진 의원), 4일에는 10명(김영배·김원길·박상규·유재규·설송웅·이희규·김덕배·박종우·최선영·이윤수 의원)이 차례로 민주당을 떠났다.

더 이상 선택의 여지는 없어 보였다. 후보단일화를 선택해야만 하는 상황에 내몰리면서도 노 후보는 내심 이런 압박에 대해 가당치 않다고 생각했다. 합법적인 과정을 통해 대선후보가 됐는데…, 이렇게 나오는 것은 뒤통수를 치는 거나 다름없었다.

그런데 그 무렵 바닥까지 내려갔던 노무현의 대선후보 지지율이 소폭 상승했다. 그 진원지는 호남이었다. 광주 사람들을 중심으로 '그래도 우리 손으로 뽑은 후보인데 버릴 수는 없지 않으냐'며 하나둘 뭉치기 시작한 것이다. 월드컵 4강 신화의 열기로 정몽준 의원에 대한 인기가 천정부지로 치솟았다가 대선이 불과 한 달 남짓 다가오니 냉정심을 되찾았다고나 할까. '다음 대통령은 누가 돼야 할까'라는 명제를 두고 고민하는 유권자가 늘어나면서 작은 변화가 감지됐다. 비록 당시엔 이를 눈여겨보는 이가 드물었지만, 지지율 반등이 시작된 것이다.

마침내 11월 7일, 노무현·정몽준 후보 양측이 만나 단일화 협상을 시작했다. 노 후보 측에선 이해찬 의원이, 정 후보 측에선 이철 전 의원이 협상단장으로 나섰다. 노무현은 11월 8일 협상단에 "우리 쪽에 불리한 방식이라도 수용하겠다"는 뜻을 전달했고, 인천지역 선거대책본부 발대식에 참석해서는 "내가 그동안 후보단일화를 망설였던 것은 정 후보와 (정책과 가치가) 달라서 그랬지, 내가 질까봐 망설인 것은 아니었다"고 밝혔다.

협상단은 11월 9일 'TV토론과 국민 의사가 반영되는 경쟁적 후보 선출 방식'에 잠정 합의했지만 여전히 여론조사와 국민경선방식을 둘러싸고 완전한 합의에 이르지 못했다. 하지만 정몽준 측은 이날 노무현의 양보로 가까스로 합의에 이른 협상을 돌연 중단한다고 선언했다. 민주당 협상단이었던 어느 의원이 양측이 합의하지 않은 국민경선방식을 마치 합의한 것처럼 언론에 흘렸다는 게 이유였다.

나로서는 여간 비감하지 않았다. 정몽준이 비록 여론조사에서 앞선다고 하지만 그다지 큰 차가 아니었다. 더구나 집권여당의 후보가 자존심과 기득권을 내던지고 나선 협상을 이렇게 사소한 이유로 일방적으로 중단을 선언한 것은 쉽게 납득하기 어려운 처사였다. 오랜 역사를 지닌 정당이자 집권여당의 후보인 노무현이 갓 탄생한 정당인 '국민통합21'의 정몽준과의 후보단일화 협상에 나선다는 것 자체가 많은 기득권과 이점을 내려놓는 일이었다.

"국민경선을 하기에는 시간이 너무 없다. 국민경선을 포기하고라도 후보단일화를 하겠다. 전국을 8개 권역으로 나눠 TV토론을 실시한 뒤 몇 개의 권위 있는 여론조사기관을 통해 여론조사 결과가 나온다면 이에 승복하겠다. 다만 후보단일화는 공식 후보등록 이틀 전인 25일까지 끝내야 한다."

노무현은 협상이 진통을 겪자 11월 10일 이런 내용을 밝혔다. 정몽준과의 후보단일화 방안 중에 자신에게 가장 불리한 것으로 여겨졌던 '여론조사를 통한 단일화'를 수용하겠다는 입장을 밝힌 것이다. 그동안 노 후보 측은 '완전국민경선'을 통한 단일화를 요구해왔으나, 이를 폐기하고 정 후보 측의 주장을 전격적으로 받아들인 것이다. 노 후보의 선대위 홍보본부장으로 이날 전남 순천 일정에 동행한 김경재 의원은 "노 후보가 한나라당 이회창 후보의 집권을 막기 위해서라면 '내가 불리하더라도 하늘의 뜻에 맡기겠다'고 말했다"라고 전했다.

그런데 정 후보 측은 11일 돌연 '대의원 상대 여론조사'라는 카드를 들고 나왔다. (민주당과 국민통합21) 양당 동수의 대의원들만으로 단일후보를 뽑자는 것이다. 일부 언론은 이에 대해 정 후보 측이 국민여론조사를 거부한 것은 우위를 지켜오던 지지율이 최근 노 후보와 같은 지지율 수준에 머물고 있어 TV토론을 거칠 경우 역전될 가능성이 없지 않다는 우려 때문이라고 분석했다. 결국 어렵사리 합의한 협상안은 또 다시 휴지조각이 됐다. 대통령선거 등록일까지는 이제 20일도 채 남지 않았다. 노무현이 이토록 크게 양보했지만 시간만 가고 결론은 나오지 않았다.

그즈음 노무현과 정몽준의 후보단일화협상 과정을 지켜본 국민들은 서서히 마음이 변하기 시작했다. 그것은 노 후보가 후보단일화 과정에서 정몽준이 내놓은 조건들을 통 크게 받아들이는 것을 보면서 다시 노무현 지지로 돌아서기 시작한 것이라고 우리는 분석했다. (9월 25일 동아일보와 코리아리서치가 실시한 대선후보 가상대결 지지도 여론조사에서 호남권에서 처음으로 정 의원이 36.1%로 노 후보 30.6%를 5.5%포인트 앞섰으나, 11월 7일 문화일보-YTN 여론조사에서 호남권에서는 노 후보가 43.9%를 얻어 28.4%에 그친 정 후보를 15.5%포인트 앞질렀다.)

진통을 거듭하던 후보단일화협상은 11월 15일 자정께 국회 귀빈식당에서 타결됐다. 노무현과 정몽준은 'TV토론(가능한 한 여러 차례 실시) 후 일반국민을 대상으로 여론조사 실시' 등 모두 8개 항에 전격 합의했다.

노 후보와 정 후보가 10시 30분부터 약 2시간에 걸친 심야 회담 끝에 이룬 결실이었다. 이를 자축하기 위해 정 후보와 측근 인사들이 대거 민주당 당사를 방문했다. 자정을 넘긴 16일 새벽, 민주당사 근처 포장마차에서 노무현과 정몽준이 소주잔을 높이 들고 러브 샷을 하며 단일화 협상 타결을 자축했다.

이날 내 눈엔 '정몽준은 마치 내가 이겼다는 듯이 당당하고, 노무현은 뭔가 겸연쩍고 어색한 표정에 초라한 모양새'로 비쳐졌다. 기가 막혔다. '어떻게 해서 여기까지 왔는데 살아온 과정이나 철학이 전혀 다른 이런 사람과 단일화해야 하나?' 하는 생각이 치밀었고, 가슴 속으로 뜨거운 눈물을 흘렸다.

11월 17일 협상 내용을 담은 세부 문안이 마침내 완성됐다. '오는 20~23일 TV합동토론을 하며, 오는 25일 3개 여론조사 기관에 지지도 조사를 의뢰, 이 중 많은 기관으로부터 높은 지지를 받은 사람을 후보 등록일 전날인 26일 단일 후보로 확정한다'는 내용이 골자였다. 그런데 이날 저녁 주요 언론들이 협상단의 합의 내용에 따라 긴급하게 여론조사를 실시했다. 시행일인 25일에 앞서 협상단이 정한 후보 단일화 결정 문안('단일후보로 누구를 선호하느냐'는 설문)을 갖고 여론을 떠본 것이다. 결과는 예상 밖이었다. 노무현이 근소하게 앞서는 결과가 나왔다. 18일 도하 신문들이 이를 대서특필했다.

조선일보·한국갤럽 등 5개 조사기관에서도 17일 저녁 긴급히 여론조사를 실시했는데. 노 후보가 5곳 중 4곳에서 정 후보를 앞서는 것으로 나타났다. (조선일보·한국갤럽 조사에서는 노 후보를 택한 사람이 46.6%로 정 후보(37.1%)를 오차범위를 벗어나는 큰 차이로 앞섰다. 동아일보와 코리아

리서치센터 조사에서는 노 후보 38.7%, 정 후보 35.2%였다.)

　일부 언론은 이에 대해 후보단일화 합의가 대선후보 지지도에 영향을 준 것이라고 분석했다. 한마디로 자기 기득권을 초개 같이 버리고 어떤 일이 있어도 한나라당의 집권만은 막아야 한다는 노무현의 결단이 국민에게 큰 감동을 준 것이다.

제35화

보따리 장사나 하게 내버려 두세요!

8·8 재보선도 참패하자 노무현에게 대선후보직 사퇴를 요구하는 목소리는 더 커졌고, 여론조사 지지율은 10%대까지 내려앉았다. 자민련 등과 통합을 통한 신당창당을 추진하며 민주당 내 반노 그룹을 주도하던 김영배 상임고문은 "노 후보는 경선 이후 나에게 설렁탕 한 그릇 사주지 않았다"고 말했다. 그의 말에는 '국민경선 당시 선거관리위원장이었던 자신에게 노 후보가 이렇게 대했으니 다른 당원들에게는 어떻게 대했겠느냐'며 노 후보의 조직 장악 능력을 비판하는 뜻이 담겨 있었다.

노 후보는 후보가 된 지 넉 달이 지나서야 당에 들어갈 수 있었다. 9월 19일 당사 8층 당 대표실 옆에 대선후보 사무실과 대선후보특보 사무실이 배정됐다.

그렇게 당사에 들어간 내게 사무부총장직이 주어졌다. 사무총장은 김원길 의원이었다. 김 의원은 서울대학교 상과대학 출신으로 경제계에 꽤 발이 넓었다. 더구나 한 대표의 핵심 측근이었다. 그때까지 노 후보는 당으로부터 어떤 재정 지원도 받지 못했다. 나는 속으로 '이젠 됐구나!' 반겼다.

김 사무총장은 어느 날 나를 당시 여의도 산정빌딩에 있던 자신의 개인 사무실로 불렀다. 그는 당 재정위원들을 광폭으로 확충하겠다고 구상을 밝혔다. 재계의 유력한 인사들을 재정위원으로 세우겠다고 했다. 고마운 얘기가 아닐 수 없었다. 노 후보에게 이런 얘기를 전해주었다. 김 총장은 또 새로 재정위원이 확충돼 첫 회의가 열리면 그 자리에 참석해달라고 했다. 나는 "그러고 말고요!"라고 답했다.

그런데 이런 얘기를 꺼낸 다음 날부터 김원길은 당사에 수일 동안 나오지 않았다. 그가 조만간 탈당할 것이라는 보도가 나오기 시작했다. 어이가 없었다.

김원길을 여러 방면으로 찾았지만 연락이 닿지 않았다. 소위 '옥쇄 작전'을 쓴 것이다. 한 대표의 핵심 측근인 그를 비롯해 10여 명이 탈당했으니 이제 한 대표의 탈당이 관심사가 됐다.

11월 들어 노 후보와 국민통합21 정몽준 후보와의 후보단일화 논의가 시작됐고, 큰 틀에서 단일화하기로 합의했다. 정 후보와의 단일화는 당 주류인 동교동계가 줄기차게 요구해온 일이었다.

단일화 협상 중에 강원도에 행사가 있었다. 노무현 후보가 참석해서 나도 따라갔다. 행사가 끝난 후 노 후보와 나는 함께 자동차를 타고 돌아오려 했지만, 주말이라 귀경길 고속도로 정체가 심각했다. 급하게 기차표를 구해서 기차를 탔다.

"이제 단일화에 합의했으니 그간 탈당한 사람들을 다시 당으로 들어오게 해야 하지 않겠습니까?"

열차에서 노무현과 정국 상황에 대한 의견을 서로 나누다가 내가 탈당 의원들 얘기를 꺼냈다. 탈당한 20여 명의 의원들에게 "당신들이 그토록 원하던 후보단일화를 하기로 했으니 이제 다시 당에 들어오라"고 손을 내밀 명분이 생긴 것이다. 대선 정국에 변화를 일으켜보자며 그의 의견을 물었다. 그런데 노무현은 이렇게 답했다. "총장님! 그 사람들 와봐야 선거에 도움 안 됩니다! 그 보따리장수들은 그냥 보따리 장사나 하게 내버려 두세요!" 노 후보는 그런 사람들 한둘 온다고 해서 대선 정국에 도움이 되지 않는다는 얘기였다. 받으면 오히려 더 손해다, '악화가 양화를 구축한다' 는 뜻이었다. 경제에만 '그레셤의 법칙' 이 있는 게 아니라 정치에도 그레셤의 법칙이 있다는 것이다.

"허허…그렇죠!" 다만 나로서는 김원길이 무척 아까웠다.

그래서 노 후보에게 다시 말을 건넸다.

"딴 사람은 다 몰라도 김원길 의원은 모셔와도 될 것 같습니다."

"됐습니다. 이제 그만 하세요…."

"…."

노 후보는 그렇게 말하고선 내게 귀엣말로 속내를 털어놓았다.

"사실 내가 대통령이 되면 김원길을 총리시키려 했습니다."

한 대표는 당시 자기 추종 세력에게 먼저 탈당하게 하고, 자신도 곧 탈당하겠다고 했지만, 약속을 지키지 못했다. 이유는 김대중 대통령의 허락을 받지 못했기 때문이 아니었을까 짐작한다. 확인할 길은 없지만 내 추측이 그렇다. 한 대표는 그렇게 자기 추종세력을 '정치 낭인'으로 만든 것이다. 집권여당 소속이었던 그들 상당수는 결국 당에 돌아오지 않았고 일부는 한나라당, 일부는 자민련 등으로 당적을 옮겼다.

제36화

내가 DJ나 YS 하고 다른 게 뭐죠?

"사모님! 전 아무 것도 몰라요!"

11월 22일, 아침 6시 무렵으로 기억한다. 잠결에 집사람 목소리가 들렸다. 누군가와 전화 통화를 하는 것 같았다. 어제 자정을 넘어 새벽 2시까지 기자들의 전화에 시달렸던 터라 새벽잠이 꽤 달콤했는데, 부득불 접어야 했다.

"저희 양반은 집에 와선 바깥 얘기를 일절 안 하세요. 어제도 별 말씀…, 잠깐만…, 기다려보세요."

집사람은 내가 깬 것을 알고 전화기를 건넸다.

"여보세요?"

"어떻게 됐습니까? 염 총장님!"

권양숙 여사였다.

"어제 두 분이서 늦게까지 얘기 나누셨다는데, 어떻게 하기로 하셨나요?"

"그걸 받으면 우리는 이미 후보가 아니라고 말씀 드렸습니다. 받아서는 안 되지요!"

"근데, 이 양반이 내게 한마디도 안하고 밤새 잠을 설치더니 새벽에 나갔습니다."

권 여사는 노 후보가 어제 저녁에 평소보다 일찍 집에 들어왔다고 했다. 그런데 오자마자 저녁은 염 총장과 먹었다고 하고는 오늘 아침 집을 나설 때까지 침묵으로 일관했다고 전했다. 뭘 물어봐도 대답 한 마디 없었고, 현관문을 나서는 노 후보의 뒷모습이 애잔해 보이기까지 했다는 것이다. 권 여사는 놀란 기색이 역력했다. '도대체 어떤 결론을 내렸기에 저렇게 심각할까?' 라는 데까지 생각이 미치자, 이른 시간에 실례를 무릅쓰고 우리 집에 전화를 한 것이다.

전날인 21일 노무현 후보는 오후에 대학로 한 호프집에서 문화예술인들과 만남을 가졌다. 200명 가까이 모인 자리에서 노 후보는 직접 기타를 치며 '상록수', '어머니' 등 노래를 몇 곡 불렀다. 내가 행사장에 나타나자 노 후보와 수행원들이 놀란 눈으로 맞았다.

"어쩐 일이세요?"

웬만해선 노무현 후보와 동선을 같이 해본 적이 없는 나였다. 늘 따로 할 일이 많았기 때문이다.

"후보님! 다음 일정은 전부 취소시켰습니다. 저하고 얘기 좀 해야 합니다."

"잘 됐습니다. 그렇지 않아도 내가 너무 피곤한데…, 염 총장님과 얘기 좀 하고 오늘은 일찍 집에 들어가겠습니다."

연일 밤늦게까지 빼곡한 일정을 소화하며 강행군을 해온 노 후보였다. 노 후보의 자택이 있는 명륜동과 멀지 않은 대학로였다. 우리는 인근 혜화동 로터리에 있는 칼국수와 만두를 파는 소담한 식당으로 자리를 옮겼다. 9시가 넘은 탓인지 손님들은 보이지 않았다. 노 후보, 수행비서 여택수, 노 후보와 내 운전기사 2명 등 모두 5명이 한 테이블에 앉아 칼국수와 만두를 시켜 먹었다. 명색이 집권여당 대통령 후보였지만 노무현은 이처럼 격식에 얽매이지 않는 소탈한 사람이었다. 식사 후에 내가 수행원들에게 잠시 자리를 비켜달라고 했고 자리가 정리되자마자 내가 물었다.

"저 문항 어떻게 할 겁니까?"

11월 16일 타결돼 축배까지 들었던 후보단일화 협상은 정몽준 측이 여론조사 문구 및 조사방식과 관련, 기존 합의와 다른 주장을 내세우면서 다시 결렬됐다. 후보 등록일이 코앞에 다가오면서 노무현과 정몽준은 서로 필요에 의해 다시 만날 수밖에 없었다. 결렬됐던 단일화 협상은 노무현 측 신계륜 비서실장과 정몽준 측 민창기 홍보위원장이 창구를 개설해 양측 의사를 타진했고, 20일부터 다시 재개됐다.

정몽준 후보 측은 협상에서 이번엔 여론조사 설문 문항을 '이회창을 상대로 할 후보가 누구냐'로 변경하자고 했다. 그런데 그 문구가 들어가면 지역주의가 발동해 노무현이 상대적으로 불리하게 된다고 당시 정치권과 언론이 분석했다. 정 후보 측은 게다가 '역선택 방지 장치'까지 내걸었다. 이번 단일화 여론조사 결과가 지난 2주간 이회창 후보 지지율과 다르면 무효처리한다는 내용이었다. 내가 그 문항을 단골 여론조사 기관에 맡겨 조사해보니, 최근에 역전한 노 후보의 지지율이 정 후보에 비해 7.1%포인트나 뒤지는 결과가 나왔다.

"이거 받으면 우리는 후보 아닙니다. 집니다! 그런데 왜 받습니까? 뻔한 건데…. 기존 문항대로 하자고 주장해 저쪽에서 합의 안 하면 그냥 이대로 3자 대결구도로 가야 합니다."

노 후보는 물을 마시면서 내 말을 묵묵히 듣고만 있었다.

"그래도 우리가 이길 수 있습니다. 호남 지지율이 혼전 양상이지만, 호남은 저울추 논리거든요 저울추는 조금만 기울면 완전히 한쪽으로 전복되잖아요? 호남은 그런 특성이 있는 지역입니다. 이 추세라면 호남은 모두 우리가 차지하게 될 겁니다. 만일 정몽준이 후보등록을 하고 끝까지 뛴다면 그는 이쪽(민주당)보다는 저쪽(한나라당) 표를 더 갉아 먹을 가능성이 큽니다. 우리는 부산에서 최소 30% 정도는 나올 것 아닙니까? 설령 정몽준이 선거운동 기간 중간에 포기하고 이회창과 단 둘이 싸워도 해볼 만합니다."

듣고만 있던 노 후보가 그때 말문을 열었다.

"그럴 수도 있겠죠! 1대1이든, 3파전이든…, 저도 인간이기 때문에 생각 안 해본 거 아닙니다."

그리고 나를 빤히 쳐다보며 "그런데 그랬을 때, 내가 DJ나 YS 하고 다른 게 뭐죠?"라고 반문했다.

"1987년 대선 때, 국민에게 후보단일화 하겠다고 약속해놓고 수십 년 민주화 동지였던 둘이 싸워 둘 다 패했고, 결국 국민에게 절망을 안겨줬습니다. 만에 하나 우리가 단일화 못 하고 이회창 정권이 들어서면, 우리는 민주정권을 빼앗긴 만고^{萬古}의 역적이 되는 겁니다."

단호하고 신념에 찬 어조였다.

"그 문항을 받고 안 받고의 문제가 아니라, 저는 그래서 고민하고 있는 겁니다. 그 정도밖에 안 되는 사람이 국민 앞에 후보단일화 하겠다고 러브샷까지 해놓고…".

그 순간, 망치로 머리를 한 대 얻어맞은 듯이 멍했다. 그때까지만해도 나는 노무현 후보를 YS, DJ 하고 같은 반열이라고는 생각하지 않았다. 나는 우리 민주당의 노선과 정체성을 그대로 유지하려면 이번 대선을 이겨야 하고, 그러기 위해서는 정치지형으로 볼 때 영남 표를 많이 가져와야 하기에 어느 누구보다 노무현에게 경쟁력이 있다고 생각했다. 그저 세인들이 아직은 그의 진면목을 보지 못한 인재라고만 생각했지, 노무현이 이토록 역사 앞에서 고민하는 큰 나무라고는 여기지 않았던 것이다.

일순간, 노무현이 걸어온 길이 파노라마처럼 떠올랐다. 3당합당 반대, 5공비리 청문회, 부산에서 잇따른 낙선, 종로 보궐선거 출마, 다시 부산에서 낙선, 바보 노무현 등등…. 노무현은 그 스스로가 줄곧 역사의식을 갖고 한 걸음 한 걸음 전진해왔다는 생각이 들었다.

나는 노 후보에게 '앞으로 본선에서 벌어질 여러 변수들을 조합해 보면 삼자대결(이회창, 노무현, 정몽준) 구도도 불리하지 않고, 우리가 이길 수 있다'는 요지의 분석 자료와 함께 내가 그럴 경우를 가상해 조사한 데이터를 전달했다.

그날 저녁 노 후보와 나는 많은 얘기를 나눴지만 결론은 나지 않았다. 헤어져 각자 집으로 돌아가는데 기자들의 전화가 빗발쳤다. 집권 여당의 후보가 갑자기 저녁일정을 파하고 염동연 특보와 함께 사라졌으니, 기자들로서는 둘이 후보단일화협상과 관련, 중대한 결정을 내리는 게 아니냐는 의심을 품을 만했다. 휴대폰이 하도 연이어 울리니, 결국 받느냐 안 받느냐를 고민하다 꺼버렸다. 잠시 후엔 집 전화까지 불이 나자 집 전화기 코드마저 뽑아버렸다. 새벽 2시께야 겨우 잠이 들었다.

권 여사에게 이렇게 어제 저녁 일을 간단히 전하고 나서 전화통화를 끝냈다. 나는 서둘러 출근 준비를 했다.

제37화

후보님! 하느님이 계십니다!

출근하는 길에 아침 공기가 제법 쌀쌀했다. 가을의 긴 터널 끝으로 어느덧 겨울이 들어서고 있었다. 차를 타고 당사로 가는 중에, 이상한 예감이 들어 운전기사에게 라디오를 틀어 달라고 했다. 스피커에서 기자의 투박하고 다급한 목소리가 쏟아졌다. 긴급 뉴스였다. 노 후보가 정 후보 측의 요구 그대로 자구 수정 하나 없이 받겠다고 기자회견을 했다는 내용이었다.

'허!…이런!, 이 양반이!…'

이럴 때 노 후보를 만나면 씩 웃으며 "나, 사고 쳤죠!"할 것이다. 굳이 대면하지 않아도 뻔한 일이다.

'자! 일은 엎질러졌고…, 그렇다면 이제 국민 여론은 어떻게 나올까?' 나는 당사에 도착하자마자 단골 여론조사 기관에 노 후보의 동의로 확정된 문항 그대로를 넣어 은밀히 조사를 의뢰했다. 다음 날 오후 결과가 나왔다. -7.1%포인트까지 벌어졌던 정 후보와의 격차가 -3%포인트까지 줄었다. 또 그 다음 날 조사에서는 노 후보가 역전해

1%포인트쯤 앞서는 것으로 나왔다. 가슴이 뛰었다.

　불과 이틀 만에 후보단일화에 대한 국민의 관심이 폭발한 결과였다. 노무현의 용단과 결기가 이뤄낸 것이다. 집권여당 후보가 모든 기득권을 내던지고 승부를 거는 모습에서 국민이 그 리더십에 감동하고 마음을 돌린 것이라고 여겨졌다. 11월 25일 자정에 결과가 나오면 26일 언론을 통해 보도되고, 바로 다음 날(27일)이 대선후보 등록마감일이다. '이제 더 이상 시간도 없다. 이 추세라면 우리가 조금이라도 앞설 것이고, 노무현 후보로 단일화가 된다'고 생각했다.

　정 후보와의 단일화 여론조사가 실시되는 24일, 당사에는 취재진들과 의원들이 몰려 있었다. 당시 모든 언론들은 정몽준의 승리를 예측하고 있었다. 그도 그럴 것이 단일화 합의에 이른 그 무렵에도 언론사들이 의뢰한 각종 여론조사 결과는 정 후보가 큰 차는 아니지만 노후보를 앞서는 것으로 나왔다.

　당사 분위기는 한마디로 초상집이었다. 성공회 신부 출신인 이재정 의원은 "모두 함께 기도합시다!"라며 울먹이는 목소리로 "노무현 후보에게 힘을 주십시오!"라고 외쳤다. 김원기 의원 역시 침울한 목소리로 기자회견을 했다. 당사에는 많은 사람이 운집해 있었지만 분위기는 가라앉을 대로 가라앉아 있었다. 모두들 '노무현은 졌다, 기적이 일어나야 한다'고 생각하는 것 같았다.

　하지만 나는 내밀히 실시했던 여론조사 내용을 내심 믿고 있었다. '이 여론조사기관이 단 한번도 틀린 적이 없었다. 그저께 조사에서 불과 1%포인트 앞섰지만 분명히 역전 추세였다. 이틀 사이에 더 벌어 졌을 수 있다. 국민이 감동한 것이다. 민주정권 재창출을 위해 기득권 을 초개와 같이 내버린 노무현을 국민들이 다시 선택할 것이다.'

그런 생각을 하고 있는 데 당사 복도에서 이호웅 의원을 만났다. 이 의원은 몹시 침울한 표정이었다.

"이 의원 너무 걱정하지 마세요. 승리합니다!"

"예? 형님, 지금 다들 진다는데…, 무슨 말씀이세요?"

"이건, 확실한 과학적인 데이터에 의거해서 하는 얘기야!"

이 의원이 하도 처져있기에 격려차 해준 귀띔이었다. 그런데 당사 분위기가 오후 들어 크게 바뀌었다. 어찌된 일인가 알아보니, 이 의원 이 내 얘기를 만나는 사람마다 전한 것이다. 지금 여론조사 기관에서 내밀하게 실시하고 있는 단일화 여론조사 상황을 내가 마치 비밀리에 전해들은 것으로 내 얘기가 와전돼 있었다. 그 말을 듣고 일부 의원과 당원들은 나를 찾아와 "승리를 장담하셨다는데…", "지금 조사하고 있는 내용을 어떻게 아세요?", "정말 우리가 이깁니까?"라고 물었다. 나는 "아니, 다들 초상 치르는 집 같아서 분위기를 바꾸려고 해본 얘 기"라고 얼버무렸다.

노무현 후보는 이날 안희정과 함께 당사 인근 맨하탄호텔에 방을 잡고 초조한 마음으로 그곳에서 여론조사 결과를 기다리고 있었다. 이날 발행된 동아일보에는 이번 후보단일화 여론조사는 정몽준 후보 가 이길 것이라는 추측성 보도가 실렸다. 또 오후 4시쯤 지상파 방송에도 '정몽준 후보로 단일화 결정적'이라는 자막과 함께 같은 맥락의 추측 보도가 나왔다. 시간은 더디게 흘렀고, 모두들 초조하게 기다렸다.

드디어 자정이 됐다. TV방송에 발표가 나오면서 '노무현 단일후보 확정'이라는 자막이 떴다. 그 순간 후보실을 함께 지키고 있던 100여 명이 일제히 일어나 눈물을 흘리면서 서로를 얼싸안고 환호했다. 얼마쯤 됐을까? 알고 보니 나는 이미경 의원과 서로 껴안고 있었다. 평소 친한 관계도 아니고 서로 말을 잘 나누는 사이도 아닌데…, 갑자기 머쓱했다.

잠시 후 노무현 후보가 방으로 들어왔다. 나는 어찌나 감격했는지 노무현을 안고 엉엉 울었다. 그러면서 "후보님! 하느님이 계십니다!"라고 말했다. '사필귀정事必歸正'이라는 얘기다. 하지만 동아일보는 엉뚱하게도 "염 특보가 '후보가 하늘이십니다!'라며 노 후보의 품에 안겨 펑펑 눈물을 쏟아냈다"(25일자 3면 머리기사)고 보도했다.

이날 실시된 두 곳의 여론 조사 중 월드리서치 조사에서는 노무현이 38.8%를 얻어 37%를 얻은 정몽준 후보를 앞섰지만, 이회창 후보의 지지율이 '유효화 조건(최근 실시한 여론조사에서 가장 낮은 30.4%보다 높아야 한다)'에 미치지 못한 28.7%가 돼 무효가 됐다. 두 번째의 리서치 앤드 리서치 조사에서는 노무현 46.8%, 정몽준 42.2%였고, 이회창 지지율이 32.1%로 무효 처리가 되는 기준을 극적으로 넘어서 유효가 됐다.

정몽준은 즉각 "노 후보가 당선되도록 열심히 돕겠다"며 결과에 승복하겠다는 뜻을 밝혔다.

　민주당을 탈당했던 후보단일화추진협의회(후단협) 소속 의원 21명 가운데 김영배 전 후단협 회장을 비롯해 김덕배, 김명섭, 박종우, 설송웅, 송석찬, 송영진, 유용태, 유재규, 이윤수, 장성원, 최선영 의원 12명이 26일 당으로 돌아왔다. 이로써 10월 초 결성된 후단협은 50여 일 만에 해체됐고, 민주당 의석은 103석이 됐다. 그 후로도 이희규 의원이 대선 후인 12월 27일 복당했고, 안동선 의원은 이듬해 1월 당에 돌아왔다. 하지만 전용학, 강성구, 김윤식, 이근진, 원유철, 박상규, 김원길 의원 등 7명은 돌아오지 않고 한나라당에 입당했다.

제38화

죽을 때까지 감옥생활 할 것 같은데…

"염 총장님, 저하고 오늘 저녁 같이 합시다!"

12월 12일께로 기억한다. 투표일을 일주일쯤 앞둔 오후였다. 촌각이 바쁜 대선 후보의 전화이기에 무슨 일일까 하고 급하게 받았는데….

"아니, 후보님! 스케줄 꽉 차 있잖아요?"

"좀 느긋하게 함께 식사나 합시다. 희정이 광재 불러서 편한 사람들끼리…."

노무현은 전화를 마치고 이날 오후 유세 스케줄을 모두 취소했다. 잠시 후 인사동 한옥에 노무현과 나, 안희정, 이광재, 수행비서 여택수 5명이 모였다. 함께 저녁을 먹으며 복분자주를 마셨다. 금강캠프 원년멤버들이 한 자리에 모여 이렇게 오붓한 분위기를 내기는 실로 오랜만이었다. 술이 서너 순배 돌았을까, 노무현 후보가 이런 말을 했다.

"총장님! 저 이거 대통령 안 하면 안 됩니까? 선거 분위기로 봐서는 제가 될 것 같은데…, 막상 된다고 생각하니 겁이 덜컥 납니다."

내 귀로 듣고서도 들은 귀를 의심케 하는 말이었다.

"제가 5년 동안 감옥(청와대)에서 생활하게 될 것 같은데…, 퇴임하고도 죽을 때까지 그런 생활을 면치 못할 것 같아요. '여기서 그만둘 수는 없나!' 하는 생각이 드는데…, 총장님! 그냥 그만두면 안 됩니까?"

노무현은 집권여당의 대선 후보가 됐지만 정국이 매번 자신의 생각과는 다르게 전개되면서 곤혹스런 상황이 많았고, 그런 상황을 수습하기 위해 때로는 이런저런 자리에 자신의 의지와 무관하게 나서야만 했다. 그렇게 많은 난관과 역경을 모두 헤치고, 산 넘고 물 건너 가까스로 본선에 이르렀고, 이제 본선에서 이회창 후보를 누르고 앞서기 시작했는데….

나는 노무현의 푸념에 가볍게 응대했다.

"후보님! 뭐…, 무슨 그런 이상한 말씀을 하세요?"

그러나 노무현은 정색하면서 이렇게 대꾸했다.

"아닙니다! 생각해보니, 요즘 그런 생각이 들어요. 청와대 5년 뻔한 것 아니겠어요. 감옥생활이나 같아요. 더구나 퇴임하고도 자유가 없을 것 같은데…, 지금 정말 어떻게 해야 할지 모르겠어요."

"아니 그러면…, 그만둘 거예요? 대통령 후보직 사퇴할 것입니까? 그럴 수 없는 것 아니에요. 뭘 그렇게 심각하게 그러세요."

나는 말을 이었다.

"후보님! 그동안 고생했습니다. 오늘 만큼은 편하게 만나 식사하자고 했으니, 복분자주 마시고 느긋한 시간 보내고…, 그동안 몸도 마음도 무척 피곤하셨을 텐데, 일찍 들어가 푹 쉬세요."

우리는 그 후로도 술을 몇 잔 더했다. 그리고 얼마 후 자리를 정리하고 모두 함께 일어섰다. 한옥을 나서는데, 작별 인사를 하고 돌아서는 노무현 후보의 뒷모습이 여느 때와 달리 무척 측은하고 처량해 보였다. 당시 함께 만났던 안희정과 이광재는 이 대목을 어떻게 기억하는지 모르겠다.

돌이켜보면 당시 노무현 후보는 잠시 쉴 틈도 없이 바쁜 유세 일정 속에서 많은 사람들에게 시달렸던 터라, 하루 저녁 모든 걸 내려놓고 편한 사람들과 함께 보내려 했던 것 같다. 대선 투표일이 며칠 남지 않은 지금, 형세를 보니 자신이 대통령에 당선될 것 같아 덜컥 겁도 나면서 속내를 어디다 털어놓기 힘들어 깊은 외로움을 느꼈지 않았겠는가.

사실 노무현은 말이나 행동에 거침이 없는 사람이다. 자유로운 영혼이다. 청와대에 들어가서도 무척이나 조심하고 또 조심했지만, 몸에 밴 그런 습관을 감추지 못할 때가 종종 있었다. 국민들은 그런 노무현을 '가볍다'고들 했다. 노무현은 자유분방하기가 이를 데 없어서 때론 거친 말도 곧잘 하는 사람이었다.

그런 그가 막상 대통령이 된다고 생각하니, 한 나라의 국가원수로서 이제부터는 격식과 틀에 맞춘 생활을 해야 하고, 말 한마디도 고상하게 해야 한다는 생각을 하지 않을 수 없었을 게다. 대통령이 되면 그토록 자유로운 생활은 못할 것 같아 친구 같은 나, 조카 같은 비서들과 복분자주를 마시면서 솔직한 심경을 털어놓은 것이고, 울컥 치밀어오른 얘기를 내뱉은 것이다.

청와대는 파란 잔디밭이 넓다 못해 광활해 보이고, 조경들이 늘 깨끗이 정돈돼 있으며, 누구나 쉽게 드나드는 곳이 아니어서 호젓하기 이를 데 없다. 적막함마저 감도는 이 공간에 어김없이 찾아드는 손님은 그저 지붕 처마 끝에 달린 풍경소리였다. 경내에 들어서면 이따금 내 마음 속에도 '성불사 깊은 밤에 그윽한 풍경소리, 주승은 잠이 들고 객이 홀로 듣는구나'라는 노래가 절로 흘러나왔다. 후에 대통령이 된 노무현을 만나러 청와대에 종종 들어갈 때마다 나는 '감옥생활'이라고 표현했던 그의 말을 떠올리곤 했다.

나는 노무현의 '본선 경쟁력'을 남들보다 미리 보고 민주정권 2기를 잇기 위해서는 그가 가장 경쟁력 있는 정치인이라고 봤다. 대통령으로서의 준비와 역량은, 대통령이 되고 나면 그를 둘러싸고 있는 민주당 사람들과 민주정권 1기의 집권 경험으로 채워질 수 있을 것이라고 생각했다.

"제가 대통령이 되겠어요?"

노무현이 그렇게 물으면 나는 "꼭 될 겁니다!", "반드시 됩니다"라고 답했다.

노무현은 그럴 때마다 "아니, 염 총장님은 대체 왜 제가 대통령 될 거라고 자신만만해 하십니까?"라고 되물었다.

돌이켜보면 아마도 그는 스스로 대통령이 되기는 쉽지 않을 것이라는 생각도 했던 것 같다. 국민이 납득할 만할 명분이 없다면 타협을 거부하고, 자신이 가진 기득권을 초개같이 버리는 자세도 그런 영향이 적지 않았다고 본다. 물론 그것을 본 국민은 감동했지만….

정몽준은 11월 25일 후보단일화 결과에 깨끗이 승복하고 노 후보의 당선을 돕겠다고 밝혔지만, 아무래도 자신의 패배를 인정하기 싫었는지 그 후 한동안 잠적했다. 단일화 효과를 극대화해서 한나라당 이회창 후보를 크게 앞서려면 곧바로 노무현 후보의 선거 유세에 나서주면 좋을 텐데…, 모습이 보이지 않았다. 12월이 되고 열흘이 지나도록 나타나지 않아 애간장을 녹였다.

우리는 국민통합21을 통해 정몽준이 약속대로 지원유세에 나서줄 것을 수차례 요청했다. 당에서도 공식, 비공식 루트를 통해 요청하고, 나도 축구협회 관계자 등을 통해 빨리 나서달라고 간절히 요청했다. 결국 투표일(12월 19일)을 일주일 앞둔 12월 12일에서야 정몽준이 나타났다. 국민통합21과 민주당 양당은 12일 △외교안보통일 분야 △국가의 낡은 틀을 깨는 개혁과제 △경제 분야 세 부분에 걸친 정책합의문을 발표했다. 노무현과 정몽준은 13일 오후 대전에 운집한 2,500여 명의 청중 앞에서 첫 공동유세를 가졌다.

노무현 후보는 선거운동 기간 내내 각종 여론조사에서 한나라당 이회창 후보에게 여유 있게 앞서 나갔고, 법정 공표 기간을 넘겨서 내가 의뢰한 여론조사에서도 그런 추세가 확연했다. 이제 며칠만 지나면 노무현 후보가 새 대통령이 되는 것이 분명해 보였다. 그런데 종착역을 눈앞에 두고 예기치 못한 대형사고가 터졌다.

제39화

대통령 안 하면 될 것 아닙니까

"다음 대통령은 정몽준이라는 피켓이 보이네요. 속도위반 하지 마십시오. 민주당의 많은 의원들이 나를 지켜주었습니다. 내 주변에는 개혁적인 인사들이 많습니다. 내가 검은 돈을 받으려 흔들릴 때 내 멱살을 잡은 '대찬 여자' 추미애 최고위원, 국민 경선을 끝까지 지켜준 정동영 고문 등이 있지요. 여러분 행복하시죠, 예, 몇 사람 있습니다. 정몽준 대표와 함께 이들이 경쟁해서 원칙을 지키는 정치를 하고, 능력을 키우고 국민들 위해 봉사할 수 있습니다. 내가 은근히 싸움을 붙였나요? 저는 한국의 미래가 있다는 것을 말하려 했습니다. 믿고 신뢰할 수 있는 사람 많이 있다는 것을 말씀드리고 싶었습니다."

노무현의 즉흥 연설은 뼈(?)가 있었다. 한껏 달아올랐던 유세장 분위기가 다소 가라앉았다. 이 틈에 일부 정몽준 지지자들이 '정몽준'을 연호했고, 노무현은 그 쪽을 향해 "여보세요"라고 말한 뒤 잠시 유세를 멈췄다. 옆에 서있던 정 대표는 쓴 웃음을 지으며 얼굴이 일그러졌다.

대선 공식 선거운동 기간에 노무현과 정몽준은 각각 개인 유세를 나서는가 하면, 두 사람이 종종 합동 유세를 펼치기도 했다. 두 사람이 합동 유세를 펼치면 우리 당에서는 정동영과 추미애가 참석해 힘을 보탰다.

그런데 정몽준은 정동영과 추미애가 나타나는 것을 불편해했다. 특히 단상에는 노무현과 자신 외에는 일절 올라오지 못하게 했다. 정몽준 측에서는 이를 어기게 되면 곧바로 문제 삼았고, 유세 도중에도 우리 측에 과도한 요구를 해 서로 갈등이 고조되기도 했다. 정동영과 추미애는 그런 분위기를 잘 알면서도 노무현·정몽준 합동유세가 벌어지는 날에는 어김없이 단상까지 올라가 정몽준을 불편하게 하는 장면들을 수차례 연출했다.

투표일 하루 전인 18일 서울 명동 유세장에서도 그런 갈등이 분출됐다. 노무현이 국민통합21 정몽준 대표가 후보단일화에 기여한 데 대한 별다른 언급 없이 정동영, 추미애, 신기남 의원 등을 추켜세우자 정 대표는 불쾌한 표정을 지었다.

이어 오후 8시께 서울 종로2가 제일은행 앞에서 거리 유세가 열렸다. 먼저 연사로 나선 정 대표는 노 후보 지지를 호소했다. 이어 연단에 오른 민주당 정동영 고문은 잠시 발언한 후에 마이크를 노무현 후보에게 넘겼다. 노무현이 연설을 시작했다. 연설 도중 정 대표 지지자 중 일부가 '다음 대통령은 정몽준'이라고 적힌 피켓을 들고 '정몽준 차차기'라는 구호를 외쳤다. 그러자 노무현이 즉석에서 위에서 언급한 대로 연설한 것이다.

노무현은 연설을 마치고 다음 유세장으로 떠날 채비를 했다. 하지만 정몽준은 합동유세 길에 오르지 않았다. 곧바로 인근 한 음식점으로 자리를 옮겨 참모들과 함께 대책회의에 들어갔다. 뭔가 일이 틀어진 것이다.

그 시각 당사에 있던 나는 이런 일들을 전혀 알지 못했다. 미국에서 건너와 노 후보를 도와주고 있던 재미교포들과 미리 약속한 만찬을 하기 위해 당사를 막 떠나려는 참이었다. 그때 동아일보 윤영찬 기자(21대 국회의원)에게서 전화가 왔다.

"도대체 어떻게 하실 겁니까?" 휴대폰 너머로 윤 기자의 다급한 육성이 전해졌다.

"밑도 끝도 없이 무슨 얘기요?"

"유세장 사고 모르십니까?"

"무슨 일?"

"정 대표가 노 후보 지지를 철회한다고 합니다. 참모들과 대책회의에서 이렇게 결론을 내고 당사로 가고 있다고 합니다. 노 후보는 현재 유세 중인데요, 정 대표가 종로 한일관에서 술을 마시면서 김행 대변인에게 지지 철회 발표를 주문했답니다. 철회문은 직접 구술했다고 들었습니다."

"아니, 대체…. 확인해보겠소."

전화를 끊고 곧바로 노 후보 수행비서 여택수에게 전화를 걸었다.

"여 비서! 이거 어떻게 된 거야? 내가 지금 이상한 얘기 들었는데…,

도대체 뭐야? 사실이야?"

"예, 사실입니다, 총장님! 상황이 안 좋습니다."

"후보님 어디 계시는데?"

"지금 당사로 가고 있습니다. 곧 들어가실 겁니다!"

방송에서 정몽준이 노무현 지지를 철회할 것이라는 뉴스가 앞다퉈 보도되기 시작했다. 뉴스를 듣고 여의도 인근에 있던 의원들은 물론이고, 투표일에 맞춰 지방으로 가기 위해 서울역 등으로 이동하던 의원들도 일제히 당사로 돌아오기 시작했다.

모두들 후보실로 몰려들었고, 수십 명의 의원들이 진을 치고 후보를 기다리고 있었다. 긴박한 순간이었다. 나는 당사에 온 노 후보가 후보실로 가면 안 된다는 생각이 불현듯이 들었다. 전화를 몇 통화하고 급히 방을 나섰다. 8층 엘리베이터 앞에서 노 후보를 기다렸다. 잠시 후 엘리베이터가 열렸고, 특유의 고개를 좌우로 흔드는 걸음걸이로 노 후보가 나타났다. 그리곤 내게 물었다.

"염 총장님! 왜 여기 서 계세요?"

노 후보는 아무 일도 없다는 표정이었고, 마치 휘파람이라도 신나게 불 듯한 기세였다. 보고와는 너무도 동떨어진 태도로 내게 다가오는데, 속으로 기가 막혔다.

"후보실로 가시면 안 됩니다! 다 모였습니다!" 나는 그를 막아섰다.

"예, 알았습니다."

노무현은 들리는 듯 마는 듯 "우후후~" 소리를 내면서 화장실로 향했다. 다행히 이 시각 후보실에 모여 있던 인사들 가운데 노 후보가 8층에 올라온 것을 본 사람은 없었다. 그런데 노 후보는 화장실에서 10분이 지나도 나오지 않았다. '아니, 용무를 보는 것은 아닌 것 같은데, 안에서 뭔가 깊은 생각을 하는 걸까'. 잠시 후 노 후보는 화장실에서 나와 내게 물었다.

"어디로 갈까요?"

"비서실장 방으로 갑시다!"

나는 앞서 전화로 선대위 참모 가운데 5~6명을 비서실장 방으로 불렀다. 이 긴박한 시점에 노 후보에게 얘기를 제대로 할 만한 이상수, 이재정, 김경재, 임종석 의원 등이었다. 그들은 어느새 와 있었다. 정몽준 쪽의 동정이 수시로 우리에게 전해졌다. '지금 국민통합21 당사에 있다', '이제 자택으로 들어가려 한다', '정몽준이 김행 대변인에게 지지 철회 발표하라고 지시했다', '김행이 발표하려다가 잠시 보류하고 있다' 등등….

참모들은 '노 후보가 정 대표에게 직접 전화를 걸어 만나자는 요청을 해야 한다. 다른 방법이 없다'는 결론에 도달했다. 하지만 노무현은 동의하지 않았다.

"내가 무슨 잘못이 있었나요?"라고 반문하며, 그럴 만한 잘못이 없다고 일축했다.

참모들은 이구동성으로 노 후보에게 "빨리 전화를 해서 정 대표를 만나야 합니다", "정 대표 측에서 공식적으로 발표하기 전에 서둘러야 합니다"라고 다그쳤다.

그 와중에도 야속한 시간은 멈추지 않고 흘렀다. 김행 대변인의 발표가 예상보다 지연되고 있는 것은 그나마 다행이었다. 노 후보는 그럼에도 불구하고 참모들의 의견에 수긍하지 않았다. 마치 눈앞의 긴박한 상황을 외면하고 애써 딴청이라도 피우는 것처럼···. 그러는 사이에 시간이 더 흘렀고, 결국 김행 대변인이 정 대표의 노 후보 지지 철회 선언을 발표하기에 이르렀다.

"명동 합동유세에서 노 후보가 '미국과 북한이 싸우면 우리가 말린다'고 표현한 데 대해 정 대표가 이 같은 표현은 부적절하며 양당 간 합의된 정책공조 정신에 어긋난 발언이라고 판단했다. 우리 정치에서 가장 나쁜 병폐는 변절과 배신이며, 이런 현상이 더 이상 반복돼서는 안 된다. 정 대표는 노 후보에 대한 지지를 철회하며, 국민 여러분께서 각자 현명한 판단을 하시기를 바란다"는 내용이었다.

발표 직후 정몽준은 국민통합21 당사를 떠나 집으로 들어갔다는 전갈을 받았다.

TV로 이를 지켜본 참모들은 노 후보에게 조언했다.

"정몽준 집에 가서 꼬인 실타래를 풀어야 합니다."

모두들 가자고 했지만, 노 후보는 계속 버텼다.

"안 갑니다. 가서 뭐 합니까?"

노 후보의 싸늘한 반응에도 불구하고 참모들은 이구동성으로 반드시 가야 한다고 재촉했다.

"지금 앉아 있어서는 안 됩니다. 촌각을 다투는 일입니다."

그러자 노무현은 이렇게 말했다.

"안 갑니다. 나, 대통령 안 하면 될 것 아닙니까?"

그 순간 나도 모르게 소리를 크게 질렀다.

"아니 후보님! 무슨 말씀 하시는 겁니까? 대통령 안 한다고요! 지금 이 순간까지 노 후보님 위해 밤낮으로 뛴 사람들은 뭐고, 후보님을 지지하는 지지자들, 국민은 다 뭡니까? 나 안 하면 된다? 어디 그런 무책임한 말씀을 함부로 할 수 있는 겁니까?"

그러자 노 후보는 날 쳐다보며 이렇게 말했다.

"아니, 지금 염 총장님까지도 내게 이러는 겁니까?"

그때 일을 다시 생각해보니 노무현은 '다른 사람은 다 몰라도 당신은 내 뜻을 알지 않느냐. 내 편을 좀 들어줘야지!'라고 내게 하소연한 것 같았다. 그렇지만 당시는 상황이 상황인만큼 져줄 수 없었다. 기필코 노 후보가 가도록 설득해야 했다. 참모들은 노무현이 자존심을 꺾고 정몽준 집에 가서 대의를 위해 우선 둘 사이의 서운한 감정을 풀어야 한다고 했지만, 노무현으로서는 오로지 대통령에 당선되기 위해 그런 마음에도 없는 말을 하는 것은 도저히 자존심이 허락하지 않는 일이었다. 대통령을 안 했으면 안 했지 그렇게 잘못했다고 빌 만한 일은 아니라는 항변이었다.

그렇지만 나도 절박했다. 지금 어떤 처방을 내려야 하는지를 잘 알고 있었다. 이 절체절명의 시간에 반드시 노 후보를 설득해서 가도록 해야 한다고 생각했다. 그래서 노무현의 생각과 다른 내 뜻을 밀어붙였다. 아주 세게 밀어붙였다. 결국 임종석 의원이 날 뜯어 말렸다.

"아이고 특보님, 후보님 뜻을 모르는 것도 아니잖아요. 후보님께서도 오죽 화가 나서 그러시겠어요, 좀 참으십시오."

임 의원은 나를 떼어내 창문 쪽으로 데리고 갔다. 그리고 담배를 꺼내 내게 건넸다. 나는 담배를 태우며 잠시 노 후보와 떨어져서 마음을 가다듬었다. 그런데 노 후보가 "안 간다니까요. 나 대통령 안 합니다!"라고 재차 강한 어조로 말하는 소리가 들렸다. 나는 다시 한달음에 그에게 가서 지금 반드시 가야 하는 이유를 밝히며 그를 설득했다.

내 마음 한켠에서는 '그동안 얼마나 많은 설움 속에서 여기까지 왔는데, 어떻게 힘들게 왔는데…'라는 회한과 함께 좌절감이 몰려왔고, 힘들었던 일들이 떠올랐다. 그렇지만 노 후보는 재차 "염 총장까지 내게 그러면 어쩌자는 것이냐!"며 여간 서운해하지 않았다.

정읍으로 내려가던 중이던 김원기 의원은 도중에 차를 돌려 당사로 돌아왔고, 정대철 선대위원장도 늦게 당사로 들어왔다. 정 선대위원장은 마치 형이 동생을 타이르듯이 노 후보에게 조언했고, 결국 노 후보는 정 선대위원장과 함께 정몽준 집으로 출발했다. 마지못해 따라나섰던 노무현은 그러나 도중에 가다가 차를 세웠다. 차에서 내려 "안 가겠다!"고 저항했고, 그래서 또 한 차례 소동이 벌어졌다. 정 선대위원장이 다시 설득했고, 노무현은 가까스로 정 대표의 집에 도착했다.

정 대표 집 초인종을 눌러도 문은 열리지 않았다. 잠시 후 관리인이 쪽문으로 나와 "지금은 정 대표를 만날 수 없습니다. 술에 취해 잠들었으니 돌아가세요"라고 했다. 이런 상황은 고스란히 방송 전파를 탔다.

제40화

시대가 만든 겁니다. 전략이 아닙니다

그런 우여곡절을 뒤로 하고 다음날 (12월 19일) 제16대 대통령선거 투표일이 밝았다. 한나라당 이회창 후보는 지난 5월부터 11월 중순까지 6개월이 넘도록 압도적 1위를 달려왔다. 한나라당은 일찌감치 형성된 이회창 대세론을 중심으로 똘똘 뭉쳐 정권을 되찾기 위해 총력을 기울이고 있었다.

노무현 후보는 정몽준 후보와 11월 말 후보등록일 직전에 가까스로 후보단일화를 했다. 정몽준 후보가 사퇴하면서 25%였던 노무현 후보의 지지율은 44%로 껑충 뛰어 단숨에 이 후보를 제치고 1위로 부상했다.

그런데 그토록 어렵사리 이룬 후보단일화의 틀이 12월 18일 한밤에 깨졌다. 선거일을 불과 1시간 30분가량 앞두고 정 대표가 돌연 노 후보 지지를 철회한 것이다. 노 후보는 정 대표의 집에 찾아갔지만 끝내 문은 열리지 않았다. 공든 탑이 무너졌다는 우려가 당사 안팎에 팽배했다. 언론도 그렇게 봤다. 이날 오후 4시부터 한나라당 선거상황실은 몰려든 국내외 언론으로 부산한 반면에, 민주당 선거상황실은 상대적으로 한산했다.

이윽고 19일 오후 6시, 투표가 마감됐고 모두들 TV 앞에 앉았다. 방송 3사(KBS, MBC, SBS)의 출구조사 결과가 발표됐다. 모두 노 후보의 승리였다. 하지만 오차범위 이내의 근소한 차(1.5~2.3%포인트)라 이겼다고 장담할 수 없는 상황이었다.

이날 개표는 전자개표기가 도입돼 역대 선거에 비해 빠르게 진행됐다. 막상 개표에 들어가니 출구조사 발표와는 달랐다. 오후 8시까지 이회창 후보가 노 후보를 앞서 달렸다. 노 후보 지지자들의 애간장이 타들어갔다. 8시를 넘어서면서 두 후보의 누적 득표수가 엎치락뒤치락하는 접전이 펼쳐졌다. 양측 진영의 긴장감이 극에 달했다.

9시에 접어들면서 노 후보가 서서히 표차를 벌리며 이 후보를 앞서기 시작했다. 그리고 개표율이 40%를 넘어선 9시 30분께, 텔레비전에 '노무현 후보 당선 유력'이라는 자막이 떴다. 민주당 상황실은 순간 환호성으로 가득했다. 이윽고 10시께, 텔레비전 영상 자막은 '노무현 후보 당선 확실'로 바뀌었다.

내 사무실로 돌아와 잠시 휴식을 취했다. 창가에 서서 어둠 속 시가지와 밤하늘을 바라보았다. '얼마나 기다리던 순간인가! 노무현이 대통령이 되다니!' 노무현과의 첫 만남부터, 민주당 최고위원 당선, 해수부 장관 임명, 금강캠프 개설, 덕유산 수련회 개최, 민주당 대선후보 경선 참여, 광주 경선 승리, 지방선거 패배와 당내 갈등, 정몽준과의 후보단일화 등 지난 일들이 주마등처럼 떠올랐다.

'여기가 끝이 아니다. 다시 시작이다. 이제 김대중 정권의 뒤를 이어 민주당 2기 정부가 출범한다. 새 정권이 국민의 기대에 부응하고 성공하려면 당장 필요한 일은 무엇일까?

2년 4개월, 잠시도 쉬지 않고 달려온 터라 몸은 천근만근 무거웠지만, 머리는 당장 해야 할 일을 챙기고 있었다.

이런저런 생각에 잠겨 있는데, 노크 소리가 들렸다. 20여 명의 외신기자들이 내게 인터뷰를 요청했다.

"해외 대부분의 나라들이 노 후보가 이번 대선에서 이기기가 쉽지 않을 것이라고 전망했는데, 예측과 달리 노 후보가 당선됐습니다. 노 후보의 당선에 중요한 역할을 한 사람은 염동연 특보라고 합니다. 노 후보의 당선 전략은 무엇이었나요?"

"그건…, '전략이 없는 것이 전략이었다'고 말할 수 있겠네요"라고 답했다.

"그런 답변이 어디 있습니까?"라고 외신기자들은 다시 물었다.

나는 잠시 숨을 고르고 말했다.

"대한민국은 여태껏 군사독재로 얼룩진 권위주의 시대를 거쳤고, 이후 소위 YS와 DJ로 이어지는 민주적 권위주의 시대를 10년이나 겪었습니다. 이제 군사독재 권위주의든 민주적 권위주의든 국민은 그런 시대의 종식을 원한 것입니다. 때문에 국민은 모두에게 친숙하고 대하기 편한 그런 대통령이 나와주기를 고대했습니다. 노 당선자는 상대 후보들과는 달리 이웃집 아저씨 같은 소탈한 성격에, 남녀노소를 불문하고 누구든 한번 대화하고 싶은 이미지를 갖고 있습니다. 노무현의 당선은 이 시대가 원하고 만든 것입니다. 특정의 전략 덕분이 아닙니다."

외신기자들이 그런 질문을 할 것이라고 미리 준비하지도 않았는데 술술 말이 나왔다. 시대상황과 내 소견을 그저 느낀 그대로 말했다. 실제로 노무현 후보는 민주당 경선 과정에서 자신의 장인에 대한 좌익 전력 논란이 불거지자 "그럼 나더러 대통령 하기 위해 아내를 버리란 말이냐'라고 말했다. 권위주의의 틀에 갇혀 있는 사람이라면 결코 할 수 없는 답변이었다. 시대 변화가 노무현을 대통령으로 만들었고, 그 변화에 노무현은 딱 맞는 인물이었다. 또 영남후보론을 내세우며 '영남표 1표는 곧 2표'라고 했던 내 주장도 노무현의 당선을 통해 사실로 입증됐다.

더구나 한나라당 출신 이인제가 민주당에 와 대선 후보 경선에 나서면서 상황은 크게 달라졌다. 만일 이인제가 오지 않았다면 민주당 경선이 국민의 관심을 끄는 빅 매치가 됐을까? 당시 나는 '한나라당에 있어야 할 후보가 왜 우리당에 와서 저렇게 버거운 상대가 됐지?'라고 불만스럽게 생각했지만, 지나고 보니 이인제야말로 노무현을 대통령 후보로 만드는 데 지렛대 역할을 충분히 해준 격이 됐다.

노무현에게 닥친 시련은 또 어떤가? 크고 작은 태풍이 끊임없이 몰아치고 또 몰아쳤다. 어느 유명 작가도 그런 극적인 반전을 상상조차 할 수 없을 것이다. 노무현은 금강캠프가 정성껏 마련한 시나리오대로 움직이지 않았고, 참모로서 신신당부했지만 대선후보 역할을 곧이

곧대로 이행하지 않았다. 오히려 말을 함부로 해서 기껏 올린 지지율을 까먹기 일쑤였고, 그로 인해 다른 후보들에게 역전의 빌미를 줬다.

일부 전문가들은 투표일 전날 밤 정몽준의 단일화 파기가 도리어 노 후보에게 도움이 됐다고 분석한다. 노 후보의 지지층이지만 선거에 무관심했던 젊은이들이 '노무현을 살리자'며 대거 투표장에 나왔다는 얘기다. 아니다. 이미 대세는 꺾을 수 없었다. 후보단일화 이후 내가 의뢰했던 여론조사에서 노 후보는 줄곧 이회창 후보를 한참 앞서 있었다.

투표율이 높아야 진보진영 후보에게 유리하다는 통설과 달리 이날 투표율은 역대 대선에 비해 저조했다. 연령별 투표율도 20~30대 유권자의 투표율이 과거보다 높아지긴 했지만, 50~60대보다 저조했다. 그날 스키장에 갔다가 노무현에게 표를 던지기 위해 돌아온 젊은 지지층들이 얼마나 됐겠는가. 비록 후보단일화 파기 소동이 워낙 급박하고 강도가 세긴 했지만, 노무현을 대통령으로 만드는 데 절대적인 사건이 됐다는 주장에 동의할 수 없다. 오히려 상당히 앞서 있던 노무현의 표를 많이 까먹었다고 본다.

결국 노 후보는 이날 1,201만 4,277표(48.9%)를 얻어 1,144만 3,297표(46.6%)에 그친 이 후보를 57만 980표(2.3%포인트) 차로 제치고 당당히 대한민국의 제16대 대통령에 당선됐다.

4

참여정부
탄생

2003년 2월 25일 오전 11시, 국회의사당 앞마당에서
제16대 노무현 대통령 취임식이 거행됐다. 나는 취임식장에 있었다.
말로 형용할 수 없는 흥분과 승리감이 온몸을 휘감았고,
그동안의 일들이 눈앞에 주마등처럼 펼쳐지면서 상념에 빠져들었다.
'잘 돼야 한다. 노무현 대통령은 역대 대통령들과는 달리
퇴임 후에 국민으로부터 박수를 받아야 한다.
역사에서 두고두고 좋은 평가를 받는 대통령으로 기록돼야 한다.'

제41화

권력 암투의 서막이 오르고

외신기자 인터뷰가 끝나자, 나는 멀리 미국에서 온 교포 7~8명과 함께 강남에 있는 집 근처 카페에서 맥주를 한잔하고 귀가했다. 집에 돌아와 씻고 자리에 누웠는데, 어느 틈에 온몸이 천근만근 무거워지면서 그냥 이대로 누워서 며칠이고 일어나지 않았으면 하는 생각이 들었다. 쌓인 피로가 한꺼번에 몰려오는 듯했다.

건강을 체크해봐야겠다는 생각이 들었다. 사실 요 몇 년 동안 나는 내 몸을 혹사하면서도 돌보지 않았다. 서울아산병원으로 갔다. 종합검진을 받기로 했다. 2박3일 입원을 계획하고 병실에 누웠다.

하지만 나는 이미 대한민국 땅 어디를 가도 자유롭게 숨어 있을 곳이 없었다. 이 세상에서 내 거취를 아는 이는, 나를 병원에 태워다준 운전수와 집사람뿐이었다.

그런데 입원 당일 저녁에 대기업 임원이 찾아왔다. 그토록 병원 원무과에 입원명부에 올리지 말라고 신신당부를 했는데도 대한민국 대기업들의 정보력은 귀신같다는 것을 새삼 알게 됐다. 더구나 그와 함께 온 사람은 절친한 지인으로, 내가 결코 그를 면박하거나 외면할 수 없는 사람이었다.

"아니, 무슨 일이십니까?"

"그동안 힘든 일 하시고, 대역사를 이룩하셨는데, 병원에 계시다는 얘기를 듣고 위로차 왔습니다."

"어떻게 알고 오셨는지 모르지만, 사실은 제가 사람을 피해 쉬면서 몸 건강 좀 체크하러 왔습니다. 고맙긴 하지만 제가 좀 편하게 있게 해주시면 안 되겠습니까?"

더 이상의 대화는 진전되기 어려운 상황이었고, 어색한 침묵이 이어졌다.

"무슨 말씀인지 알겠습니다. 제가 결례했습니다. 다만 제가 병원비라도 좀 준비해왔으니 드리고 가고 싶습니다."

나는 즉각 상당히 강한 톤으로 거부했다.

"그러지 마세요. 예의에 맞지 않습니다."

"정 그러시다면 제가 안 찾아온 것보다 못하게 된 것 같습니다. 죄송합니다."

그는 나의 타박에 당황한 표정이 역력했다.

"저희 그룹의 입장은 그동안 고생하셨다는 말씀을 전해드리고, 앞으로 국정을 펴나가는 데 도와드리고 싶어서 왔습니다. …그러시면 그냥 돌아가겠습니다."

그렇게 가까스로 그를 돌려 세웠는데, 다음날은 또 다른 그룹에서

고위직 공무원을 앞세워 찾아왔다. 그도 하는 얘기가 똑 같았다. 돈을 건네겠다는 정황마저 사진 찍듯이 똑같았고, 나는 또 강한 어조로 거부했다. 그들이 데리고 온 내 지인들은 한 사람은 고등학교 후배, 한 사람은 고향 후배였다. 후에 그들에게 물어보았다.

"도대체 그 사람들은 내가 병원에 입원해 있는 줄 어떻게 알았느냐? 병원비라고 내놓던데… 내가 그런 돈 받을 사람으로 보이더냐?"

"형님, 5,000만원 내놓고, 다음에는 더 크게 하려 하는데, 그렇게 칼로 무 자르듯 해서 제가 아주 무안해서 혼났습니다."

"사실은 너 때문에 말을 제대로 못 했다. 평소 좋아하는 후배 앞이라 함부로 못 한 거야!"

또 다른 후배의 말도 비슷했다.

"세상이 다 그런 것 아닙니까? 근데 유달리 형님은…."

"노무현 후보가 지금까지 선거캠페인 어떻게 했어? 새로운 세상을 만들자고 했지 않았어? 새 세상 만들자는 데 내가 그러면 되겠어?"

노무현 대통령 당선과 함께 내 신분에 엄청난 변화가 온 것이다. 당시 금강캠프로 불렸던 노무현 캠프 사람들이 주목을 받기 시작했다. 금강캠프 인사들이 주목받은 이유는 나를 비롯해 젊은 참모들이 노무현이 단기 출마해서 마지막 당선에 이르기까지 선거를 주도해나갔기 때문이다. 특히 캠프 좌장이었던 나는 연장자인데다 연청 사무총장을 역임한 이력으로 언론의 스포트라이트를 받았다. 그도 그럴 것이 금강캠프 출신들 가운데 나이 먹은 사람이 없는 데다 이렇다 할 정치적

이력을 가진 사람이 거의 없었다.

별별 기사가 다 나왔다. 노 캠프에는 소위 사회적 약자, 마이너리티들이 주로 배치돼 있다, 나이도 신분도 그렇고 경제적 능력도 그렇다, 그나마 강남에 사는 사람은 염동연 하나라는 등등…. 캠프 좌장 역할을 해온 나에 대한 기사도 많이 나왔다. 한편으로 내 신분이 상승되는 것을 느낀 동시에 도처에서 나를 지켜보고 있다는 위압감이랄까, 두려움이랄까 하는 것도 느끼게 됐다.

노무현 대통령 당선자는 2002년 12월 25일 대통령직인수위원회 위원장에 임채정 정책위의장을 임명하면서 인수위 구성에 착수했다. 당선자 비서실장에 신계륜 대통령후보 비서실장을, 당선자 대변인에는 민주당 이낙연 대변인을 임명했다.

이어 26일에는 인수위 부위원장에 김진표 국무조정실장을 임명했으며 7개 분과위원회 간사로 △기획조정에 이병완 민주당 국가경영전략연구소 부소장 △외교통일안보에 윤영관 서울대교수 △경제1에 이정우 경북대교수 △경제2에 김대환 인하대교수 △사회문화여성에 권기홍 영남대교수 △참여센터본부장에 이종오 계명대교수 △대변인에 정순균 언론특보를 임명했다.

27일에는 추가로 인수위 분과위원 16명을 인선 발표해 모두 25명의 인수위 구성을 마쳤고, 28일에는 인수위원 전원이 국회식당에서 상견례를 가졌다.

노 당선자는 30일 정부중앙청사 별관에서 인수위 현판식을 한 뒤 첫 회의를 주재하고 정권인수 작업에 돌입했다. 인수위는 외교부 청사 별관 1~6층을 사용하고, 노 당선자도 6층에 집무실을 마련했다.

그러던 어느 날 노 당선자가 나를 불렀다. 인수위 집무실에서 만난 당선자는 "염 총장님! 좀 내 옆에 와 있어야 되겠습니다"라고 말했다.

"여기 방을 하나 만들라고 인수위에 지시했습니다. 내가 불편해서 안 되겠습니다."

"그렇게 하겠습니다."

그리고 인수위를 나왔는데, 며칠 후에 당선자로부터 전화가 왔다.

"글쎄 어떻게 알았는지…, 이강철 씨가 전화 와서 인수위에 방 하나 달라고 얘기합니다."

"그렇습니까? 내 방 같이 쓰면 되죠 뭐…, 같이 쓰겠습니다."

"그러실래요."

그리고 며칠 후 노 당선자에게서 또 전화가 걸려 왔다.

"이기명 후원회장이 와 있고 싶다고 합니다. 어떻게 하죠?"

"내 방을 함께 쓰시라고 하죠 뭐!"

나는 겉으로는 그렇게 대답했지만, 기분 나쁜 점도 없지 않아서 속으로는 인수위에 마련된 내 방에 들어가지 않겠다고 마음먹었다. 노 당선자와 나는 늘 일이 있으면 그때그때 통화했다. 인수위에 방이 있건 없건 대수로운 문제가 될 것은 아니었다. 정 만나서 해야 할 얘기가 있으면, 안가에서든 인수위에서든 어디서든 만나 얼굴 맞대며 얘기하면 될 일 아닌가.

그 와중에 일부 언론에 '인수위에 옥상옥'이라는 기사가 보도되기에 이르렀다. 인수위 내부에서 누군가가 이런 일을 못마땅하게 여겨 흘린 것이라고 생각했다. 이는 권력교체 과정에서 그 중심에 서게 된 인수위가 금강캠프를 암암리에 견제하고 있음을 드러낸 것이었다.

나는 노 당선자에게 "신문에까지 나고 그러는데…, 잘됐습니다. 제가 매일 한 번씩 들르겠습니다. 이제 방은 안 만들어도 되잖아요"라고 말했다. 사태는 그렇게 종결됐지만 나는 이때, 예전과는 분명히 다른 무언가를 느꼈다. 이것은 '권력을 놓고 벌이는 싸움'이고 이제 그 서막이 오른 것이다.

인수위가 아직 발족하기 전인 성탄절 무렵에 문희상 보좌관인 소문상이 찾아왔다.

"총장님! 문희상 의원을 대통령 비서실장이나 국정원장에 좀 추천해주시죠!"

"문 의원 뜻이 그런가?"

"문 의원 뜻이 아니면 제가 어떻게 말씀드리겠어요?"

"알았어!"

나는 문 의원에게 곧바로 전화를 걸었다.

"비서실장이나 국정원장 하겠다고 했어요?"

"나 앞으로 5년 내내 국회의원 같은 거 안 하고, 노무현 정권과 함께 하다가 은퇴할래!"

내가 곰곰이 생각해보니 문 의원은 아무래도 국정원장보다 비서실장이 낫겠다는 생각이 들었다. 문 의원과 나는 각별한 사이였고, 신뢰 관계가 있었다. 젊은 시절 함께 JC 활동을 해왔고, 연청을 같이 창립해 동고동락 해온 동지이기도 했다. 그가 적임자라고 생각했다. 그래서 당선자에게 얘기했더니 잠깐 생각한 끝에 "괜찮을 것 같다"고 했다. 문희상은 이렇게 인수위 발족 전에 대통령 비서실장에 일찌감치 내정됐다.

제42화

호남사람들이 제게 뭘 바랄까요?

2003년 1월 7일, 당선자가 점심에 감사원 앞에 있는 한식당으로 불렀다. 이광재, 안희정, 여택수와 함께 모처럼 식사를 했다. 당선자는 식사 도중에 "나라종금 사건이 이렇게 온 나라를 시끄럽게 할 만큼 커질 줄 몰랐어요. 이거 어떻게 해야 될지 모르겠습니다. 염 총장님과 희정이가 걱정입니다"라고 말했다.

나라종금 사건은 그 실체를 차치하더라도 투표일을 불과 일주일 앞두고 한나라당이 열세를 만회하기 위해 홍준표 대변인이 끄집어냈고, 보수 언론들이 집중 공격한 터라 당선자 입장에서는 상당히 머리가 아팠다. 그래서 속 애기를 해보자며 나와 안희정을 보자고 한 것이었다.

그런데 나라종금 사건이 다시 언론에 크게 보도되는 과정에서 사실 노무현 당선자가 빌미를 제공한 부분도 있었다. 얼마 전 당선자가 인수위에서 각 부처 업무보고를 받을 당시 검찰의 브리핑이 끝나고 일어서는 직원들을 다시 자리에 앉히면서 "내 측근들, 염동연과 안희정은 어떻게 하겠다는 거요?"라고 물었던 것이다. 이때만 해도 나라종금 사건은 대통령 선거과정에서 야권이 의혹을 제기해 잠시 시끄러웠다가 잠잠해진 상황이었다.

노 당선자의 질문에 검찰 관계자는 "나라종금 사건은 공소유지가 어려운, 사실관계도 문제가 없는 사건입니다. 이미 저희가 내사종결했습니다"라고 답했다. 당선자는 이에 대해 "어떻든 야당과 언론이 공세를 폈으니 국민 의혹이 사라지지 않았다고 봅니다. 엄정하게 다시 조사해서 죄가 있으면 묻고, 죄가 없으면 의혹을 없애야 하는 것 아닙니까?"라고 얘기했다.

사실 노 당선자는 나와 안희정으로부터 보고를 받아 그 진상을 이미 알고 있었고, 그 자신이 변호사로서 이 사건이 전혀 문제되지 않는다고 판단하고 있었다. 당시 노무현 당선자가 이렇게 언급한 뜻은 '내 측근들을 되도록 빨리 야권의 터무니없는 공세와 언론의 의심어린 눈초리로부터 자유롭게 해주고 싶다'는 생각이었다.

앞서 안가에서 당선자와 만났을 때 나는 향후 정세를 전망하면서 "이 사안은 야권에서 선거 국면을 유리하게 끌고 나가려 공격했지만, 정 트집 잡을 게 없으면 정국 상황을 봐서 다시 들고 나올 사안입니다"라고 말씀 드린 바 있다.

노 당선자는 그때 "(나라종금 사건이) 선거용이라는 것을 만천하가 알고 있잖아요. 내게 맡기세요"라고 말했고, 하지만 나는 "글쎄요, 제가 보기는 그렇지 않습니다. 잘 생각하셔야 할 것입니다"라고 답했던 적이 있었다.

그날 한식당에서 노 당선자가 식사를 하며 꺼낸 말에 대해 안희정은 가만히 있었고 내가 말했다.

"지난번에 제가 말씀 드리지 않았습니까? 결국 저와 희정이는 청와대에 들어가는 것이 대통령에게도 도움 안 되고, 정권 차원에서도 도움 안 되고, 더군다나 저와 희정이에게도 도움이 안 되니 이제 저희는 청와대 들어가면 안 된다고 봅니다."

"그러면 정무수석은 어떻게 하죠?"

그래서 나는 당선자에게 "유인태 전 의원이 어떻습니까?"라고 추천했다. 사실 그때까지만 해도 당선자가 나를 정무수석에 임명할지, 인사수석에 임명할지 속내를 몰랐는데, 정무수석에 임명하려 했음을 비로소 알게 됐다.

노 당선자는 내게 이런 말을 한 적이 있었다.

"호남사람들이 제게 뭘 바랄까요?" 그 얘기는 '호남사람들이 바라는 것이 뭐냐? 예산이냐, 인사냐'를 묻는 것이었다.

그래서인지 노무현 당선자는 "인사에 대한 배려를 호남 사람들은 더 좋아할 걸요. 인사수석을 염 총장님이 하시면 어때요?"라고 물었다.

"예? 인사수석이 어디 있어요?"

"대통령이 만들면 되는 거죠. 인사수석 자리 못 만들게 뭐 있어요?"

"글쎄요. 저는 잘 모르겠습니다."

나는 이렇게 답했고, 그때 노무현은 나를 지켜보던 얼굴을 다른 곳으로 돌리면서 "정무수석도 중요한데, 정무수석도 중요한데…"라고 혼잣말을 반복했다.

그런데 문제는 그 이튿날에 터졌다. 조선일보 1면 톱으로 '차기 비서실장 문희상, 정무수석 유인태'라는 제목의 특종 보도가 나온 것이다. 이런 내용을 아는 사람은 대통령과 나를 비롯해 극소수인데, 과연 누가 흘렸을까? 신계륜 비서실장을 비롯한 노무현 당선자의 새 측근들은 '염동연 당신이 해명하시오!' 하며 나를 몰아붙이는 형세였다.

조선일보 인수위 취재진들은 문희상 의원이 인수위를 수차례 다녀갔고, 다음날 유인태 의원이 다녀간 것을 유심히 지켜보고, 누군가로부터 비밀을 캐낸 것이다. 공교롭게도 특종기사를 쓴 기자는 당시 조선일보 김창균 기자였는데, 나와는 무척 가깝게 지내는 사이였다. 그건 노무현 당선자도 알고 있었다. 보도 전날 김 기자는 12시가 다 돼서 내 집에 찾아와 떼를 썼다.

"문희상, 유인태가 다녀갔는데 뭡니까?"

"내가 어떻게 알아? 당선자에게 물어보세요" 하며 나는 끝까지 모른다고 잡아뗐다.

그런데 나 아닌 누군가가 내용을 알려주고는 이것을 염동연이 알려줬다고 모함한 것이다. 이것은 일종의 권력 암투였다. 대통령 비선라인을 누가 장악하느냐의 싸움이 시작된 것이었다. 사실 나는 당시에 그런 모함이 있는 줄도 몰랐다. 그런데 후에 '당선자에게 누군가가 염동연이 알려준 것 같다고 보고했다'는 얘기가 들려왔다.

나는 이런 상황을 뒤늦게 알게 됐지만, 그 후로 이 사건과 관련해 노무현 당선자에게 '내가 흘린 것이 아니다'고 굳이 해명하지 않았다. 며칠 후 만남에서 당선자가 혹시 내게 우회적으로 물어볼 수도 있을 것 같다는 생각이 들었다.

하지만 노 당선자는 전혀 묻지 않았다. 나도 그렇지만 당선자도 서로 간에 쌓아올린 신뢰를 굳이 의심하고 싶지 않았을 것이다. 둘 중 누군가가 설혹 그 신뢰를 깨고 배신한다 하더라도 말이다.

제43화

인사위 해체합시다!

당선자 시절 노무현과 나는 정부 요직 인사에 대해 자주 얘기를 나누었고, 때에 따라 당선자 개인 일도 수시로 상의했었다. 개인 일이라고 하면 장수촌 생수 사업 관련 문제 등 이런저런 일들이었다.

신정新正을 지나 안가에서 노무현 당선자와 만난 어느 날이었다. 당선자는 내게 "인사위를 구성합시다" 하고 얘기를 꺼냈다.

"지금 당에서 가동되고 있잖아요?"

"그 인사위 말고, 정부 내각부터 시작해서 소위 대통령이 직접 인사해야 할 사람들을 준비하는 작업을 해야 할 것 아닙니까? 어떻게 구성했으면 좋겠습니까?"

"아, 뭐 저 김원기 상임고문, 문희상 청와대 비서실장 내정자, 신계륜 당선자 비서실장, 정동채 대선후보 비서실장 등으로 하면 되지 않겠습니까?"

"거기에 염 총장님까지 포함하면 되겠네요."

"그러면, 그렇게 하시죠."

그렇게 비공식 인사위원회를 꾸렸고, 소공동 롯데호텔 소회의실을 빌려 두 차례 회의를 했다.

하지만 두 번의 회의는 인사위원들 간 상견례 수준에 그쳤다. 당선자는 회의에 참석해 지난 선거에서 다들 고생하셨는데 고맙다는 얘기를 주로 했고, 테이블 위에 회의 자료를 올려놓고 논의하지는 않았다. 기본 인선관련 자료도 없었기에 인선 검토 수준에도 이르지 않았다.

그런데 세 번째 회의에 문재인 변호사가 나타났다. 당시 문재인은 이호철을 대동했다. 노 당선자는 "앞으로 이 회의에 부산의 문재인 변호사를 참석시키겠습니다" 라고 말하며 참석자들에게 그를 소개했다. 정규 멤버가 한 사람 늘어난 것이다. 사실 나는 그때 그 자리에서 문 변호사를 처음 보았다. 일어나 그와 악수하고 다시 자리에 앉았다. 문재인은 내심 부산에서 그의 역할을 기대했던 우리 캠프 참모들에게 너무도 야속하고 서운한 사람이었다. 당시 문재인이 줄곧 해온 이야기는 이러했다.

"나는 어떤 경우에도, 설사 노무현이 대통령이 되더라도 그 언저리에 갈 일이 없다. 내게 제발 선거운동에 참여해달라고 부탁하지 마라."

그랬던 문 변호사는 대선 투표일을 두 달 남기고서야 마지못해 부산지역 대선 캠프에 참여했다. 그리고 노무현이 대통령 돼도 절대로 안 나타난다던 사람이 비공식 인사위 회의석상에 불쑥 나타난 것이다. 나는 혼자서 '노무현이 간곡하게 간청했을까? 그렇다 해도 나타날 수 없는 사람인데…, 내 정서로는 도대체 이해가 되지 않아!'라고 생각했다.

인사위 회의는 그날도 중요한 자료를 검토하는 자리가 아니었기에, 그런저런 덕담 수준의 얘기를 하다가 끝났고, 모두들 인사를 나누고 헤어졌다. 며칠 곰곰이 생각해보니 이렇게 인사위를 계속해서는 안 되겠다는 생각이 들었다. 노 당선자를 찾아갔다.

"인사위 해체합시다."

"왜 그러세요?"

"이게 지금…, 비공식 기구인데 잘못하면 보안이 안 될 것이고, 보안이 안 되면 이 사람들에게도 많은 사람들이 줄을 대고 잡음이 일 것입니다. 인수위도 있고 당에도 있는데 이 비공식 기구를 계속해야 할 이유가 뭐가 있습니까? 잘못하면 큰 말썽만 납니다."

"그럴까요?"

"이 인사위가 어떤 형태로든 세간에 노출되면 좋지 않을 것 같습니다."

명분은 그렇게 내세웠지만 실은 문재인과 함께 그런 자리에 앉고 싶지 않았다. 결국 인사위는 해산됐다. 그렇지만 노 대통령은 내게 주요 인사를 추천해달라거나 주변의 평을 수집해달라고 하는 등 새 정부를 이끌 인사의 발탁과 검증을 종종 부탁했다.

이 비공식 인사위는 단 한 번도 수면 위로 드러난 적이 없다가 그대로 해체된 것이다. 지금까지도 이 인사위의 활동을 아는 사람은 당시 참석자 외에는 없고, 언론에 한번도 노출되지 않았다.

노무현은 후보 시절부터 '당정 분리'를 주창했다. 청와대가 당에 간섭하거나 협조를 요구하지 않고, 당도 청와대에 기대거나 눈치를 보지 않는 것. 대통령중심제 하에서 입법부와 행정부의 완전한 독립을 지향해왔다. 따라서 후보 시절은 물론이고 당선자 시절에도 노무현과 민주당은 '소 닭 보듯, 닭 소 보듯' 하는 관계가 형성되기 시작했다. 이는 대통령에 당선되고도 계속 이어졌고, 열린우리당 탄생 초기에 다소 분위기가 변하는 것처럼 비쳐지기도 했지만 노 대통령은 퇴임 때까지 '당정 분리' 기조를 지켜갔다.

이에 대해 노무현은 퇴임 후 자신이 개설한 토론사이트 '민주주의 2.0'에 글을 올려 "당정 분리는 제가 (대통령) 후보가 되기 전 이미 민주당의 당헌당규로 결정된 것"이라고 밝혔다. 이어 "각 당이 국민 앞에서 민주주의 개혁 경쟁을 하면서 내놓은 것이 당정 분리 제도"라며 "물론 저도 그것이 대세이고, 대통령중심제에 맞는 제도라서 찬성을 했다"고 해명했다.

또 "대통령이 되고 나니 많은 사람들이 당정 분리를 폐기하자고 권고하기 시작했다"며 "그러기 위해서는 당헌당규를 개정해야 했는데 가능한 일이 아니었다. 이처럼 당정 분리는 제가 하고 말고 할 문제가 아니었다"고 회고했다.

노무현은 당내 대통령후보 경선에 출마해 당 후보가 됐고, 이어 대선에 나가 대통령이 되기까지 사실 당 주류로부터 아무런 도움을 받지 못했다. 당 주류는 오히려 대선 후보로 확정된 그에게 사퇴를 종용하고 당장 내려오라고 압력을 넣었다. 그 모진 풍파를 이겨내고 대통령에 당선되기까지 당 주류로부터 받은 핍박은 이루 말할 수 없었다. 당선자가 당정 분리 원칙을 지키겠다고 하는 이면에는 그에 대한 서운함이 작용한 것이라고 하지 않을 수 없다.

자신을 지지하는 당 인사들도 있었지만 그들은 소수minority였다. 주류가 아니었다. 당내 주요 인사들이 대거 참여하는 공식 인사위가 있는 데도 노 당선자가 비공식 인사위를 따로 만든 데는 그런 배경이 깔려 있었다.

그렇지만 노무현에게 자신이 신뢰할 만한 당내 맨파워가 이토록 부족하다는 것은 정권 초기에 상당한 부담이 됐다. 그는 늘 소수였다. 더구나 청와대에는 나와 안희정이 들어가지 못 하게 되니 결국 믿을 만한 직계 참모는 이광재밖에 없었다. 노무현은 청와대에서도 외로운 섬에 있는 신세가 된 것이다.

노무현은 이제 문재인·이호철처럼 부산에서 같이 활동했던 민주화 운동 세력을 청와대로 불러들일 수밖에 없는 상황이었다. 그런데 따지고 보면, 일이 이렇게 된 데는 당시 집권여당이었던 민주당이 사태의 원인을 제공한 것이다. 민주당이 노무현 후보를 흔들어대지 않았다면 소위 '부산파'를 끌어올려 권력의 중심에 자리 잡게 하지 않았을 것이라는 얘기다. 이로 인해 청와대 내에서도 '부산정권'이라는 말들이 나돌게 됐다.

제44화

여민관과 공수처

　　　　　　　　　　노무현 후보는 정몽준과 후보단일
화 이후 지지율이 상승하면서 공식선거운동 기간 내내 한나라당 이회
창 후보를 제치고 앞서 달렸다. 대선 승리의 가능성이 높아졌고, 제16
대 대통령선거의 주인공이 사실상 확정되는 분위기였다.

　이런 분위기 속에서 나는 노무현 후보가 승리하면 대통령 당선자로
서 해야 할 일에 대해 생각했다. 국정을 어떻게 이끌어가고, 국민에게
어떻게 사랑을 받고, 역사에 어떤 평가를 받아야 하는가를 구상하기
시작했다. 머릿속에 떠오르는 이런저런 생각들을 정리하기 시작했고,
그 첫 아이디어가 대통령 집무실 재배치였다.

　"제가 알기로, 미국의 백악관은 대통령 집무실과 비서들의 방이 같
은 동에 배치돼 있고, 같은 층에는 부통령 방도, 비서실장 방도 있습
니다. 더구나 업무적으로 깊은 연관이 있는 중요한 부서들까지 같은
동, 같은 층에 배치돼 함께 근무합니다. 그런데 우리 청와대에선 비서
들은 물론 수석보좌관도 비서실장도 대통령을 만나려면 차를 타고 가

야 합니다. 만일 다급한 일이 있으면 바로 대통령 집무실에 곧바로 들어가 보고할 수 있어야 하는 것 아닙니까? 또 대통령도 수시로 비서들을 만나고, 수고한다고 격려도 해줄 수 있어야 하는데, 이건 뭔가 잘못됐습니다."

김대중 대통령 집권 시에 청와대를 드나들었던 나는 당내 대선후보 경선에 나선 노무현에게 이렇게 얘기했다.

"대통령 집무실이 비서들과 함께 있어야 합니다. 비서동으로 옮겨 비서들과 한 건물에 있는 것이 좋겠습니다. 대통령이 출퇴근하면서 같은 동에서 비서들과 수시로 조우하고, 불현듯 할 얘기가 생각나면 비서들을 급하게 만나 논의할 수 있어야 합니다. 지금 우리 비서들이 대통령을 만나려면 10분 정도 걸어가야 합니다. 걷지 않으려면 미리 배차를 받아야 하고요."

"맞아요! 청와대 집무실이 비서동과 너무 떨어져 있어요. 그러면, 고쳐야죠! 그렇게 합시다!"

노무현 후보는 이후 '당선되면 청와대 집무공간을 재배치하겠다'는 공약을 발표했다. 그리고 2003년 2월 25일, 대통령에 취임하자마자 청와대 비서동 및 대통령 집무실 증개축사업을 지시했다.

그해 6월에 기존 비서동 옆에 새 건물을 짓기 위한 공사가 시작됐다. 이로 인해 민정수석실을 비롯한 몇 개의 비서실은 공사하는 동안 청와대 밖 외무부 사무실을 빌려 쓰게 됐다. 이듬해 12월 6일 완공됐다. 새 건물의 명칭은 '여민1관'으로 정했다.

'여민與民'은 국민과 기쁨, 슬픔을 함께한다는 '여민고락與民苦樂'을 줄인 말이다. 여민1관에는 대통령 집무실을 비롯해 비서실장실, 인사수석실, 국정상황팀, 정무팀, 국정기록비서실, 도서실 등이 마련됐다.

기존 비서동은 '여민2관'이라고 개명했다. 증개축 공사기간에 청와대 밖에 나가있던 민정수석실은 여민2관으로 들어왔다. 여민1관과 여민2관은 1층에 양측을 연결하는 통로를 마련하고 비 가림 시설을 했다.

그런데 완공된 지 얼마 되지 않아 확인해보니 대통령은 여민1관에 마련된 집무실을 사용하지 않고 있었다.

"새 건물에 (대통령이) 들어가기로 하고 증개축한 것 아닙니까?"

"아니, 그걸 불편해하는 사람도 있고 해서, 그냥 두기로 했습니다. 비서동이 비좁았는데, 증개축을 해서 그나마도 배치가 제대로 됐습니다."

노 대통령은 이렇게만 답하고, 새 건물에 마련된 대통령 집무실을 쓰지 않는 이유에 대해 자세히 밝히지 않았다. 내가 질문한 취지를 이해한 게 분명한 데도 왜 속 시원히 대답하지 않는지는 알 수 없었다. 내 짐작엔 당시 비서실 간부들이 대통령과 한 공간에 있는 것을 불편하게 여겨 요리조리 핑계를 대며 피했을 가능성이 크다.

노무현은 당선자 시절 고위공직자비리수사처(이하 공수처) 신설을 추진했다. 공수처 추진은 검찰의 권력 남용을 뿌리 뽑겠다는 의지에서 출발했다. 무소불위의 권력을 휘두르는 검사도 비리를 저지르면

처벌을 받는 그런 기구를 만들어야 한다는 생각이었다.

우연히 나와 만났던 중국 검찰 관계자는 내게 "한국 검찰은 세계에서 가장 힘이 셉니다. 그런 힘을 가진 한국 검찰이 부럽습니다"라고 말하기도 했다. 선진국은 물론이고 중국, 일본 같은 주변국들을 보더라도 우리나라처럼 검찰에 기소권과 수사권이 집중되고, 그 권한이 막강한 곳은 드물다.

일본에선 검찰이 기소권을 행사하기 위한 보충적 차원의 수사권만 갖고 있고, 경찰은 검찰 송치 전까지 독자적인 수사권을 갖고 있다. 중국은 경찰에 수사권이 있고 검찰은 기소권만 가지고 있다. 또 영국을 예로 들면 1980년대 이전 영국에선 경찰이 수사권·기소권을 모두 갖고 있었지만 경찰이 가진 과도한 권한을 분산해야 한다는 여론 때문에 검찰제도를 도입했다.

각국은 수사권과 기소권이 안정적으로 정착되기까지 수차례 검찰에서 경찰로, 경찰에서 검찰로 권한을 조정하거나 이관하는 절차를 거쳤다. 우리나라도 그런 과정을 거쳐야 한다고 본다. 노무현과 나는 이런 생각을 가지고 당 예비후보 시절에 공수처 신설과 수사권 조정 문제에 대해 많은 의견을 나눠 대선 공약으로 만들었고, 당선되자마자 본격적으로 추진했다.

"변호사 하면서 검찰의 횡포를 많이 지켜봤습니다. 뭔가 변화를 끌어내야 합니다. 검찰에게도 좀 무서운 곳이 있으면 좋죠. 정보부(현재 국정원)가 옛날에는 그 역할을 했는데, 이제 정보부가 그 역할을 못 하니 (검찰이) 막강한 권력만 믿고 너무 설치는 것 아니겠어요?"

노무현은 당내 경선 시절부터 내게 이렇게 말하곤 했다. 당선자가 된 뒤에는 대통령이 되면 새로 만들 공수처의 처장도 내정했다. 목포 사람으로 노무현 후보 법률지원단장을 했던 부장판사 출신의 이재철 변호사였다. 노무현 대통령은 취임 후 즉각 공수처 설립을 추진했지만 결국 성사되지 못했다. 공수처 설립이 벽에 부딪친 것은 검찰의 반발이 워낙 심했고, 야당은 물론이고 여당 내부에서도 반대가 많았기 때문이다.

당시 반대하는 측의 논리는 검경 수사권 조정과 관련해 경찰에 수사권이 넘어가면 수사권 남발이 우려되고, 공수처는 이미 정부기구 내 그 기능이 있는데 '옥상옥'을 만든다는 것이었다. 하지만 국민들은 안다. 국민의 충복이 아니라 오로지 검찰의 기득권만을 지키면서 무소불위의 권력을 쥐고 전횡을 일삼는 검찰을 개혁하는 일이 그 어느 것보다 절실하다는 사실을.

제45화

내가 무슨 반미예요?

"염 특보님! 미국 같이 가십시다!"

노무현 당선자가 대선에서 승리한 지 보름 정도 지난 무렵으로 기억한다. 코리아게이트로 잘 알려진 로비스트 박동선이 날 찾아왔다. 박동선은 박정희 대통령 재임 시절인 1970년대 중반 32명의 미국 전·현직 의원에게 85만 달러를 제공한 '코리아게이트'로 잘 알려진 인사다. '박동선 스캔들'로도 불리는 이 사건은 〈워싱턴포스트〉가 1976년 10월에 폭로했다. 미국 의회와 국무부는 박동선의 송환을 요구했으나 한국 정부는 미국 측이 청와대를 도청한 사실을 문제로 삼아 송환을 거부했다.

결국 박동선이 미국 측으로부터 면책특권을 받는 조건으로 1978년 미국 공개청문회에서 미국 전·현직 의원에게 선거자금을 제공한 일과 1972년 미국 대선 당시 공화당 후보인 리처드 닉슨에게 돈을 제공한 사실을 증언했다. 당시 한국 정부는 미국이 주한미군 철수를 시작하면서도 한국군 현대화 계획을 위한 군사원조는 의회의 예산 승인을 받아야 가능하다고 하자 재미사업가인 그를 통해 미국 의회를 설득하는 방식을 택한 것이다.

"미국에 왜 가야 합니까?"

"지금 미국 언론이나 정가에서 노무현 대통령 당선의 일등공신으로 염 특보를 주목하고 있습니다. 염 특보께서 미국 정계에 얘기해야 합니다. 당당한 주권국가로서 외교활동을 펼치면 전통의 동맹국가인 미국이 예우할 것이고, 노 당선자가 반미주의자가 아니라는 것을 알리는 계기가 될 것입니다. 저와 함께 가서 보름 동안 미국 상하원 의원 50명만 만나고 오시죠. 제가 주선하겠습니다."

"그건 아닙니다. 대통령 취임 전이고, 외교라인에 계신 분들이 해야할 일입니다. 저는 외교전문가도 아니고 외교에 관한 한 문외한입니다. 제가 가는 것은 도리가 아니고 혼선만 초래해 당선자에게도 도움이 안 될 것입니다."

박동선의 제안을 이렇게 거절했지만 그는 쉽게 물러서지 않고 수차례 나를 졸랐다. 그렇지만 나는 받아들이지 않았다.

박동선은 9월쯤 나를 다시 찾아왔다. 나라종금 사건으로 구치소 생활을 하다 풀려난 지 얼마 되지 않았던 때였다.

"염 특보님! 한승주 주미대사 아시죠. 워싱턴에서 자주 만납니다. 그런데 지난번에 한 대사가 '대체 내가 어떻게 여기 왔는지 모르겠습니다. 참여정부에는 나를 천거할 만한 사람이 없는데'라며 궁금해 하더라고요."

그동안 그 내막을 누구에게도 알리지 않았으니 한 대사가 모르는 게 어찌 보면 당연한 일이었다. 내가 답을 줬다.

"제가 추천했습니다!"

한승주 고려대 교수를 참여정부 첫 주미대사로 추천한 내막은 이렇다.

나는 2002년 12월 대선이 끝나자마자 온몸에 여러 가지 증상들이 나타났다. 스스로 바싹 죄었던 긴장이 풀려나가면서 짙은 피로감과 함께 말로 형용할 수 없는 무거운 기운이 날 짓눌렀다. 오죽하면 스스로 병원에 갔을까. 어느 누구에게도 알리지 않고 입원했다. 그러나 그곳에서도 도무지 안정을 찾을 수 없었다. 병상에서도 나는 노 당선자의 초기 행보가 대단히 중요하다고 생각했고, 이런저런 구상을 했다.

'이래선 안 된다. 이 시점에 당선자가 해야 할 일이 뭘까. 첫 번째는 동맹국인 미국의 불신을 해소하는 것이다. 노무현 정권이 성공하려면 노무현이 반미주의자가 아니라는 사실을 알리는 게 중요하다.'

생각이 여기까지 미치자 그 길로 퇴원 수속을 밟고 당사로 나갔다. 당사에 도착해 엘리베이터를 탔는데 엘리베이터 안에서 지난 15대 국회 때 광주 동구에서 국회의원을 했던 이영일 전 의원을 만났다. 이전 의원은 내 방에 와 차를 마셨다.

"노 당선자가 미국 언론에 '걱정되는 사람', '반미주의자'라고까지 보도돼 어떻게 해야 할지 고민 중입니다."

"노무현이 반미주의자가 아니라면 우선 미국을 향해 '반미주의자가 아니다'고 말해야지."

"노무현은 반미주의자가 아닙니다. 미국과의 대등한 관계를 원할 뿐입니다. '미국의 참전과 지원으로 발전한 것이 사실이지만 그렇다고 해서 일방적으로 미국의 주문대로 따라가는 나라가 돼서는 안 되지 않겠느냐'고 늘 내게 얘기했습니다. 주권국가로서 서로 대등한 관계가 이뤄져야지 일방적인 관계는 안 된다는 생각입니다. 미국의 요구라고 맹목적으로는 따를 수 없고, 그렇게 하는 것이 결코 양국 국익에 도움이 되지 않는다는 것입니다."

내 얘기를 귀 기울여 듣던 이 전 의원은 이렇게 제안했다.

"당선자가 반미주의자가 아니라면 새 정부에서 대미 관계를 풀어갈 사람이 중요하지. 외교부 장관이나 주미대사를 먼저 결정하는 게 어떻겠소?"

이 전 의원은 고려대 한승주 총장 서리를 한번 검토해보라고 귀띔했다. 생각해보니 한 총장 서리를 노무현 정부의 외교부 장관 또는 주미대사로 내정해 발표하는 것도 방법일 수 있다는 데까지 미쳤다. 사실 요 며칠 동안 곰곰이 궁리해도 뾰쪽한 방안이 안 나왔다. 정책적 접근으로는 어려운 일이었는데 이 전 의원은 접근 방법부터가 달랐다. 한 총장 서리에 대해 알아본 뒤, 당선자에게 전화를 했다.

잠시 후 청와대 주변 안가에서 만난 노 당선자는 날 만나자마자 이렇게 물었다.

"이제 어떻게 해야 하죠?"

노 당선자는 나와 마주 앉아 차를 마시며 이렇게 물었다. 아마도 이미 여러 사람에게 앞으로의 행보에 대해 의견을 묻고 들었겠지만, 내

아이디어를 묻는 것이었다.

"미국 어떻게 하실 거예요?" 나는 대뜸 질문부터 던졌다.

"미국이 어째서요?"

"반미주의자라는 것 아닙니까."

"내가 무슨 반미예요?" 노 당선자는 목소리를 높이며 화를 버럭 냈다.

"아니, 저한테 그러지 말고 역정을 내려면 〈워싱턴포스트〉나 〈뉴욕타임스〉에 내세요. 사설까지 쓰고 그러던데."

"그렇지 않아도 열 받아 죽겠는데, 그래서요?"

"외교부 장관이든, 주미대사든 빨리 결정해서 미국에다가 사인을 보내야 하지 않겠습니까? 한승주 고대 총장서리를 아십니까? 그분이 1993년 북핵 위기를 슬기롭게 해결한 것으로 압니다. 미국 정가와 재야에서도 신망이 두텁고요."

"(한 총장을) 잘 알아요?"

"잘 알긴요. 한번 만난 적도 없습니다. 취임 전이니 외교부 장관이라면 지금 내정하면 될 것이고, 주미대사라면 김대중 정부에 협조를 요청해 미리 미국에 외교관례에 따라 아그레망을 청하는 것이 좋을 듯합니다. 그러면 노무현이라는 사람이 반미주의자가 아니라는 의미도 있는 것 아니겠습니까. 미국 측에서 당선자에 대한 평가가 달라질 수 있습니다."

"그래요?"

"우선 한 총장서리에 대해 한번 알아보시지요."

"알았어요."

이날 나는 또 국가안전보장회의NSC 강화에 대해 당선자에게 의견을 전달했다. NSC는 헌법에 명시된 헌법기관이었지만 유명무실했다. NSC를 이제는 명실상부한 국가안보시스템으로 강화해 새 정권을 바라보는 국민들이 안보를 걱정하는 일이 없게 하고, 북한이 대한민국의 새 정권에 대해 오판하지 않게 해야 한다고 제안했다. 이는 동맹국인 미국에게도 새 정권에 대한 신뢰를 쌓는 조치라고 말했다.

NSC 강화는 김동신 전 국방부 장관의 조언이었다. 당시 여러 사람을 만났는데 그 중에 광주 출신으로 수도군단장, 육군참모총장을 지낸 김 전 장관이 있었다.

"지내놓고 보니 좀 더 체계적인 국가방위시스템 구축이 필요하다는 생각이 들었습니다."

김 전 장관은 그동안 국정에 임하면서 느낀 점을 털어놓으며, 이렇게 제안했다.

"그게 뭡니까?"

"미국이 운영하고 있는 NSC라고 하는 종합국가방위시스템을 창설했으면 좋겠습니다. 지금 정부가 하고 있는 NSC보다 체계를 한층 강화해야 합니다."

역대 정권에서 NSC는 이름만 있었지 제대로 가동되지 않았다. 노무현이 안보에 관한 한 굳건한 국방체제를 구축하려는 지도자라는 인식을 심어주기 위해서도 NSC 강화는 필요했다.

"좋은 아이디어입니다"라고 노 당선자는 반겼다.

노 당선자는 나와 만난 지 일주일쯤 후에 한 총장서리를 이태원 쪽 모 호텔에서 만났다. 노 당선자는 불문곡직하고 그에게 "나라를 위해 일해달라"고 말했다. 하기야 어떤 국민이 나라를 위해 일해달라는데 못하겠다고 하겠는가.

노 당선자는 또 NSC 강화 구상을 발표해 국민에게 굳건한 안보체제를 구축하겠다는 의지를 밝혔다. 노 대통령은 취임 직후 국무회의를 열어 'NSC 확대 개편'을 의결했다. 국가 위기관리 능력을 종합적으로 제고한 것이다. 군사적 위기뿐만 아니라 대형재난사고와 재해도 국가위기관리 차원에서 대처할 수 있도록 사무처를 3실1센터1부로 구성했다.

이로써 노무현 정부의 대미외교와 국방의 근간이 자리 잡았다. 외교와 국방은 대통령에게 가장 중요한 고유 업무다.

새 정부 출범을 앞두고 나는 긴장감 속에서 '어떻게 하면 노무현이 성공한 대통령으로 역사에 남을 수 있겠는가, 그러기 위해 지금 내가 해야 할 역할이 뭔가. 당장 도울 수 있는 것은 무엇일까' 고민했고, 열심히 뛰었다. 스스로 경험이 부족하다고 느꼈지만, 그럼에도 불구하고 늘 숙고했고, 유능한 사람들을 찾아 만났으며, 산업계·관계·학계 등 각계 전문가 집단과도 폭넓게 대화했다.

제46화

선산에 봉황이 울어야 하나

　　　　　　　　　　　　　"그런데 '빅3'는 어떻게 할까요?"

어느 날 안가에서 만난 노 당선자가 내게 물었다. 노 당선자는 혜화동 자택에 거주하면서 주로 청와대 주변 안가에 나가 일을 봤고, 그곳에서 나와 자주 만났다.

빅3라고 하면 검찰총장, 경찰청장, 국세청장인데, 서열로는 장관보다 높지 않으나 실제 역할은 장관보다 센 역할을 하는 요직이었다.

"빅3를 벌써요?"

내각과 청와대의 인선이 채 마무리되지 않은 상황이었다.

"빅3가 어떤 의미에선 가장 중요한 일인지도 모릅니다. 되도록 빨리 결정해놓아야 합니다."

"노무현 정부는 민주당 2기 정권 아닙니까? 포스트 김대중 정권이고, 사실은 우리가 맨파워가 많이 부족하지 않습니까? 그런데 다행히도 김대중 정부 하에서 국정경험을 쌓아온 분들이 많고, 또 그분들이 외환위기를 극복했고 국가안보와 경제회복 등에 많은 업적을 남겼습니다. 그런 경험 많은 사람들이 우리 민주당 1기 정권에 있었고, 우리는 2기 정권으로서 그 분들을 인재 풀로 쓸 수 있어 다행이라고 생각합니다."

한마디로 '전 정권과 추구하는 노선과 가치가 같다면 경험 있는 그 분들을 활용하자. 그러면 노무현 정부는 순항할 수 있을 것 같다' 는 애기였다. 이런 애기는 이전에도 내가 수차례 했고, 노 당선자도 그때마다 "당연히 그래야죠"라며 동의했다.

"노무현 정부는 김대중 정부를 잇는 민주 정권입니다. 그런 차원에서 보자면 검찰총장 김각영은 총장 임명된 지 2개월 반밖에 되지 않았습니다. 민주당 2기 정권인 만큼 2년 임기를 보장하는 차원에서 경질하면 안 될 것 같습니다."

노 당선자는 "검찰총장은, 그럼 그렇게 하구요!"라고 맞장구를 쳤다. 그런데 당선자는 애기 끝에 "그 분(김각영)이 충청도 사람이죠?"라고 말했다.

"그렇습니다."

바로 그때 당선자가 지역 안배를 하고자 하는 것을 알게 됐다. 나는 경찰청장을 호남 사람으로 하면 좋겠다고 생각해서 경찰청 차장이었던 이대길을 의중에 두고 당선자에게 추천하려 했었다.

"그런데요 경찰청장에는 최기문 경찰대학장 그분 평판 괜찮습니다. 지도력도 있다고 하고요…."

"아 그래요!" 나는 '경찰청장은 이미 결정돼 있구나' 생각하고 "그럼 그분으로 하시면 될 것 같고요"라고 동의하며, "최기문 씨는 경상도 사람으로 알고 있는데…, 그러면 국세청장은 전라도 사람을 해야 겠네요. 지역 안배 차원에서"라고 말했다.

"맞습니다. 염 총장님이 혹시 호남 사람 중에서 그럴 만한 사람이 있는지 추천해보라는 겁니다."

"만약 국세청장을 호남 사람 시킨다면 지금 A씨 외에는 없을 겁 니다. A씨 말고 다른 사람을 시킨다면 2계급 정도 특진을 시켜야 합 니다."

"잘 아십니까?"

"저는 잘 모릅니다마는, 고향 쪽 사람이어서 얘기는 듣고 있습 니다."

"그럼 A씨로 해야겠네요. …자! 그러면 빅3는 김각영, 최기문, A씨 로 합시다."

그렇게 노 당선자와 빅3를 내정한 며칠 후였다. 금강캠프 조직팀에 서 일했던 황지연 팀장으로부터 전화가 왔다.

"총장님! 식사 한번 모시면 안 되겠습니까?"

"그래! 하세!"

약속 장소인 강남 모 식당에 나갔더니 A씨가 황 팀장과 같이 나와 있었다. 이미 국세청장에 내정돼 있는 사람이지만 당선자와 나 외엔 그 누구도 알지 못하는 상황이었다. 차기 국세청장을 하고 싶어서 이 른바 연줄을 댄 것이다.

"염 특보님, 기회 한번 주십시요. 잘해보겠습니다. 충성을 다해 노 대통령 각하를 잘 모시겠습니다."

"지금 아마 가장 유력할 걸요."

나는 그런 정도만 힌트를 줬다.

"감사합니다."

사실상 '당신이 될 거다' 하고 언질을 준 것이나 다름없었다. 당선자와의 비밀인데 확정됐다고는 말할 수 없었다. 그렇게 헤어졌는데 며칠 후에 A씨에게서 전화가 왔다.

"특보님! 제가 참 요즘에 어려움을 겪고 있습니다."

"무슨 일인데요?"

당시 A씨와 B씨는 승진 서열상 라이벌이었다.

"B씨가 지금 노건평 씨(노 당선자의 형)와 권 여사님 주변 사람들을 만나고 다니면서 저를 모함하니 수수방관해서는 안 될 것 같습니다. 적극 방어해야 할지…, 참 어떻게 해야 할지 모르겠습니다."

"아닙니다. 그런 일 절대로 하지 마세요! 맞대응하면 결코 좋지 않을 겁니다. 절대로 무대응으로 나가세요."

나는 신신당부했다. 그를 안심시키려고 '당신으로 내정됐다'는 얘기는 차마 할 수 없었다. 하지만 A씨는 B씨가 찾아다녔던 사람들, 노건평 씨와 권 여사 주변을 찾아다니며 상대방과 똑같이 로비를 했다. 언론에 두 명의 국세청 간부가 노 당선자 형 등에게 인사 청탁을 했다고 보도되기에 이르렀다.

노 당선자는 "나라에 큰일 하겠다는 사람들이, 무지렁이 농사꾼인 내 형을 찾아다니고, 내 처갓집 찾아다니며 로비하고 모함하는 그런 사람들이, 무슨 자격이 있느냐?"며 하마평에 올랐던 사람들을 내치겠다는 뜻을 내비쳤다. 차기 국세청장으로 내정됐던 A씨는 그렇게 낙마한 것이다. 다음날 노 당선자가 나를 불렀다.

"두 사람 다 안 돼요! 제 주변 사람들 찾아다니며 로비나 하고…, 자기들끼리 라이벌인지 모르겠지만 로비를 넘어서 모함이나 하는 그런 사람 안 됩니다! A씨는 안 되니까, 다른 사람 찾아보세요."

그래서 찾아봤지만 마땅한 사람이 없었다. 국세청 내에서 호남 출신이라면 두 계급이나 특진을 시켜야만 가능한 상황이었다. 당선자가 다시 만나자고 했다.

"국세청장 후보 생각해봤습니까?"

"생각해봤으나 사람이 없어 고민입니다 재무부 세제실 등 여러 곳을 찾아보고 있는데 마땅한 이가 없습니다. 정히 그렇다면 학계에서 데려오는 방법도 있지 않겠습니까?"

"이용섭이란 사람을 아십니까?"

"이용섭이요? 이용섭은 관세청장인데요."

"관세청장이지만 옛날 재무부에서도 국세업무, 세제업무 많이 다뤘고, 사무관 때 국세청에 있었던 것으로 압니다."

"저는 그 분이 어떤 사람인지 모르지만, 적임자 여부는 당선자께서 스크린 할 수 있지 않습니까? 저는 상관없습니다."

"그렇게 해도 무난할 것 같습니다. 그 사람으로 해도…."

이렇게 해서 빅3 인선 보완작업이 일단락됐다.

불과 며칠 사이에 인사가 바뀌는 것을 보면서 한편으로 그런 생각이 들었다.

'이래서 벼슬이라는 것은 하늘이 내리는 것이고, 선산에 봉황이 울어야 한다는 말이 나온 것은 아닐까.'

그 내막을 알게 되면 당사자로서는 얼마나 기막힌 일일지 모르지만 한 편의 드라마나 꿈같다는 생각마저 들었다. 후에 이용섭은 국세청장, 청와대 혁신수석비서관, 행정자치부장관, 건설교통부 장관 등을 거치는 등 노무현 정권 5년 동안 승승장구의 길을 걸었다.

제47화

국정원 보고는 받지 않겠습니다

"신건 국정원장이 보고서류라며 기밀 서류를 가지고 왔어요. 신 원장이 정례적으로 국정원장과 대통령이 배석자 없이 1대1로 독대하는 것이 관행이라며 어찌할지 묻습디다. 그래서 내가 그랬어요. '앞으로 국정원장과는 독대하는 일 없고, 보고도 안 받겠다'고."

"예?"

안가에서 만난 노 당선자는 국정원의 정보보고에 대해 이렇게 말했다.

"그러면서 서류를 주길래 '내가 가지고 가도 놔둘 데가 없다. 집에도 놔둘 수 없고, 관저에도 아직 들어가지 않았다. 그리고 대통령 돼도 볼 일이 없다. 가져가라'고 돌려줬어요."

"아니, 국정원이 문제가 있으면 고치면 되는 것이고, 그렇게 유능한 사람들을 모아놓은 국가 중요 기관인데, 대통령과 독대고 뭐고를 떠나서, 보고도 안 받으면 그 기관의 기능이 마비되는 것 아니겠습니까? 그건 정말 국가적 손실 아닙니까? 그리고 국정원은 고유의 특수 업무를 하고 있는데, 그 분야는 앞으로 어떻게 하실 겁니까?"

"그거야 꼭 내가 안 받아도 되는 것이죠."

"아닙니다. 그 부분은 다시 한번 생각해보십시오."

그날 오후 신건 국정원장으로부터 전화가 왔다.

"좀 뵀으면 합니다."

신 원장과는 일면식도 없었다. 노무현 당선자는 집권여당 후보라 하더라도 후보다운 대우를 받지 못했고, 당·정·청 요직에 있는 인사들과 제대로 교류하지 못한 탓에 나도 그와 인사를 나눌 기회가 없었다.

"어디서요?"

"내일 소공동 롯데호텔로 오십시오. 오시면 입구에서 안내할 것입니다."

다음날 저녁시간에 갔더니 말쑥하게 정장을 한 젊은이가 인사를 하며 "제가 모시겠습니다"라고 했다. 그를 따라 상당히 높은 층에 올라갔고, 큰 룸으로 들어섰다. 저녁 식사가 나오는데 호텔 밥이 아니라 다른 식당에서 가져온 것으로 보이는 가정식 식사였다. 신 원장은 노무현 대통령 당선자와 만난 일을 얘기하며 내게 하소연을 했다.

나는 이렇게 답했다. "대통령께서 그런 말씀을 하시길래 제가 '그러시면 안 된다'고 말씀드렸습니다. 좀 지켜보십시다."

나는 신 원장에게 시간을 두고 천천히 접근할 것을 권했다.

"신 원장이 제게 그런 말씀을 안 해도 저 역시 국정원이 국가안보 차원에서 매우 중요한 일을 수행하고 있기에 잘못된 것이 있다면 고쳐서 써야지 그 고유 기능이 작동되지 않게 해서는 안 된다고 말씀 드렸습니다. 대통령과 국정원장의 독대가 이뤄질지, 이뤄지지 않을지는 모르지만 보고체계가 흐트러져 국정원의 기능이 마비돼서는 안 된다고 생각합니다."

"특보님, 꼭 부탁드립니다."

"국정원이 노 당선자에게 과거에 부정적으로 비쳤던 대목이 많이 있었잖습니까?"

"인정합니다. 하지만 아시겠지만 국정원은 많이 변하고 있습니다. 요즘 국정원은 우리나라를 위해^{危害}하려는 세력이 국가기밀 정보와 중요 산업정보를 도취하지 못하도록 방어하거나 간첩들을 색출하는 한편 국가안보 관련 범죄를 수사하고, 국내외 적대 세력에 대한 각종 해외 정보를 수집·분석·배포하며, 대통령에게 국정 전반에 관해 필요한 정보를 지원하는 업무를 합니다. 정치인 사찰은 거의 없습니다. 대통령께서 국정원을 좋은 쪽으로 활용하지 않으면 국가적으로 큰 손실이 됩니다. 그런 점을 대통령께서 아셔야 합니다. 통치 차원에서 꼭 필요한 조직이라는 것을 알려드리고 싶습니다."

나는 노 당선자를 만나 다시 설득했다. 노 당선자는 애초 국정원장의 정보보고는 전혀 받지 않겠다던 방침에서 한 걸음 물러나 청와대 국정상황실장이 대신 정보보고를 받게 하겠다고 했다.

그러나 나는 '그렇게 되면 최고 통치권자에게만 보고하는 특급정보 보고를 결국 못하는 상황에 처하게 된다'며 다시 노 당선자를 설득했다. 결국 노 당선자는 당분간 국정운영을 해나가면서 이 문제를 다시 논의하기로 했다.

노 당선자가 완강하게 국정원 보고를 일절 받지 않겠다고 했던 것은 과거의 정치 사찰 때문이었다. 나는 노 당선자에게 이런 말을 들었다.

"국정원 하는 일이 뭡니까? 정치 사찰이나 하고, 야당 탄압이나 하는 그런 일에 앞장섰던 조직 아닙니까? 면담하면 뭐 합니까? 대화하면 뭐 합니까? 바꾼다고 얼마나 바뀌겠어요?"

"우리가 바꾸면 되지요! 순기능은 활용하면 되고, 안 좋은 기능은 못쓰게 하면 되는 것 아니에요?"

나는 노 당선자와 달리 국정원은 인재들이 모여 있는 집단이기에, 결국 통치권자가 어떻게 활용하느냐에 따라 국민의 신망을 받는 기관으로 거듭날 수 있다고 생각했다.

집권여당에는 각 정부 부처에서 공직자 20여 명이 전문위원으로 파견됐다가 원대 복귀하곤 한다. 부처의 실장급들로, 통상 공무원직을 그만두고 당에 왔다가 다시 소속 부처로 원대 복귀하는 것이 관례이다. 복귀하면서 승진하거나 좋은 자리에 영전을 하곤 한다. 이들이 비록 형식적이지만, 파견되기 전에 퇴임 절차를 밟는 것은 공직자 신분으로는 정당에서 활동할 수 없기 때문이다.

노무현 후보는 이들과 정책토론을 가끔 했다. 노 후보는 자신의 정책을 보완하거나 새로운 정책을 마련하기 위해 시간을 내 그들과 테이블에 마주 앉았다. 하지만 노 후보는 토론을 하고도 만족하지 못했다. 노 후보는 12월에 대통령 선거를 이겨 당선자 신분이 되었다. 그런데 얼마 후 전문위원들이 사색이 되어서 날 찾아왔다.

"특보님! 좀 도와주세요!"

"어서 오세요, 무슨 일인가요?"

"저희들 이제 오갈 데가 없어졌습니다!"

"무슨 말씀입니까?"

"그게…."

전문위원들은 이제 선거가 끝나 소속 부처로 복귀하려하는데 노 당선자께서 도와주지 않는다고 했다. 노 당선자를 만난 자리에서 나는 그들의 뜻을 전했다. 그런데 노 당선자의 반응은 싸늘했다.

"저도 모르겠습니다. 돌아가던지 말던지, 알아서들 하라 하세요."

"아니 그래도, 공식적으로는 당선자께서 새 부처에 연락해 자리 마련을 해줘야 한다던데요."

"총장님! 저는 그럴 생각이 없습니다. 저런 사람들을 부처에 돌려보내는데 앞장서고 싶은 마음이 생기지 않네요!"

"당선자님! 저도 김대중 정부에서 공무원들과 일해보아서 압니다. 획일적이고 무사 안일주의 등등 바꿀 게 많지요!" 나는 말을 이어나갔다.

"이제 대통령이 되셨으니 이제부터가 시작입니다. 어떻게 혁신하고

어떻게 운영하느냐에 달린 문제 아니겠습니까? 만일 저들을 복귀시
키지 않으면 당장 국민과 언론이 어떻게 생각하겠어요?"

노 당선자는 얼마 뒤 '어디서부터 손을 봐야 할지 모르겠다'며 볼멘
소리를 하면서도 결국 그들의 복귀를 허용했다.

제48화

노무현은 원칙주의자다

　　　　　　노무현과 나는 호적상 나이가 같고, 출생은 불과 7개월 남짓 차이난다. 기질은 서로 통하는 것이 많았다. 정치적으로는 많은 것을 서로 나누었기에 우리는 끈끈한 동지 의식을 갖고 있었다. 노선과 가치관도 비슷하다. 생각이 같으니까 늘 동질성 같은 것을 느꼈다. 성격도 비슷하다. 나는 어떤 결정을 하면 전광석화와 같이 밀어붙이는 스타일이다. 노무현도 그렇다. 그렇기에 우리가 자칫 잘못된 결정을 내리면 상당히 위험한 상황이 된다. 중요한 순간마다 노무현의 잣대는 한 가지다. '국민이 어떻게 생각할 것이냐?' 이다. 그가 어떤 선택을 할 것인가를 예상할 때 이런 기준이면 굳이 결과를 보지 않아도 알 수 있다.

　다만 노무현과 나는 태생적으로는 자라온 환경이 다르다. 나는 '금수저'이고, 노무현은 '흙수저'였다. 노무현은 원칙주의자이고, 나는 현실적인 면을 더 중요시한다. 노무현 정부 후반 열린우리당과 민주당과의 통합과 관련해서도 그런 차이가 둘 사이에 갈등을 일으켰다.

나는 현재의 지역적 기반을 인정하고 그것을 토대로 점진적으로 발전시켜 나가야 한다는 현실주의적 입장이고, 노무현은 원칙을 벗어나 현실과 타협하면 다시 지역주의가 심화될 것이라며 반대했다.

나와 노무현 사이에 코드가 안 맞는 부분을 굳이 밝히자면 '언론관'이다. 노무현의 언론관은 칼로 무 베듯 자르는 것이다. 그는 보수언론인 조중동(조선일보·중앙일보·동아일보) 폐간까지 얘기했다. 나는 그래도 현실을 인정한다. 비록 보수 기득권 언론이지만, '그를 통해 국민과 소통하고, 국민들이 나를 좋게 이해할 수 있게끔 도구로 활용해야 한다'고 생각하는 사람이다. 노무현은 '그런 자들은…'이라며 심한 소리까지 거침없이 하면서 그들이 자신을 어떻게 생각하든 상관없다는 태도다.

구태여 말하면 노무현은 혁명가, 사상가에 가깝다. 그렇지만 투쟁가는 아니다. 투쟁가는 전략적 사고가 뒷받침되어야 하는데, 노무현은 전략보다는 자기 노선과 가치를 앞세운다. 하지만 나는 노선과 가치도 전략이 없으면 결코 성공하지 못한다고 생각한다. 러시아 공산당사에 보면 러시아혁명이 성공한 것은 그들이 소위 타도 대상이었던 대지주들을 안고 갔기 때문이다. 현실적으로 그럴 수밖에 없었다. 물론 혁명이 성공한 이후에 대지주들을 가차 없이 척결했지만…. 나는 노선이나 가치를 관철하려면, 우선은 좀 더 유연한 전략이 필요하다고 생각한다.

성질 급하기로 치면 나도 노무현만큼이나, 아니 그보다 더 급할지 모른다. 화가 치밀면 주먹이 나올 때가 있다. 하지만 노무현은 결코 휘어지지 않는다. 나도 안 휘어지지만 노무현만큼은 아니다.

노무현을 멀찌감치 언론 등을 통해 간접적으로 접하는 사람들은 어딘가 현실적이지 못하고 이상에 치우치는 정치인이라고 한다. 사실은 그렇지가 않다. 노무현은 원칙주의자다. 그의 '원칙주의'에 어떤 악센트를 가하느냐에 따라 때로는 이상주의자로 비춰지고, 때로는 현실주의자로 비쳐지기도 한다. 또 노무현 스스로도 그런 면모를 보여주곤 했다. 노무현은 정치를 하겠다는 사람과 만나면 "왜 사업하시지, 사업하지 않고 정치한다고 해서 여기까지 고생하고 뜻도 못 이루고 사시느냐"고 곧잘 얘기했다. 그의 아들 건호에게도 "고시는 무슨 고시냐. 자본주의에서는 돈이 최고다. 그러려면 사업해야지 왜 고시를 하려 하느냐"며 결국 고시 공부를 못 하게 했다고 노무현은 내게 말하곤 했다.

그를 원칙주의자라고 말하는 것은 어떠한 편법이나 비정상적인 방법을 용납하지 않기 때문이다. 그런데 그 원칙주의를 사회제도적인 측면에서 보면 현실주의가 된다. 대통령 재임 시절에 이라크 파병을 실행하고 한미FTA를 착수한 것을 되짚어보면 잘 알 수 있다. 노무현의 트레이드마크는 '원칙 수호', '반칙이 없는 사회', '정의' 등이 될 것이다. 어떤 면에서 DJ는 미래형이고, 노무현은 현재형이다. 정치스타일과 노선 면에서 그렇다.

내가 유명해지자 수십 년 전에 만났던 사람들이 나를 다시 찾았고, 연락이 왔다. 어느 날 휴대폰에 처음 보는 발신번호가 떴다.

"유봉수라고 하는데, 기억하십니까?"

유봉수라면 내가 결코 잊을 수 없는 사람이다. 대학에 갓 입학했을 때 만난 선배였다. 유 선배는 새내기들 가운데 스카우트한 10여 명을 인왕산 판잣집에 빌린 자취방으로 데리고 가서 의식화했다. 쿠데타가 뭔지도 모르는 고교를 갓 졸업한 새내기들에게 혁명과 변혁을 구분하게 했고, 5·16 쿠데타는 부끄러운 역사이고, 박정희가 군대를 앞세워 총부리로 민주주의를 파괴했음을 깨닫게 했다. 나는 젊은 혈기에 과격한 용어들을 배워서 말하기 시작했다.

그런데 며칠 후에 같은 고향 출신의 경찰 아저씨가 처음 보는 젊은 사람과 함께 학교로 나를 찾아왔다. 아버지와 내가 잘 아는 분이었다. 그 아저씨는 내게 다짜고짜 "군대 가라"고 권했다. "저는 이제 학생인데 왜 군대에 갑니까?" 했더니, 함께 온 젊은 사람이 "야 자식아! 군대 가기 싫은 놈이 왜 하라는 공부는 안 하고 못된 짓거리 하고 다녀?"라고 면박을 주었다. 형사 아저씨는 나와 함께 학교 앞 다방으로 자리를 옮겼다. 그 분은 "군대 가는 게 좋겠다. 아버지 사업도 크게 하시는데…" 하며 이런저런 얘기로 나를 설득했다. 당시 아저씨와 함께 온 사람은 중앙정보부 요원으로 추정된다. 고민 끝에 아버지와 상의했고, 입대를 결정했다.

진보진영 정치인들을 도와온 아버지의 이력도 한몫을 했다. 일제 치하 중학교 5학년 때 아버지는 "학도의용병 모집은 강제모병"이라고이라고 외치며 저항하다 서대문 구치소에서 10개월 옥고를 치렀다. 복역하고 나와 일본으로 유학을 갔다. 하지만 신지식인들과 어울려 좌파 학생운동을 하다 구속이 됐다. 할아버지가 보성경찰서(분주서) 서장에게 황국신민이 되겠다는 약속이 담긴 인우보증서를 제출하고서야 풀려나 귀국할 수 있었다. 아버지는 일본제국을 위해 일하겠다고 했으니 영락없이 붙들려 벌교세무서에서 근무하게 됐다. 한편으로 서민호 선생(훗날 국회부의장)이 당시 벌교에 세운 송명학교라는 야학당을 함께 운영했다.

서울에서 중학교를 나오고 일본 유학을 다녀온 지식인이었던 아버지는 정·관계에 상당한 인연이 있었다. 그런 인연으로 해방된 이후 양조업을 권유받아 사업을 시작했다. 물론 사업 때문이기도 하지만 학벌 좋은 아버지가 정작 보성을 떠나지 않은 이유는 정치에 뛰어드는 꿈을 가지고 계셨기 때문이었다. 아버지는 조봉암, 서민호, 정해룡 등 진보진영의 정치지도자들을 도왔다. 당국이 이런 사실을 알고 있었기에 이런저런 핍박을 받기도 했다.

유봉수 선배는 당시 날 의식화했고, 학생운동에 참여케 한 장본인이다. 나를 노무현이란 정치인을 대통령으로 만드는 일을 할 수 있도록 정치판에 끌어들인 사람이 따지고 보면 유봉수인 셈이다. 유 선배는 지금 경남 양산에서 목사를 하고 있다.

제49화

첫 경제부총리 인선에 얽힌 얘기

노무현 정부 첫 내각의 경제부총리에는 인수위 김진표 부위원장이 내정됐다.

국민의 정부에서 재정경제부 차관을 거쳐 대통령비서실 정책기획 수석비서관을 지냈던 그가 새 정부의 경제부총리가 된 것은 세인들 눈에는 무난한 인사로 보이겠지만 그 내막은 좀 다르다.

노무현 정부가 들어서면서 일찌감치 몇 사람이 국무총리와 경제부총리로 자천타천 하마평에 오르고 언론에 보도되고 있었다. 그중 한 사람이 경제학박사 김종인이었다. 그는 1987년 개헌 당시 경제민주화 조항을 직접 작성하고 관철시킨 인사다.

2001년 초 당시 막 출범한 금강캠프에 여러 인사를 영입하는 과정에 김종인 교수가 거론됐다. 노무현은 김종인을 만나본 적은 없지만 그가 쓴 경제학 저서를 통해서 진보경제론에 공감했고 김종인의 도움을 받기를 원했다. 당시 김종인은 야인으로 있었다.

이충렬 국제팀장이 노 장관을 수행하고 가서 김종인을 만났다. 그런데 얼마 후 캠프로 돌아온 노 장관은 몹시 불쾌한 표정이었다. 콧바람을 씩씩 불었다.

"김종인 이 사람이 나를 알기를…, 허 나 원 참!"

"왜 그러세요?"

"아니, 나 원…. 창피해서 얘기하기도 싫네요!"

노 장관은 그대로 사무실 문을 열고 나가버렸다. 나는 동행한 이충렬 팀장을 불러 내막을 물었다. 이충렬은 김종인 교수의 얘기를 축약해서 보고하면 '노 장관 당신이 대통령이 되면 대통령 안 될 사람 누가 있겠느냐'며 제의를 거절했다는 것이다.

그런데 노무현 후보가 대통령에 당선되자마자 언론에 경제부총리에 김종인 교수 설說이 나왔다. 우리 쪽에서는 흘리지 않은 정보였기에 그 출처가 내심 궁금하던 차였다.

어느 날 평소에 친분이 두터운 S그룹 부회장이자 한국외대 동문인 Y모 선배로부터 연락이 왔다. Y 선배를 만나는 일이라면 아무 부담이 없었기에 점심 약속 장소에 나갔더니, 김종인 교수가 다른 동문과 함께 나와 있었다.

Y 선배는 식사 중에 "김 교수가 새 정부에서 일 좀 할 수 있도록 도와줘! 추천 좀 해봐!"라고 말했다. 나는 대답하지 않았고 가벼운 미소만 지었다. 그리고 헤어졌다. Y 선배는 또 한번 김 교수를 도와달라고 했고, 나는 역시 미소만 지었다. 며칠 후에 또 Y 선배 연락을 받고 나가니 김 교수가 또 나와 있었다. 그러고도 한 차례 더…. 하지만 노 당선자의 마음을 아는 나는 일절 대꾸하지 않았다.

그렇지만 경제부총리 인선은 미룰 수 없는 과제였다. 노 당선자는 어느 날 안가에서 만나 이렇게 물었다.

"경제팀 수장을 누구로 했으면 좋겠습니까?"

"경제부총리 말씀이죠?"

"(일각에서) 이헌재를 이야기하는 사람이 있습니다."

"이헌재는 안 됩니다. 도대체 이헌재가 왜 나오는지 모르겠습니다" 라고 나는 감히 말했다.

DJ가 대통령에 당선됐을 때다. 당장 눈앞에 닥친 절체절명의 과제는 외환위기 속에 빠진 국가경제를 구해내는 것이었다. 김대중 대통령 당선자는 당 중진 몇몇과 IMF 위기 극복을 위해 당장 해야 할 일을 논의했다. 우선 그 일을 해낼 적임자를 찾는 것이 중요하다는 데 좌중의 의견이 모아졌다.

"그럼 누가 적임자입니까? 추천할 만한 사람 있나요?"라고 DJ가 물었다. 정대철 의원이 나섰다. "한 사람 있긴 있지만, 지난번 선거에서 이회창을 열심히 도운 사람입니다."

그때 김 당선자는 "무슨 소리입니까? 지금 나라가 거덜나느냐 마느냐, 사느냐 죽느냐 하는 판국에…, 이회창을 돕고 안 돕고가 중요합니까?"

"그 능력은 충분하다고 생각합니다."

"누군데요?"

이헌재였다. 소위 경기고, 서울대 학연으로 당시 DJ의 대선 상대였던 한나라당 이회창 후보를 도왔던 인사였다. DJ는 비록 상대 후보를 도왔지만 과감하게 그를 기용해 초대 금융감독원장에 임명했다. 이헌재는 2000년에 제3대 재정경제부 장관이 됐다. 그리고 국민의정부 막바지에 차기 대통령을 뽑는 대선을 치르는데 이헌재는 또 다시 이회창을 지원했다. 노무현의 반대편에 서서 민주당과 싸운 것이다.

나는 이런 얘기를 노 당선자에게 전하면서 힘주어 말했다.

"다른 사람은 몰라도 그분은 아닌 것 같습니다. 지난번에 DJ가 외환위기 극복을 위해 비록 반대편에 서 있었지만 그를 기용했습니다. 우리 민주당 정권이 중용했습니다. 그런데도 그는 우리 선거를 치를 때 또 다시 이회창을 도운 사람 아닙니까? 이런 일이 반복되면 정치는 희화화되고 말 겁니다."

노 당선자는 내 얘기를 듣고 나서 물었다.

"그러면 사람이 누가 있습니까?"

나는 "진념을 쓰면 어떻겠습니까?"

"진념은 안 돼요! …, 다시 진념 얘기는 하지 마세요."

짜증 섞인 반응이었다. 노 당선자에게 더 이상 진념 얘기를 할 수 없었다. 둘 사이에 잠시 침묵이 흐른 뒤에 노 당선자가 이렇게 말했다.

"인수위 부위원장 김진표로 하면 어떨까요?"

그때만 해도 노 당선자가 왜 그렇게 진념을 반대하는지 알 수 없었다. 그저 뭔가 이유가 있겠거니 했다. 그런데 나중에 그 이유를 알게 됐다.

노무현 해양수산부 장관 시절이었다. 해수부를 부산으로 옮기자는 일부 여론이 일었다. 해수부 부산 이전은 그의 정치적 기반인 부산 시민의 요청이기도 했다.

김대중 정부의 장관들이 국무회의를 마치고 오찬을 나누는 자리에서 노 장관이 불쑥 진념 재정경제부 장관에게 말을 꺼냈다.

"진 장관님! 예산 400억만 배정해주세요."

"… 무슨 말씀이세요?"

"해수부를 부산으로 옮겨야 합니다!"

"아니 노 장관, 지금 제게 이래라저래라 하는 겁니까? 예산 수백억이 애들 장난이에요? 내가 노 장관 명령을 받고 집행하는 사람입니까?"

오찬장에 있던 장관들이 모두 놀라는 눈으로 바라보았다. 노 장관은 오찬 분위기를 봐가며 농반진반으로 얘기를 꺼냈다가 된통 무안을 당한 것이다.

해수부 부산 이전은 대통령에게도 건의된 민원이다. 우리나라 제1의 항구가 있는 부산 사람들 요청이었다. 해수부 일을 보려고 서울을 오르내려야 하는 불편을 해소해달라는 호소였다. 하지만 중앙부처를 죄다 지방으로 옮긴다면 몰라도 될 법한 일은 아니었다. 예를 들어 농림부를 전국 최고의 농도農道인 전라도로 옮기자는 얘기와 같은 것이었다.

결국 그때 그 해프닝이야말로 진념이 경제부총리가 되지 못하는 결정적 원인이었다.

노 당선자는 이따금 나와 참여정부 조각을 의논하면서 한번도 내 말을 이런 식으로 자른 적이 없었다.

내가 제안하면 늘 "(그분을) 잘 아세요?"라고 묻곤 했다. 그러면 나는 "잘 압니다"라거나 "모르지만 평판 좋습니다"라고 대답하곤 했다. 그런데 "그 사람 절대 안돼요, 다시 얘기하지 마세요"라는 당선자의 반응은 그때가 처음이자 마지막이었다.

후에 노무현 당선자와 같은 시기에 장관(정보통신부)을 지낸 안병엽 의원(17대)에게 그날 국무위원 오찬장에서 벌어진 얘기를 전해 들었다. 얼마나 웃음이 나오던지….

그래서 진념이 아닌 김진표가 경제부총리가 됐다. 사람 팔자가 그렇게 달라진 것이다. 김진표는 17대 총선부터 지금까지 내리 5선에 성공해 국회의원을 하고 있고, 문재인 정부에서 국가경제자문회의 의장직을 수행했다.

제50화

언론이 권력보다 훨씬 셉니다

노무현과 언론과의 악연은 노무현이 1991년 통합민주당 대변인이 되면서부터다. 당시 조선일보는 대변인 임명기사에 프로필을 실으면서 '고졸 변호사 출신, 지나치게 인기를 의식, 부산 요트클럽 회장으로 상당한 재산가'라고 썼다. 노 대변인은 해명자료를 언론사에 배포했고. 소송을 제기해 1심에서 승소했다. 노무현이 즐겼던 요트는 100만원 남짓의 1~2인용 요트였다. 그것도 여러 명이 공동 출자해 산 것이었다.

1995년에 부산시장에 출마했을 당시에는 〈월간조선〉이 선거 중반에 "노무현은 호화요트 등을 즐기는 상당한 재산가"라는 기사를 실었다. 노무현은 또 고소했지만, 선거에는 패했다.

DJ가 대선 4수 끝에 당선돼 대통령이 됐지만 조중동(조선·중앙·동아일보)으로부터 공격은 지속됐다. 보수 언론이 틈만 나면 함포사격을 해대는 데도 정부 관계자든 집권여당 관계자든 누구 하나 대통령 편에서 반박하는 이를 찾기 어려웠다. 그런데 유일하게 반격하는 이가 있었으니, 바로 노무현이었다. 노무현은 보수 언론으로부터 뭇매를 맞으면서도 김대중 정권의 언론사 세무조사를 가장 적극적으로 지지했다.

노무현은 또 2001년 1월 11일 김대중 대통령이 연두기자회견에서 언론개혁을 언급하자, 곧바로 2월에 해수부 장관으로서 '언론과의 전쟁'을 선포했다.

노 장관은 당시 기자들과의 오찬에서 "언론도 더 이상 특권적 영역은 아닌 만큼 세무조사를 받을 때는 받아야 한다. 이제는 언론에 대해 전쟁도 불사할 수 있는 기개 있는 정치인이 필요하다. 언론사는 대통령의 권한에 버금갈 만큼 막강하다. 누구나 천적 관계가 있는데 언론만 천적 관계가 없다"고 말했다.

2001년 3월 26일 개각이 단행됐고, 노무현은 8개월간 역임해온 해수부 장관직에서 물러나 당 고문으로 돌아왔다. 노 고문은 캠프 회의 때마다 이렇게 말했다.

"언론과는 절대 접촉하지 마세요. 언론과는 술은커녕 밥 한 그릇도 먹어서는 안 됩니다."

지엄한 명령이었지만 당시 캠프 핵심 참모들은 생각이 달랐다. 노무현 고문이 당 대선 후보가 되려면 언론을 자주 만나야 한다는 생각이었다. 때문에 나를 비롯한 핵심 참모들은 기자들과의 식사자리를 자주 가졌고, 나도 가끔 언론사 기자들과 술자리도 함께했다. 주 무대는 국회와 각 정당이 모여 있는 여의도였다. 당시 정치인들은 굳이 행적을 쫓지 않아도 서로가 잘 다니는 곳을 알 정도였고, 인근 음식점에선 아는 얼굴들과 마주치곤 했다.

어느 날, 여의도 한 일식집에서 김창균 기자를 비롯한 4~5명의 조선일보 민주당 출입기자들과 점심식사를 하고 나오다가 노 고문과 딱 마주쳤다. 우연히 같은 시간, 같은 음식점의 각기 다른 방에서 식사를 했던 것이다.

비록 그 자리에서는 별 얘기가 없었지만 나는 속으로 뜨끔한 대목이 없지 않았다. 캠프 회의 때마다 누누이 말했던 언론과의 접촉 불허 지시를 캠프 좌장인 내가 어겼기 때문이다. 하지만 노 고문과 나는 서로 다른 언론관과 관련해 많은 얘기를 해왔기에 별 문제는 없으려니 했다.

그런데 노 고문은 그날 오후에 긴급회의를 소집했다. 캠프 요원 20여 명이 'ㅁ'자로 이어진 테이블에 둘러앉았다. 헤드 테이블에 나와 노 고문이 함께 앉아 회의를 진행했다. 바로 옆자리였기에 노 고문의 시야 정면에는 내가 보이지 않았다. 그런데 노 고문은 이날 작심한 듯이 말을 쏟아냈다.

"내가 그렇게 얘기했는데…, 캠프에서 아직도 언론과 밥 먹고 다니고 맥주 한잔하고 다니는 사람이 있습니까? 진짜 나하고 척을 지기로 했어요? 아주 손 떼려고 그런 겁니까?"

목소리가 여느 때와 달리 격앙돼 있었다. 소낙비처럼 금방 그칠 것 같지가 않았다. 나는 슬그머니 고개를 옆으로 돌려 목청을 돋우는 그의 얼굴을 쳐다보았다.

'아니, 당신이 하지 말라고 해도 그렇지! 어떻게든 언론과 접촉해 국민과 유권자의 관심을 끌어내야 하는 판인데…, 날마다는 하지 못할망정 때때로 만나야 하지 않겠어요! 더구나 후보와의 사이가 나쁜 언론사의 경우는 더 가까이 해야 합니다. 그래서 하지 말래도 한번 더 만났죠.'

속으로 이렇게 말하는 동안에도 노 고문은 질타를 멈추지 않았다.

'아니, 이 분이…? 전에는 보수언론과 정면으로 대결하는 자기 체면도 있어서 만나지 말라고 하는 정도려니 생각했는데 이렇게까지…, 내가 자기를 못되게 하려고 그러는 줄로 오해하고 있나? 그렇다면 실망인데…, 이 일을 어찌 하나? 이 대목에서 일어나 조용히 나가버릴까…'

바로 그때, 노 고문은 도중에 고개를 돌려 나를 보더니 미소를 지었다. 나도 씩 웃었지만 속으로 무척이나 야속하게 느끼던 차였다.

'당신이 치르는 언론과의 전쟁은 전쟁이지만 내가 기자들과 밥 먹고 술 먹는 일도 내 좋다고 하는 일은 아니다. 난들 억지 춘향 노릇을 하고 싶겠느냐. 다 당신 위한 일인데…, 나 보고 어쩌라는 건가? 언론은 국민과의 소통을 위한 통로다. 어떤 경우든 언론과 상대해야만 한다. 기자들이 캠프에 오면 개떡이든 쓴 커피든 함께 나누며 얘기하는 게 우리네 정서 아닌가?'

그런 생각 때문에 그런 일이 있고도 나와 핵심 참모들은 언론과의 접촉을 결코 소홀히 하지 않았다. 다만 노 고문의 눈을 피할 뿐이었다. 나는 언론사 중진들을 초청하고 노 고문을 모셔서 함께 얘기를 나누는 자리를 마련하기도 했다. 하지만 노무현은 당내 대선후보 경선 과정에서는 물론, 경선에서 이겨 당 대선후보가 된 뒤에도 언론과의 불편한 관계가 끊이지 않았다.

2002년 12월 대선에서 노무현 후보는 제16대 대통령에 당선됐다. 곧바로 당선자로서의 업무에 돌입했다.

노 당선자 곁에서 그 당시 내가 가장 염두에 둔 것은 크게 두 가지였다.

첫째는 미국이 바라보는 노무현이었다. 그가 진정으로 반미주의자가 아님을 최우방인 미국 측에 알려야 한다는 생각이었다. 외교적으로 성공한 대통령이 되려면 먼저 노무현 당선자를 바라보는 미국의 시각부터 바꾸는 것이 지상과제였다.

둘째는 국민과의 소통이었다. 노무현 정권의 성공은 국민과 어떻게 소통하느냐에 달렸다. 국민과의 소통은 역대 어느 정권이든 결코 외면할 수도, 자유로울 수도 없는 어렵고 힘든 문제였다. 결국 언론과의 관계에 달렸다고 생각했다. 소통에는 언론 외에 다른 대안이 없기 때문이다. 그렇다고 5,000만 국민을 일일이 다 만나 소통할 수는 없지 않은가, 이런저런 고민을 하다가 노무현 당선자를 만났다.

"당선자님! 제게 한 가지 권한을 주십시오."

노 당선자는 나를 물끄러미 바라보았다.

"언론을 자유롭게 만날 수 있는 권한 말입니다. 사이가 나쁜 조중동의 오너, CEO, 간부 등을 만나야겠습니다."

노 당선자는 "왜 그래야 되죠?"라고 반문했다.

"이제 대통령이 되셨습니다. 대한민국 오천만의 대통령입니다. 좌파든 우파든, 가진 자나 못 가진 자, 배운 자나 못 배운 자 모두의 대통령입니다. 보수 언론도 있고, 진보 언론도 있습니다. 모두 껴안고 가야 합니다. 제가 당선자께서 대통령에 취임하기 전에 조중동을 포함한 종합 일간지와 방송 매체의 사장들을 만나야 할 것 같습니다. 대통령 취임 후에는 언론사 사주나 CEO를 청와대에서 일대일로 만나주십시오. 노무현 정권의 성공을 위해서입니다."

노 당선자는 한동안 생각에 잠겼다가 답을 주었다.

"무슨 뜻인지 알겠습니다. 그럼 그렇게 하시죠!"

"화해하십시오. 대통령과 언론과의 화해를 제가 주선해보겠습니다."

"그렇게 하세요."

나는 우선 노 당선자와 가장 대척점에 있는 조선일보부터 문을 두드렸다. 조선일보 강천석 편집국장을 만났고, 그를 통해 방상훈 사장을 만나기로 일정을 잡았다. 방 사장을 만나기 전에 노 당선자에게 물었다.

"당선자께서 저를 통해 방 사장에게 전할 메시지가 무엇입니까?"

"염 총장님 뜻대로 하세요. 그런데 내 생각은 이렇습니다. 언론이 권력을 견제하는 것은 당연합니다. 언론은 권력을 견제하고, 정부도 언론이 올바른 방향으로 가도록 상호 견제해야 한다는 생각입니다. 공정한 보도를 통해 옳고 그름을 가려야 하는데 보수언론은 진보를,

진보언론은 보수를 일방적으로 공격하는 것은 옳지 못합니다."

노 당선자는 이어 짐짓 생각해둔 듯이 얘기를 꺼냈다.

"사실 말이지 언론이 권력보다 훨씬 셉니다. 그래서 언론의 역할이 중요하다는 겁니다. 막강한 권력을 함부로 써대면 누군들 당할 수 있겠습니까. '상호 경쟁하면서 견제하자!' 나는 그거밖에 달리 할 말이 없습니다."

"제가 당선자님 말씀을 그대로 전해도 되겠습니까?"

"알아서 하십시오."

방 사장과 강 국장을 코리아나호텔 일식집에서 만났다

"당선자께서 이런 얘기를 하십니다. '너무 일방적으로 정치권력을 두들겨 패서야 되겠느냐. 언론이 세지, 정치권력이 세냐. 상호 건전한 경쟁을 하자. 서로 비판하자'는 말씀을 하셨구요"

나는 이렇게 대통령의 말씀을 전하며 언론과의 새로운 관계를 모색했다. 다음엔 동아일보, 중앙일보 등 종합일간지와 방송매체를 차례로 만나려 했다. 하지만 대통령과 내가 비밀리에 추진했던 언론과의 관계 재설정은 여기서 막을 내려야 했다. 이른바 나라종금 사건이 다시 불거졌기 때문이다. 인수위 출범 후 검찰청 업무보고에 참석했던 한 관계자는 당시 상황을 이렇게 전했다.

"검찰청 업무보고가 다 끝나고 짐을 챙기는데 당선자께서 '내 측근들이 공격받고 있는 나라종금인가 하는 사건은 어찌됐느냐'고 묻습니다. 검찰청장이 '공소 유지가 안 되는 사건입니다'라고 대답했지요. 그러자 당선자가 '나라종금 사건을 명명백백하게 밝히고 잘못이 있으면 법에 따라 처리하라. 잘못이 없다면 빨리 종결하라'는 취지로 말씀하셨습니다."

이런 대화 내용이 언론에 알려졌고, 이후 언론들은 경쟁하듯 연일 대서특필했다.

노 당선자는 '내 측근들이 빨리 손 씻고 편하게 일할 수 있도록 해 달라'는 취지로 묻고 당부한 일이었다. 결과적으로 보면 그 때 얘기 자체를 꺼내지 않았다면 검찰 입장에서는 별 가치가 없어 새삼 들추어낼 일도 아니었고, 언론도 굳이 쓰지 않을 일이었는데…. 기름에 불을 놓은 격이나 다름없게 된 것이다. 그때부터 나는 눈앞에 닥친 소환 조사를 앞두고 검찰에 출두할 준비를 해야 했다.

다만 여기서 꼭 짚고 넘어갈 중대한 사실이 있다. 노무현 대통령이 당선된 직후에는 '보수언론과 그동안 쌓아온 질기고 질긴 악연을 이제는 끊어야겠다'는 생각을 가졌다는 점이다. 이후 대통령으로서 직무를 수행하면서 또다시 언론과의 마찰이 커져서 비록 이때 가졌던 그의 생각은 세월에 묻히고 말았지만 말이다. 당시 대통령 당선자 노무현은 더 이상 언론과의 전쟁을 지속하거나 불필요한 긴장을 쌓아갈 필요가 없다고 생각했음을 분명히 해둔다. 국민 소통을 위해 화해를 생각한 것이다.

제51화

총장님 업보니까 알아서 하시고

노무현 대통령이 당선되고 일주일 정도 지났을까. 12월 25일께로 기억한다. 노 당선자는 캠프 핵심 요원들을 혜화동 자택으로 초대했다. 모두들 부부동반으로 함께 저녁 식사를 하기로 했다. 나와 이기명 후원회장을 비롯해 이강철, 안희정, 이광재, 서갑원, 백원우 등 10여 명의 핵심 참모들이 부부 동반으로 참석했다. 모두 한 자리에 모이자 노 당선자는 그동안 고생이 많았다며 참모들의 노고를 칭찬하며 덕담을 했다.

그날 참모들 가운데 명륜동(노무현 당선자 자택)에 가장 늦게 도착한 사람은 나였다. 밀려드는 손님들 때문이었다. 노무현 대통령이 당선된 이후 당사에 있는 내 방에는 매일 같이 수백 명이 찾아왔다. 노무현 당선에 고무된 지방의 운동원들, 당원들이 연일 서울로 올라온 것이다.

하지만 당선자를 만나기가 쉽지 않았고, 정작 당사에서 만날 사람도 마땅치 않아 그들은 으레 내 방으로 몰려들었다. 일일이 모두 대면할 수 없을 정도였다. 방 밖에 줄지어 순번을 기다리는 대기자가 늘 30~40명에 달했고, 시간이 지나도 여간해서 수가 줄지 않았다.

어느 날은 급한 일이 생겨 손님 대면을 서둘렀다. 한 분 한 분을 2~3분씩 짧게 만나고 배웅했다. 그래도 대기자 수가 줄지 않았다. 나는 방문을 열고 밖으로 나와 손님들에게 이렇게 말했다.

"대단히 죄송합니다! 모두 저를 보러 오셨겠지만 제가 다른 급한 일을 봐야 하니, 당선 축하 인사를 나누러 오셨다면, 여러분 모두 한 꺼번에 들어오셔서 함께 자축합시다!"

대기자의 절반이 방으로 들어왔다. "고생했습니다", "축하합니다" 하고 서로 인사하며 악수를 나눈 뒤 방을 나갔다. 하지만 나머지 절반은 개별면담을 하겠다며 여전히 줄을 지어 있었다.

개중에 어떤 사람은 방을 나서는 나를 붙잡고 '30초만 시간을 달라'고 하고서는 아무 짝에도 쓸데없는 얘기를 했다. 속으론 짜증이 나 미칠 지경이지만, 결코 응대에 소홀함이 없도록 해야 하는 그런 시간이 노 대통령 당선 이후 일주일 넘게 계속됐다. 그날도 그렇게 당사에서 발이 묶였다. 나는 집사람에게 전화로 먼저 명륜동으로 가라고 했다. 그때 백수경 비서가 내 방으로 들어왔다.

"김상현 의원님께서 밖에서 기다리신지 수십 분 됐습니다."

"아니, 들어오시게 하지 않고 뭐하고 있어?"

"아무리 들어가시라고 권해도, '먼저 온 분들이 차례로 들어가는 게 맞다'며 순서를 기다리고 계십니다."

나는 자리에서 벌떡 일어나 방문을 열고 나가 김 의원을 찾았다.

"왜 이렇게 저를 욕되게 하십니까? 오셨으면 바로 들어오지 않으시고요?"

"무슨 말인가? 앞으로 큰일 할 사람이…. 여러 사람들 만나야 하는데, 나 때문에 욕먹어서야 되겠는가? 기다렸다가 순서에 맞춰 들어갈 것이네."

김 의원은 완강히 버텼다. 하지만 그를 그대로 둘 수 없었다.

"저분들도 다 당원들인데, 왜 이해를 못하겠습니까? 들어가십시다!" 하며 그의 손을 붙잡고 안으로 모셨다.

그렇게 본의 아니게 나는 명륜동 회동에 늦고 만 것이다.

덕담이 오가는 화기애애한 분위기 속에서 식사를 함께했고, 식사 후엔 차를 마시며 담소를 나눴다.

"여기 계신 분들은 나와 가장 지근거리에 있는 측근이라고 할 수 있는 사람들입니다. 모두들 그동안 고생하셨고, 고맙습니다. 제가 많은 빚을 졌습니다. 하지만…."

노무현은 좌중을 둘러보며 이렇게 말했다.

"만약 인사가 됐든, 사업이 됐든, 이권에 개입하다가 발각되면 아무리 최측근이라도 패가망신敗家亡身을 각오하세요!"

분위기가 찬물을 끼얹은 듯이 썰렁해졌다. 당선자는 말을 이었다.

"사실 이 말을 전하려고 부부 간에 모셨습니다. 바깥양반만 조심한다고 되는 일이 아닙니다. 이제부터 여러분은 사람 만나는 것도 자제

317

해주세요. 만나는 사람도 가려서 만나야 합니다."

그 말끝에 나는 당선자에게 이렇게 물었다.

"그동안 대선 승리를 위해 그 많은 당원들과 지지자들에게 도움을 청했습니다. 도와준 사람들이 많이 서운해 할 텐데, 어떻게 그분들을 싹둑 무 자르듯 내치며 안 만날 수 있습니까? 오늘도 그것 때문에 늦었습니다마는…."

말을 꺼낸 김에 마저 다해야 했다.

"안 만나면 욕먹습니다. 그런데 저만 욕먹겠습니까? 대통령께서도 욕먹습니다."

그러자 노 당선자가 답했다.

"그것은 염 총장님 업보業報니까 염 총장님이 알아서 하시고…. 아무튼, 절대로 안 됩니다!"

캠프 요원들이 웃음보를 터뜨렸다. 당선자의 말씀을 심각하게 생각하기보다 우선 '우리가 해냈다'. '우리가 이겼다'는 승리감에 젖어 있었다. 그렇게들 웃어넘기니 나로서도 더 이상 뭐라 항변할 수 없었다.

'이런 저런 사람들이 앞으로 죄다 내게 밀려올 텐데…, 이걸 어쩌지?

물론 입장을 바꿔 당선자 입장에서 생각해보면, 이런 말을 꺼내는 연유가 십분 이해되지 않는 것은 아니었다.

"청탁문화는 지금까지 밀져야 본전이었으나 앞으로는 걸리면 패가 망신한다는 것을 보여줘야 합니다. …연줄에 의한 인사청탁은 죄의식이 없어 밀져야 본전이라고 생각하는 사람이 많지만 반드시 손해 보는 것으로 만들겠습니다. 청탁하는 회사나 조직에 대해서는 세무조사까지 실시할 수 있습니다."

노 당선자는 다음 날인 26일 경기도 양평 한화리조트에서 열린 '민주당 선거대책위 당직자연수회'에서 이렇게 말했다. 청탁을 근절하겠다는 강력한 의지의 표현이었다.

노무현 대통령이 당선되자 나를 찾는 사람들이 부쩍 늘었다. 하지만 당사에 있는 내 방을 찾아오고 싶어도 차마 오지 못하는 분들도 꽤 있었다. 보는 눈이 원체 많았기 때문이다. 당 안팎의 나름 사회적으로 중량감 있는 사람들이었다. 이분들은 내 집으로 찾아왔다. 평소 나 같은 사람을 찾아다니며 인사를 부탁하고 청탁을 넣는 방식의 일을 결코 하지 않을 것 같은 그런 인사들이었다.

집으로 찾아와서는 대부분 장관 하고 싶다느니, 요직을 맡고 싶다는 얘기를 했다. 전직 국회의원, 김대중 정부 시절에 벼슬했던 사람 등 정치권 안팎 사람들이었다. 심지어 현직 국회의원도 찾아왔다. 당시 나는 '참말로 세태가 그래서 그런가', '아니 내가 어느새 이런 위치에까지 와 있나' 하는 생각이 들었다.

어쨌든 정말 조심하고 또 조심해야겠다고 마음먹었다. 그분들 중에는 더러 얘기 끝에 용돈으로 쓰라며 봉투를 내놓는 분들도 계셨다. 면전에서 그걸 뿌리치는 데 애를 먹었고, 어렵게 거절했던 기억이 또렷하다. '존경할 만한 분들인데, 이런 분들조차 이러는구나' 하면서 참 많은 걸 생각하게 됐다.

김대중 정권 때 동교동 실세들과 대통령 아들들이 검찰에 불려 다니지 않았나. 전철을 밟을 수도 있다는 생각에 주변을 철저히 단속했다. 좀 더 자세를 곧추세우려고 노력했고, 까딱 방심했다간 큰일이 터진다고 생각했다. 노 대통령도 "청탁하면 패가망신 시키겠다"고 하지 않았나. 결국 나는 홀로 잠행을 하다시피 했고, 그러다 보니 사람 만나 얘기하는 것 좋아하던 내게 대인기피증 같은 게 생겼다.

주말엔 일찍 집을 나와 가까운 친구들과 골프를 쳤고, 평일에는 될 수 있으면 밤늦게 귀가했다. 웬만하면 날 찾는 사람을 피하려 했다. 그런 세월을 보내면서 사실 여간 힘들지 않았다. 그럼에도 불구하고 나는 그런 사람들의 손에서 완전히 벗어나지는 못했다. 일부는 아침 일찍 집에 들이닥쳤고, 밤늦게 집에 찾아오곤 했다. 하지만 최대한 노력했다. 당장에는 그런 사람들을 피하는 것이 상책이었고, 그것만이 내 살 길 같았다.

2002년 대선 과정에서 노 대통령 당선에 기여한 사람들은 나에 대한 기대가 높았다. 특히 경제적인 도움을 줬던 사람들의 일부는 적극적으로 민원을 부탁해와 여간 힘들지 않았다. 그럴 때마다 나는 그들에게 "우리가 역사에 큰일을 일궈냈다는 자부심과 보람을 가지고 살자!"며 설득하곤 했다.

하지만 그들 중에는 상식을 벗어난 일들을 청탁하며, 내가 도와줄 수 있는 범주를 넘어선 일들을 요청하는 경우도 꽤 있었다. 대통령이 '청탁하면 패가망신 시키겠다'고 공공연히 밝혔지만, 노무현을 지지하며 음으로 양으로 도왔던 사람들 중에는 더러 불만이 누적될 수밖에 없는 실정이었다. 얼마 안 있어 그런 불만은 결국 내게 집중되기 시작했다. 그런 사람들 중 일부는 내게 수차례 전화를 걸어 "나도 한 몫을 했으니 은혜를 갚으라"며 폭언을 퍼붓기도 했다.

노 대통령이 취임한 지 2년이 지난 어느 날이었다. 잠을 자다가 한밤에 벨소리가 들려 깼다. 새벽 2시였다. 잠옷 차림에 나가보니 아는 이였다. 당내 경선 시절 물질적 도움을 줬던 중소기업인이었다.

그는 노 대통령 당선 이후 줄곧 대기업과 관공서에 자기 제품을 납품할 수 있도록 해달라고 요청해왔다. 하지만 나는 '청탁하지 말라'는 대통령의 말씀도 있어서 수차례 그에게 그럴 수 없다며 부탁을 들어주지 않았다.

그가 현관문을 들어서는데 검은 코트 자락에서 술 냄새가 진하게 풍겨왔다. 일단 응접실로 안내했다. 맞은 편 소파에 앉은 그는 잠시 숨을 돌린 뒤 갑자기 품에서 칼을 꺼내들고 "너를 죽이러 왔다"며 내게 달려들었다. 다행히 칼을 휘두르는 그의 손을 가까스로 잡았다. 한밤 거실에서 밀고 밀리는 난투극이 벌어졌다.

나는 잠옷 차림에 몸이 가벼웠고, 그는 술에 취해 코트까지 걸쳤던 터라 몸이 무거웠다. 하지만 시간이 지나면서 흉기를 든 그를 막는 일이 버거워지자 내 몸 이곳저곳은 자상을 입었고, 피가 배어나왔다. 뒤늦게 놀란 집사람이 응접실로 뛰어나와 소리를 질렀고, 가까스로 소동은 끝이 났다.

노무현 대통령이 당선되자마자 자신의 측근들, 특히 측근의 부인들까지 집으로 불러 청탁에 대해 엄중한 경고를 한 대목은 의미심장하다. 아마도 역대 정권마다 어김없이 터진 가족과 측근들의 비리 때문일 게다. 새로운 대한민국 대통령으로서 역대 정권마다 겪어온 불미스런 일을 되풀이하고 싶지 않다는 강한 의지를 드러낸 것이다.

김영삼 정권에서는 차남 김현철 씨 구속과 더불어 한보 비리로 측근들이 줄줄이 쇠고랑을 찼고, 김대중 정권에서도 임기 말에 최규선 게이트 등으로 측근과 아들들이 구속되는 사태를 빚었다. 노무현 당선자로서는 새 정권을 시작하면서 자기 주변부터 잡도리를 하지 않으면 안 된다고 생각했던 것 같다.

2003년 2월 25일 오전 11시, 국회의사당 앞마당에서 제16대 노무현 대통령 취임식이 거행됐다.

나는 취임식장에 있었다. 말로 형용할 수 없는 흥분과 승리감이 온몸을 휘감았고, 그동안의 힘든 선거과정들이 눈앞에 주마등처럼 펼쳐지면서 상념에 빠져들었다.

'잘 돼야 한다. 노무현 대통령은 역대 대통령들과는 달리 퇴임 후에 국민으로부터 박수를 받아야 한다. 역사에서 두고두고 좋은 평가를 받는 대통령으로 기록돼야 한다.'

취임식 모습을 지켜보면서 다른 한편으로 이런 예감도 들었다. '수시로 만나거나 통화했는데 이젠 어렵겠구나!' 마치 연인을 떠나보내는 아쉬움이 이런 것일까?

둘이서 바꿔봅시다!

염동연이 말하는
노무현 신화의 탄생
둘이서 바꿔봅시다!

염동연 지음

초판 1쇄 2021년 5월 14일 발행

ISBN 979-11-5706-232-4(03300)

만든사람들

기획 진행	이성오
책임편집	이양수
편집도움	이병렬
디자인	ALL designgroup
마케팅	김성현 최재희 김규리
인쇄	한영문화사

펴낸이	김현종
펴낸곳	(주)메디치미디어
경영지원	전선정 김유라
등록일	2008년 8월 20일 제300-2008-76호
주소	서울시 종로구 사직로 9길 22 2층
전화	02-735-3308
팩스	02-735-3309
이메일	medici@medicimedia.co.kr
페이스북	facebook.com/medicimedia
인스타그램	@medicimedia
홈페이지	www.medicimedia.co.kr